关田法标杆精益系列图书

JIT 落地之道
——关田法

[日] 关田铁洪　著

机械工业出版社

本书汇集了作者关田铁洪先生三十多年来指导三百多家企业，在企业现场进行 JIT（准时化生产）改善指导的经验和方法。书中通过大量的实际案例，阐明了 JIT 改善如何在实际工作中落地。

本书共 6 章，分别介绍了 JIT 的原点、JIT 生产管理和改善落地、JIT 物料上线管理和改善落地、JIT 库房管理和改善落地、JIT 采购管理和改善落地，以及 JIT 落地的道和人。

本书的编写旨在使读者能够真正理解精益 JIT 的核心所在，真正领会 JIT 的落地实践，真正认识到精益的 JIT 实施不是单纯项目的实施，而是通过运用精益思想和 IE 工具，结合实际，消除生产中的浪费，提高企业的生产效率，从而助力企业的发展和管理水平的提升。

本书可以作为精益人士开展精益实践活动的指导书，也可供企业经营者和管理人员使用，还可供高等院校工业工程和管理学科的师生参考。

图书在版编目（CIP）数据

JIT 落地之道：关田法/（日）关田铁洪著 . —北京：机械工业出版社，2019.12（2020.11 重印）
（关田法标杆精益系列图书）
ISBN 978-7-111-64215-2

Ⅰ . ①J… Ⅱ . ①关… Ⅲ . ①企业管理 – 精益生产 Ⅳ . ①F273.2

中国版本图书馆 CIP 数据核字（2019）第 265937 号

机械工业出版社（北京市百万庄大街 22 号　邮政编码 100037）
策划编辑：孔　劲　　　　责任编辑：孔　劲
责任校对：王　延　杜雨霏　封面设计：张　静
责任印制：张　博
三河市国英印务有限公司印刷
2020 年 11 月第 1 版第 2 次印刷
169mm×239mm · 22 印张 · 426 千字
2501—4000 册
标准书号：ISBN 978-7-111-64215-2
定价：79.00 元

电话服务　　　　　　　　网络服务
客服电话：010-88361066　机 工 官 网：www.cmpbook.com
　　　　　010-88379833　机 工 官 博：weibo.com/cmp1952
　　　　　010-68326294　金 书 网：www.golden-book.com
封底无防伪标均为盗版　　机工教育服务网：www.cmpedu.com

阅读导图

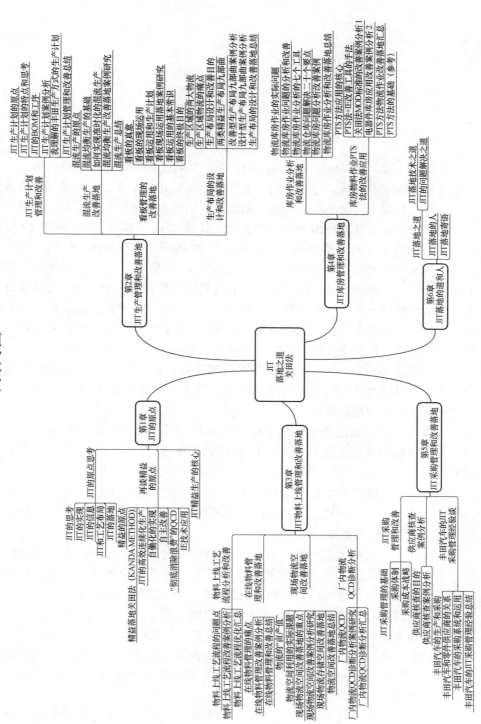

序

从工业工程（Industrial Engineering，IE）的理论到如何实现精益落地，一直是业界关注的重要问题。在这方面，关田铁洪先生几十年来做了大量的精益落地实践工作，积累了大量的成功经验，总结了许多精益落地的方法。

关田铁洪先生具有日本 IE 士资格（日本 IE 界的最高资质），他于 20 世纪 90 年代初就进入了日本能率协会，专业从事 IE 的改善指导工作，长期专注于精益落地的实践研究和指导。在中国，他是日本 IE 士第一人，被上海教委专聘为工业工程海外名师和教授。在三十多年的现场精益指导工作中，他一直秉承日本能率协会的指导方针：注重现场、注重实践、注重精益生产的落地。他的座右铭是：精益为本，落地为实。我听过他有关 IE 技术应用的讲演，他有着非常深厚的 IE 底蕴，对 IE 在精益落地的应用，有着非常独特的见解和体系。

关田铁洪先生是一位非常优秀的 IE 实战专家，他将 IE 理论与实践有机地结合起来，在中国及其他国家成功地指导了三百多家企业的 QCD 改善，为企业提供真正解决问题的精益落地方法。

2018 年，关田铁洪先生总结了他三十多年精益落地实践的经验和方法，出版了著作《精益落地之道——关田法》，得到了业界的一致好评。我为这本专著写了序。

今年，关田铁洪先生以精益生产的核心 JIT 为主题，出版了他的又一力作《JIT 落地之道——关田法》，我非常高兴能为各位读者推荐这本具有实战价值、充分反映 JIT 落地的著作。

大野耐一先生在《丰田生产方式》一书中指出："如果公司上下都能做到 JIT，就能从根本上解决库存和在制品在物资上、财务上给经营管理造成负担的问题。" JIT 是精益落地的必由之路，也是我们在实施精益路上的追求。

JIT 我们称作是准时化生产，是消除浪费的重要手段，是丰田生产方式的核心。几十年来，中国许多企业组织、学习、引进、实施精益生产，也取得了一些效果。但如何真正实现 JIT 的生产体制，最大限度地减少浪费，形成实质性的改善提高，使精益生产的思想、方法、成果在企业扎扎实实落地，一直是精益生产实施中的难题。

关田铁洪先生的《JIT 落地之道——关田法》一书，从实践角度回答了这一难题。这不是一本介绍 JIT 方法的书籍，而是关田铁洪先生在实际精益落地的改善指导中，总结了几百家企业推行 JIT 的实际经验和成果的集大成之作，是 JIT 改善的案例分享。这本书归纳起来有以下三大看点。

一、生产全过程 JIT 实践。《JIT 落地之道——关田法》一书以 JIT 为精益落地的核心，贯穿了生产、工厂内物料、库房、采购的全过程。每个环节都讲述了 JIT 落地实施的具体方法和步骤；也结合各个企业的实际情况，进行了 JIT 实施落地的具体分析。对生产、物流、采购等人员，都有参考和学习的价值。

二、JIT 实际案例的应用分析。书中每个环节都有关田铁洪先生在指导企业落地 JIT 时的实际案例。这些内容不是理论，而是根据各个企业的情况具体实施的 JIT 案例，很有参考价值。

三、丰田生产系统 JIT 的剖析。书中根据作者几十年精益落地的实践经验，解读了丰田生产系统 JIT 和实际工作中的落地要点和过程。

该书可以作为精益人士开展精益实践活动的指导书，也可供企业经营者和管理人员使用，还可供高等院校工业工程和管理学科的师生参考。我衷心希望该书能够对今后我们精益落地的实践起到积极的推动作用。

天津大学管理创新研究院院长、教授

前　言

JIT（准时化生产方式）是精益生产的系统核心，也是精益生产的实践核心。虽然我们已经学习、实践了 JIT 的思想和方法几十年，但是仍然有很多差距和问题，这些差距和问题体现在对 JIT 思想和实践的理解和认识上。

JIT 不是方法，是消除浪费、减少在制、降低成本的实践。JIT 实践不需要任何前提条件，只要企业的每个环节、每位员工都坚持不懈地消除浪费、减少在制，就会降低成本，就会将 JIT 的思想落地到实际的工作中去。

三十多年来我对三百多家企业进行了精益生产的实践指导，其中有些是大型企业，有些是只有几十人的小型企业。他们有的按 JIT 消除浪费、减少在制、降低成本的思想在现场进行不间断的持续改善，取得了一定的成果。虽然有些成果看起来并不是那么高大上，有些成果也并没有使企业起到翻天覆地的变化，但是通过在现场进行不间断的持续改善，这些企业都在持续进步。几年后再回头看，就会发现这些企业的现场发生了巨大的变化，产品的 QCD 发生了巨大的变化，人的思想也发生了巨大的变化。

在总结三十多年来我的精益生产指导经验的过程中，我深深感到基于现状的改善真正是 JIT 落地改善的核心！我也是基于此在许多企业进行了 JIT 的消除浪费、减少在制、降低成本的改善活动。

我从 20 世纪 90 年代初期开始作为日本能率协会 IE 咨询专家至今已经工作了近三十年，期间我只做一件事：运用 IE 技术，指导企业改革、改善。我在 1996 年取得了日本工业工程的最高资格，IE 士资格，2007 年取得了 ICMC（国际注册管理咨询师）认证。

20 世纪 90 年代末期，我受上海市外国专家局的邀请，在上海对一个知名的国有企业进行了改善指导。和企业经过一年的共同努力，提高劳动生产效率 100%，降低废品率 50%，使这个濒临破产的国有企业得到了新生。此项目也受到了上海市政府的嘉奖，获得了上海白玉兰奖。日本的 NHK 电视台专门对此项目进行了跟踪、采访和专题报道。这是我在中国直接指导的第一个项目，通过这个项目的指导，使我在中国对应用 IE 技术实施精益改善有了一些新的思考。

20 世纪 80 年代末期，精益生产以《改变世界的机器》这本书为契机被世人所知，大家都在努力学习精益生产，出现了很多有关精益生产的培训课程，书店里也出现了多种精益生产书籍。丰田式生产方式因此也被中国的企业积极引进，但在引进精益生产的过程中，还存在一些有待提高和改进的地方，例如，既要注重理论研究、工具使用，也要掌握解决当前现场发生的生产问题的方法；既要注重知识培训、标准制定，也要能够处理现场实际发生的管理问题。

精益生产的实施必须结合企业的痛点，以现场发生的问题为突破口进行分析解决。

在中国的改善指导工作中，我就非常注重以当前的问题解决为突破口，注重三现（现场、现物、现实）的问题分析和改善，进而引申到提高整个组织的管理水平和经营素质，形成企业的精益文化，为企业培养一大批实战的精益管理干部。

企业的现场是动态的，问题也是动态的，因而没有一个标准的答案，也没有一个标准的解决方案。真正解决问题就要根据问题的实际情况、企业的管理水平、企业的实际体制，拿出企业能够实施的解决方法和方案，这样才能得到现场人员的理解、支持，方案才能得以实施，并取得实际的改善效果。同样的问题，在不同的企业，也会有不同的改善方案和改善目标。以这种指导思路，我在中国经历了近三百家企业的改善指导，有许多心得，摸索出许多方法，从中悟出应用IE 技术、实施精益落地的真谛。通过不断的尝试、积累和总结，形成了我的精益理念：精益为本，落地为实。

我把这些经验进行汇总，在 2018 年，由机械工业出版社出版了《精益落地之道——关田法》一书，该书主要以生产系统 QCD 的改善落地为核心。今年这本《JIT 落地之道——关田法》则是以生产全流程的 JIT 改善落地为核心的实践型书籍。

书中以 JIT 为主线，从生产现场的计划物流，到库房的管理改善，直到采购管理的一连串生产的全过程进行了讲解。书中的每个章节，都是围绕我曾经指导过的企业的案例展开的。这本书读者可以通篇阅读，充分理解 JIT 的落地方法，也可取其部分章节阅读学习，例如，可以通过学习在线物料管理改善落地章节，理解和掌握 JIT 的在线物料管理。

这本书可作为企业推行 JIT 的学习实践指南，也可作为企业经营者精益思想理解的书籍进行阅读，还可作为高校 IE 专业、管理专业的参考书。

阅读只是过程，不是目的，带着问题，带着思考去阅读，悟出其中的道理才是真正读书的目的。我也非常希望各位读者不但是读，更要悟。我的体会是：学到的是知识，悟出来的是智慧！

本书在写作过程中，得到了东风商用车陈伟先生，JBCC 叶颖先生、杨仲轩先生、董加德先生的许多宝贵建议和协助,借此机会表示感谢。

也非常感谢机械工业出版社能够认可我的价值,鼓励和支持我出版本书,并且对书稿投入大量的时间和精力进行编辑与订正。

我非常尊重和敬仰的中国 IE 界的泰斗齐二石教授为我这本书作了序,在写作过程中齐教授也对本书做了非常专业和中肯的指导。齐教授是我的老师,也是我的益友,在此向齐老师表达谢意,同时也希望齐教授不断鞭策和鼓励关田法。

谢谢各位!

关田铁洪
于东京

目 录

阅读导图
序
前言
第1章　JIT 的原点 ·· 1
　1.1　JIT 的原点思考 ·· 1
　　1.1.1　JIT 的思考 ·· 1
　　1.1.2　JIT 的实现 ·· 2
　　1.1.3　JIT 的信息 ·· 2
　　1.1.4　JIT 和工艺布局 ··· 4
　　1.1.5　JIT 的落地 ·· 4
　1.2　再谈精益的原点 ··· 5
　　1.2.1　精益的原点 ··· 5
　　1.2.2　精益落地关田法（KANDA METHOD） ······························· 6
　　1.2.3　JIT 的高效连续化生产 ·· 7
　　1.2.4　自働化的实现 ·· 7
　　1.2.5　自主改善 ·· 8
　　1.2.6　"彻底消除浪费"的 QCD ··· 9
　　1.2.7　IE 技术应用 ··· 10
　1.3　JIT，精益生产的核心 ·· 12
第2章　JIT 生产管理和改善落地 ·· 14
　2.1　JIT 生产计划管理和改善 ··· 14
　　2.1.1　JIT 生产计划的原点 ·· 14
　　2.1.2　JIT 生产计划的特点和思考 ·· 14
　　2.1.3　JIT 的 BOM 和工序 ·· 15
　　2.1.4　JIT 生产计划案例分析 ··· 18
　　2.1.5　我理解的丰田生产方式的生产计划 ···································· 36
　　2.1.6　JIT 生产计划管理和改善总结 ··· 38
　2.2　混流生产改善落地 ·· 40
　　2.2.1　混流生产的原点 ··· 40
　　2.2.2　混流均衡生产的基础 ··· 42

IX

2.2.3　如何实现准时化的混流生产 ·· 43
　　2.2.4　混流均衡生产改善落地案例研究 ································· 46
　　2.2.5　混流生产总结 ··· 67
2.3　看板管理的改善落地 ··· 69
　　2.3.1　看板的真意 ·· 69
　　2.3.2　看板的现场运用 ··· 70
　　2.3.3　看板运用和生产计划 ·· 73
　　2.3.4　看板现场运用落地案例研究 ·· 74
　　2.3.5　看板运用的基本常识 ·· 84
　　2.3.6　看板的终极目的 ··· 87
2.4　生产布局的设计和改善落地 ·· 87
　　2.4.1　生产区域的两大物流 ·· 87
　　2.4.2　生产区域物流的痛点 ·· 88
　　2.4.3　生产布局设计和改善目的 ··· 88
　　2.4.4　两类精益生产布局九步曲 ··· 89
　　2.4.5　改善型生产布局九步曲案例分析 ··································· 91
　　2.4.6　设计型生产布局九步曲案例分析 ································ 117
　　2.4.7　生产布局的设计和改善落地总结 ································ 123

第3章　JIT物料上线管理和改善落地 ·· 126
3.1　物料上线工艺流程分析和改善 ·· 126
　　3.1.1　物料上线工艺流程的问题点 ·· 126
　　3.1.2　物料上线工艺流程改善案例分析 ································ 127
　　3.1.3　物料上线工艺流程优化汇总 ·· 148
3.2　在线物料管理和改善落地 ·· 154
　　3.2.1　在线物料管理的痛点 ·· 154
　　3.2.2　在线物料管理改善案例分析 ·· 155
　　3.2.3　在线物料管理和改善总结 ··· 194
3.3　现场物流空间改善落地 ··· 195
　　3.3.1　物流的"亩产值" ·· 195
　　3.3.2　物流空间利用的实际课题 ··· 196
　　3.3.3　现场物流空间改善落地的重点 ···································· 196
　　3.3.4　现场物流空间改善案例分析研究 ································ 197
　　3.3.5　现场物流存储空间改善落地 ·· 208
　　3.3.6　物流空间改善落地总结 ··· 211
3.4　厂内物流QCD诊断分析 ··· 212
　　3.4.1　厂内物流QCD ··· 212
　　3.4.2　厂内物流QCD诊断分析案例研究 ······························· 216
　　3.4.3　厂内物流QCD诊断分析汇总 ······································ 233

第 4 章 　 JIT 库房管理和改善落地 235
4.1 　 库房作业分析和改善落地 235
4.1.1 　 物流库房作业的实际问题 235
4.1.2 　 物流库房作业问题的分析和改善 236
4.1.3 　 物流库房作业分析的七个工具 236
4.1.4 　 物流库房问题解决二十个要点 241
4.1.5 　 物流库房问题分析改善案例 251
4.1.6 　 物流库房作业分析和改善落地总结 253
4.2 　 库房物料作业 PTS 法的改善应用 253
4.2.1 　 PTS 方法应用的核心 253
4.2.2 　 PTS 法 + IE 改善工具的手法 254
4.2.3 　 关田法 MOD 标准的改善案例分析 1 262
4.2.4 　 电器件库房应用改善案例分析 2 271
4.2.5 　 PTS 方法物流作业改善落地汇总 279
4.2.6 　 PTS 方法的基础（参考） 280

第 5 章 　 JIT 采购管理和改善落地 284
5.1 　 JIT 采购管理和改善 284
5.1.1 　 JIT 采购管理的基础 284
5.1.2 　 采购体制 287
5.1.3 　 采购成本战略 290
5.2 　 供应商核查案例分析 298
5.2.1 　 供应商核查的目的 298
5.2.2 　 供应商核查案例分析 298
5.3 　 丰田汽车的 JIT 采购管理经验谈 315
5.3.1 　 丰田汽车的生产和采购 315
5.3.2 　 丰田汽车和零件供应商的关系 316
5.3.3 　 丰田汽车的采购系统和运用 317
5.3.4 　 丰田汽车的 JIT 采购管理经验总结 320

第 6 章 　 JIT 落地的道和人 321
6.1 　 JIT 落地之道 321
6.1.1 　 JIT 落地技术之道 321
6.1.2 　 JIT 的问题解决之道 324
6.2 　 JIT 落地的人 332
6.3 　 JIT 落地寄语 336

JIT的原点

1.1 JIT的原点思考

1.1.1 JIT的思考

"何为JIT？就是例如在汽车的组装线上，使必要的零件，在必要的时刻，根据必要的量，准时到达生产线。这种状态如果在全公司得以实现，就可以最大限度地减少库存，从而减轻在物质上和财务上对企业经营的压力。"大野耐一先生在《丰田生产方式》一书中这样定义JIT。这也就是JIT的原点思考。

大野耐一先生定义的JIT，说明了三个问题：
1）操作层面：必要的零件，必要的时刻，必要的量。
2）物资方面：最大限度地减少库存和在制品。
3）经营层面：通过实现这样的操作，降低物流和生产成本，减少财务上的压力。

在操作层面，把物流环节也看作是生产流程的一个环节，根据生产流程的进度和节拍不断地把必要的物料及时投放到需要的生产工位，保证连续、不间断的生产。同时生产现场也不会有多余的物料。

在物资层面，物流环节是指从物料进货、入库、出库、上线的一系列物流活动。这一系列物流活动都追求JIT的物流，当然就不会有更多的库存和不必要的物料存储空间。

在经营层面，生产现场的JIT保证连续、不间断的生产，这就是生产效率最大化的基础。同时物流环节的JIT通过最小的库存、最少的工序间在制品，降低了物流成本。最终高效化的连续生产和最小的库存及在制品实现了最优的产品生产成本，提高了经营效益。

这就是我对JIT原点理论和实践的思考。

1.1.2 JIT 的实现

从生产流程的反向来思考，如果在需要的时刻由后道工序向前道工序领取必要数量的物品，会如何？如果这样的话，前道工序只生产后道工序所需数量的物品不就可以了吗？如果每个工序都按照这个思路进行生产，只要明确某种物品，需要多少不就可以了吗？这就产生了看板的想法。看板在各个工序间流转，按照以上思路来控制必要的生产数量。

也就是说，看板是实现 JIT 的方法。JIT 必要的零件、必要的时刻、必要的数量的实际操作，都可以通过看板来明确，并且可以用看板把各个工序连接起来，从而在全公司实现追求 JIT 的初衷。

看板的设想首先是从生产流程的反向来进行思考的，也就是说，关键是控制生产流程的最末端的生产。生产流程的最末端按 JIT 的要求，在必要的时刻，向前一道工序领取必要数量的物品，就可以拉动该道工序的生产，这样一直拉动到最前面的工序，这就是拉动式生产。从某种意义上讲，采用拉动式生产，只要制定生产最末端的生产计划就可以，剩下的全部生产计划和调度就交给看板即可。

这样，各个工序就不需要对进度、生产数量进行过多的管理和关注，也大幅度地减少了计划和管理的工作量，减少了大量的不必要的管理人员、管理硬件。看板这一方式，一直延续到库房、供应商，取得了同样的效果，消除了大量的管理环节和浪费。

这是大野耐一发明看板应用的最大贡献。这一应用把 JIT 的思想变成了现实——"JIT 使生产现场的各个工序完全变成了一个有机的系统，团队的合作得到了最大的发挥"。

1.1.3 JIT 的信息

"丰田汽车 JIT 的生产方式是将必要的物品，在必要的时刻，根据必要的量，送达生产线的生产方式，所以不需要过多的库存和在制品。同时，信息的需求也是如此，也是在必要的时刻，提供必要的信息量就可以了，并且能够准确及时地送达生产现场"。这是大野耐一先生对 JIT 生产方式的进一步说明。

JIT 不仅仅是物料的及时供应和连续的生产体制，更是一个及时和连续的信息体系。JIT 的信息体系保证了必要信息的及时送达，这个信息包括三个指标：

1）必要的信息：生产上必要的信息包括进度、数量、品种、质量、故障，等等。

2）必要的时刻：上述信息虽然都是生产上必要的信息，但并不是每个时刻都需要。这些信息有些是生产进度过程中需要的信息，有些是产品切换时需要的信息，有些是突然出现问题时需要的信息，它们只有在必要的时刻到达，才是真正有价值的信息。

3）及时准确地送达：除了必要的信息、必要的时刻，还需要将信息及时准确地送达到需要的地点或位置，这样才能保证信息的有效性。为此，就要及时掌握现场的动态，实现预测信息的发生和需求，从而及时准确地送达必要的信息。

以上三个指标是并列的，缺一不可。

丰田汽车的JIT信息系统不但应用在生产中，也应用在企业的各个环节中，只有保证了信息的JIT，才能保证工作的JIT。

信息的基础是交流。充分理解生产的结构和需求，充分理解必要的信息、必要的信息量、必要的信息传递时刻，即为信息的JIT。只有充分做好信息的JIT才能保证实际JIT的正常运行。

以前曾经看过一篇分析世界级一流企业特点的文章《何谓世界级水准的制造企业》，文中介绍了四部分内容：①世界级水准制造企业的经营特性剖析；②经营的根源就是交流；③优秀的交流文化靠现场的培育；④21世纪的经营。文章的核心是"经营的根源就是交流"，其中通过13个方面论述世界一流企业的特点：

1）拥有现场对话的网络。
2）拥有现场的作业支援信息网络。
3）拥有教育指导的信息网络。
4）拥有现场现象的反馈网络。
5）拥有相互信赖的交流网络。
6）拥有功能间的交流网络。
7）拥有产品开发功能间的网络。
8）拥有短期生产计划的实施网络。
9）拥有长期计划的网络。
10）拥有现场和总公司间的交流网络。
11）拥有现场和客户间的交流网络。
12）拥有现场和供应商的物流交流网络。
13）拥有供应商之间的交流网络。

这里强调了现场、交流和网络。这里的网络不是电子网络，而是现场的文化。其中"优秀的交流文化靠现场的培育"，就专门论述了以上13个事项如何形成现场的交流文化。

这些交流都围绕着直接创造市场需要的产品的现场。工作的交流是JIT，是精益生产文化形成的最有效手段，也是考量一个企业及其精益文化的重要指标。

我所经历的三百多家企业，都有这些问题，都有这些课题。这也是我们当前企业推行精益，推行JIT的难点所在。

1.1.4　JIT 和工艺布局

JIT 初期的挑战是生产流程的改善。改变设备的工艺布局，使一个操作者可以同时操作 3~4 台设备，这是一人多台操作、一人多工序操作的改善，也就是工艺平面布局的改善，其目的有两个：

1）减少移动。如果工艺布局不合理，则物料或工件从一个工序转到另一个工序需要搬运一定的距离和一定的搬运时间，这是不产生任何价值的搬运。所以大野耐一先生将其定义为搬运的浪费；如果工艺布局不合理，操作工人为了取料、操作设备、测量加工件等，将发生许多走动，这些走动的动作不产生任何价值，所以大野耐一先生将其定义为动作的浪费。

2）合理利用空间。生产区域也是生产的投入，在有限的空间，创造最大的生产利润，也是 JIT 生产的追求。

所以，JIT 的有效实施包括合理的工艺布局设计和改善。

1.1.5　JIT 的落地

1. JIT 不是工具，而是思想

有很多人热衷于 JIT 的工具学习、应用，等等，但是 JIT 首先是思想，要充分认识不及时生产的问题及其造成的危害。

在管理上就要以 JIT 的思想，去考虑计划、生产及问题的解决。这里可能没有具体的工具应用，但是只要具有这样的思维，并和实际工作管理直接挂钩，就是 JIT 的思维方式。

2. JIT 不是理想，是基于现状的改善

JIT 的实施，没有硬性条件。每个企业的情况不一样，包括管理水准、工艺水准等，但这些都不是实施 JIT 的先决条件。JIT 的关键是基于现状，通过改善，能够解决多少问题点。这些问题点不断得到持续改善，就会不断地提高 JIT 的水准，不断地减少在制品和库存，缩短生产周期。

不要强调因为这个不行，那个也不好，所以做不了 JIT。基于现状的改善，才是 JIT 落地的根本。

3. JIT 不是设计，是现状问题的解决

有些人热衷于从看板、流程、供应商等方面进行 JIT 的分析和设计，这是理想化的 JIT，不是我们追求的 JIT。

JIT 的落地，应以 JIT 的思维方式，发现问题、解决问题，进行标准化的不间断持续改善。这些改善不是在办公室，也不是在会议室，而是在现场。只有真正解决了现场的问题，才是真正的 JIT。

基于以上观点，结合我几十年的现场改善经验，本书以 JIT 这个关键词为主题，汇总了 JIT 的一些落地内容和实践。

我所经历的企业指导，可能不是 JIT 最好的企业，JIT 的水准可能不是非常高，但都是围绕以上观点进行的改善、管理和标准化，是实际 JIT 现场的真实写照，也是作为关田法实际落地的一个核心内容。

1.2 再谈精益的原点

1.2.1 精益的原点

1990 年《改变世界的机器》一书问世，把以丰田生产方式为代表的生产方式定义为："精益生产方式（Lean Production System）"，被世人瞩目。精益生产方式不仅仅是改变了世界，更重要的是改变了管理的方式，改变了经营的文化，改变了人类的思维。但这种改变并不完全是因为这本著作。

早在 20 世纪 40 年代，以丰田汽车为代表的日本汽车制造业就开始学习美国等国家汽车制造业的经验，不断摸索自己的方式方法。经过几十年的持续改进，持续提升，从追赶美国，赶上美国，最后在汽车制造业实现了超越美国，积累和逐渐形成了现在的"精益生产方式"。

1973 年第一次世界石油危机，许多国家都经受了严峻的考验，而丰田汽车却逆风而上，创造了成功的业绩，丰田汽车开始逐渐被世人瞩目，丰田汽车的生产模式也开始被世人关注。也是从这个时期开始，世界上，特别是一些日本企业，开始仿效、学习、研究丰田的成功。

1978 年，丰田生产方式的鼻祖大野耐一总结了他在丰田汽车几十年现场改善的经验，于是丰田精益生产的经典著作《丰田生产方式》一书问世，书中体现了鲜明的精益生产方式思想，明确提出了丰田生产方式就是"彻底消除浪费！"。这是丰田生产方式的思想精髓。该书的内容在 12 年以后，被《改变世界的机器》定义为：日本公司开发的一整套新思想和新方法。

丰田生产方式的实现是通过丰田式的 IE（工业工程，Industrial Engineering）。在《丰田生产方式》中，大野耐一先生专门谈到了："工业工程是从美国引进来的生产管理技术和经营管理技术。暂且不去管它的定义是什么，丰田生产方式认为它是一种'制造技术'，即涉及整个生产现场，在质量、数量和时间协调的基础上谋求降低成本。丰田式工业工程的最大特点是，可以直接降低成本，是'创造价值的工业工程'"！

丰田生产方式的实现还是通过丰田式的 IE 在现场的实施得以实现的。大野耐一先生在 1982 年出版的《现场经营》一书中说"我就是彻底的现场主义！彻底消除浪费，提高效率，降低成本，保证质量，这一切都要在现场才能得以实现。"

所以，精益的原点就是彻底消除浪费。而彻底消除浪费这一原点的实现就是应用丰田式 IE。

应用丰田式 IE，在现场通过改善，提高效率，保证质量，最终降低成本，从而实现彻底消除浪费的丰田生产方式这一基本思想。

1.2.2 精益落地关田法（KANDA METHOD）

彻底消除浪费的两大支柱是 JIT（准时化）和自働化[一]。这两大支柱不是理论，而是实践。是大野耐一先生经过几十年在现场摸爬滚打实践出来的。所以，精益生产的关键是落地。通过落地真正解决问题，为企业创造利润，为社会创造财富。关键词：落地！

遵照这一宗旨，我从事精益生产指导工作三十多年，指导了几百家企业，工作中不断摸索出一些消除浪费、提高效率、降低成本、保证质量的改善落地的实战经验，我把它称作关田法。关田法的具体内容在我的《精益落地之道——关田法》一书中有详细讲解。关田法的核心如图 1-1 所示。

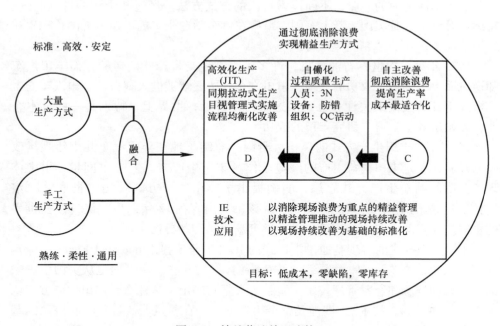

图 1-1 精益落地关田法核心

大野耐一先生说的现场不单单是讲的生产现场，而是讲一线工作。只有一线工

[一] 自働化，行业用语。

作才能够自主发现问题，解决问题，才能真正做到精益落地，实现真正的精益生产。

精益的落地点就是现场，精益的成果就是要在现场取得看得见的变化，这种变化体现在生产的变化、管理的变化、人的变化中！

所以精益落地关田法的核心有三个：JIT、自働化、自主改善。

1.2.3　JIT的高效连续化生产

JIT的一个判断指标，就是生产的连续性。

参观丰田的工厂，有些人会说："他们做得也不快呀，比我们工厂工人做得还要慢！"。高效化的生产不是一时一事做得快，而是要看一天、一个周期、一个系统的速度如何，也就是高效化，高效化的一个指标就是生产的无断点、连续性。

"与快跑一阵就睡大觉的兔子相比，坚持不懈地向前奔跑的乌龟浪费最少，效率最高。说明没有持续性的快速，是没有任何意义的。"大野耐一先生引用中国的龟兔赛跑，比喻这种无连续性的快，是没有意义的，是浪费。

关田法认为，对于生产效率最大的浪费首先就是生产的断点。这些断点，在装配线上就是临时的停线或慢速；在机械加工上就是加工的等待和物料的堆积；在物流上就是集中投料。这些就造成生产在时间这个轴上，开开停停。在开的时候，有时可能会很快，瞬间看起来好像效率很高，但是由于经常发生断点，结果总体的效率是十分低的。就像乌龟和兔子赛跑的故事一样。瞬间跑得快并不是高效，只有按标准、无断点地连续运转，才能取得预定的高效运作。所以，丰田在这方面进行了彻底消除浪费，消除断点，使生产能够按标准连续运转，保证高效的生产体系。

在国内的一些企业，工厂里的IE工程师，现场的管理干部和工人，会很热心进行动作的改善、工艺的改善、工时平衡的改善，等等，这些当然都是消除浪费重要的改善。但是最大的浪费实际是生产的不连续！关田法汇总五大连续生产杀手：缺料、计划、质量、故障、瓶颈，而JIT的实现，提高效率，首先就是要针对这五大杀手进行改善，保证生产的连续性。

1.2.4　自働化的实现

自働化的一个判断指标，就是人为质量问题的多少。

在《精益落地之道——关田法》一书中，专门讨论了人为质量问题。关田法的质量问题定义为：质量问题的75%是人为质量。人为质量分为：人为可控质量和人为可检质量。人为可控是指严格按工艺要求、操作标准进行工作就可以控制的质量问题。人为可检是指主要通过人为的目视可以发现的质量问题。质量出了问题，就是管理人和操作人对质量保证的态度出了问题。

在过程中，零件、产品等出现问题（质量），很多人会说是设备故障、工艺问题、材料质量、工具等原因，而往往会忽略人的因素和人的主观能动性。关田法认为，大部分的质量问题是与人有关的问题，而且其中大部分的质量问题是人为质量问题。人为质量管理的重点就是过程中的人为可控、人为可检质量的管理。

质量不是检查出来的，质量是生产出来的！人为质量管理就是要在生产过程中保证质量，这就是过程质量。关田法的人为质量管理就是对过程中的人为质量进行管理。

大野耐一先生说"丰田生产方式的实施，思想观念的革新是必不可少的"，这个思想观念的革新，就是关注人为质量，解决人为质量。精益生产方式改变了人类的思维，就体现在这里。

1.2.5 自主改善

关田法的第三个核心是自主改善。改善常有两个方法：自上而下型和自主实施型。精益生产方式是后者。

前面说过，只有一线工作才能够自主发现问题，解决问题，才能真正做到精益落地，实现真正的精益生产。

问题是动态的，随着时间的变化问题也是在变化的。只有一线人员才能发现这样的动态问题，才能知道问题发生的现象和原因。在办公室里的信息，都是过去式。领导手里的报表数据往往是被平均过的，平均是隐藏问题最高明的合理手段。

问题的发生肯定会有先兆。什么样的问题都是经过一段潜在变化和积累，才最终暴露出来的。设备发生故障之前的噪声、温升；缺料之前的寻找、确认等，这些在领导的报表中往往是显示不出来的，但是在一线却是实实在在发生的。这些先兆如果能够发现，及时解决，就会防患于未然，这是最好的改善。出了问题后的改善是"马后炮"式的改善。能够发现问题的先兆，能够知道问题先兆的现象和原因的，只有在一线。

如果一线的工作人员不能自主性地发现问题、解决问题，是不可能高效、高质量地实施精益生产的。

精益生产的自主改善是领导直接参与、身先士卒的自主改善。

大野耐一是丰田汽车的副社长，是高层经营领导，但是他却被誉为："穿着工装的圣贤"。

我经常讲我指导过的以下项目的故事：

"我指导的某个企业，要提高劳动生产率。每天晚上，我都将有关领导集中起来，汇总一天的改善内容。在会议上，我只谈一个指标：今天在现场看到各位干部的时间比例是多少。

第一天各位领导在现场的时间比例是 20%，以后每天晚上的汇总会我持续谈这个指标。大家看我每天只谈这个指标，就知道了我对改善的关注点在什么地方，所以开始积极去现场了。随后，各位领导每天在现场的时间比例在不断提升，30%，40%，50%，60%，最多有 70% 的时间在现场。非常有意思的是，随着领导在现场的时间比例增加，发生了两件事情。

1）现场劳动生产率的提高和领导在现场的增加同步，劳动生产率不断在提高。

2）每天晚上的总结会由原来的 2 个小时，自然缩短到 15 分钟。"

所以精益落地关田法（KANDA METHOD）的核心之一自主改善定义是："领导直接参与，身先士卒的自主改善。"

1.2.6 "彻底消除浪费"的 QCD

大野耐一在《丰田生产方式》一书中说道："提高效率，降低成本，就是彻底消除一切浪费"，这就是丰田生产方式的追求，也是丰田生产方式的落地点，落地到 QCD。

1）自働化的一个判断指标，就是人为质量问题的多少，保证产品质量（Q）。

2）自主改善是："领导直接参与，身先士卒的自主改善"，最终降低成本（C）。

3）JIT 的一个判断指标，就是生产的连续性，提高生产效率（D）。

这三个落地点并不是相互独立的，而是相互作用、相互联系的。丰田生产方式中有一个精益 QCD 的同步改善的说法。

"保证质量，提高质量标准，就要增加成本，就会牺牲效率。"这种想法是错误的，不是精益的思想。

丰田人说："很多企业出了产品质量问题，就认为没有严格把关，所以增加了检查环节，但实际错了！看美国汽车制造业的历史，出了产品质量问题，就会成倍地增加检查人员，但结果仍然解决不了产品质量问题。我们丰田是靠：每个人，在每个过程中保证产品质量，确保用户的产品质量。"

这就是关田法的人为质量管理思想的根本。质量不是检查出来的，而是生产出来的。生产部门负责生产，质保部门负责质量保证，这完全是错误的。这就是典型的我感冒，你吃药！

关田法的人为质量管理方法认为，在生产环节彻底解决了人为可控质量和人为可检质量，是不需要增加任何设备和工艺的，也绝对不会降低生产效率。因为控制了人为质量问题，就会减少大量的返工和废品，这样就直接降低了成本，提高了效率。

有些企业为了提高效率，就要增加自动化设备，就要引进先进的工艺，当然在有些情况下这是可以直接提高生产效率的，但是毫无疑问，要增加成本。丰田生产方式的改善是不花钱、少花钱、办大事的管理改善，是通过管理改善提高QCD水平。

新乡重夫先生在其著作中曾经谈及一个学习应用快速换型的管理者向他讲述换型改善的感想，这里做一引用："以前，100t冲压机的换型时间是2h，换型工是工厂最优秀的熟练工，他们拼命干也要2h，所以花费这些时间被认为也是没有办法的。

但是，你在有关丰田生产方式的书中写道：'换型可以在9min以内的个位数时间内完成'，我们组织了几位工程师和现场领班成立项目组，进行实地调查，发现很多浪费的地方。根据书上适用的'快速换模的考虑方法'进行改善，3个月后，缩短到仅为2分40秒。

我们受到了很大的鼓舞后，对其他作业也进行了重新分析改善。无一例外，换型时间都变成了个位数时间，大大降低了在制，很多地方变得非常合理。

过去说过'那个优秀的熟练工不管怎样也要花费2h换型，所以没有办法！'的想法才是盲点，现在正在深刻反省。

过去为了缩短换型时间，压力机模具高度调整考虑用电动化是最好的方法，但采用快速换型的方法，把调整地板高度的垫板标准化以后，实现了'调整为0'的改善。这里也说明我们完全没有进行深入思考，现在正在彻底反省中。

这样的'意识盲点'，除此之外还有很多。意识盲点的改善，才是真正基于'原点意向'的改善！"

这个事例充分说明了丰田生产方式的改善是管理改善。管理改善就是要消除"意识的盲点"。

当然这里不排除必要的设备投资和技术引进。但是这种设备投资和技术引进并不能消除我们在生产管理上的浪费。我们首先要通过管理改善，最大限度地消除浪费，并在此基础上，根据实际情况，考虑必要的设备投资和技术引进。许多事实都证明了没有经过认真管理改善就进行设备投资和技术引进，就是"带病吃补药"！

所以精益生产的QCD改善是同步的改善，是管理改善。

1.2.7　IE技术应用

关田法对IE的定义为：工作浪费的定量化和改善技术，是管理改善技术。

大野耐一先生也说："丰田生产方式就是创造价值的IE"。

1. 以消除现场浪费为重点的精益管理

组织的浪费不完全在现场，但是看得见的浪费大都在现场，组织的潜在浪费都会暴露在现场。为此，要以现场浪费的改善为切入点，取得看得见的成果，提高人员的改善意识，带动组织的整体改善。这种改善就是 IE 技术的应用。

改善的出发点是定量化。定量化浪费、定量化投入、定量化成果。这些定量化在现场是比较容易实现的。通过现场的定量化改善，其成果就会定量地反映到组织中，反映到经营中。IE 技术就是工作浪费的定量化技术。

2. 以精益管理推动的现场持续改善

詹姆斯 P. 沃麦克博士在《现场观察》一书中提出："企业精益管理是不断改善的长征。"精益生产的形成并不是一朝一夕的事情，更不是什么快速改善，而是不断改善的长征。

从 20 世纪 40 年代开始，经过大量的现场实践和改善，逐渐积累，形成了今日的丰田生产方式，而且现在的丰田生产方式也仍然在不断持续改善和进化。

所以，精益生产不是一时一事的事情，关田法对精益生产的定义是：

精益就是做好每天的工作（认真负责）。

精益就是做好每天必要的工作（消除浪费）。

精益就是高效、高质、高水平地做好每天必要的工作（持续改善）。

成果就是每天看得见的变化！

大道至简才是精益！

持续改善团队是在生产或管理岗位上从事各种劳动，且拥有一定权力（管理干部）及技能（操作工人）之人士，围绕企业的经营战略、方针目标和现场存在的问题，组成团队以解决所见问题及采取纠正措施，以达到改进质量、降低消耗、提高经济效益和人的素质为目的，组织起来，运用精益管理的理论和方法开展活动的团队。

目的：持续改善团队的组建，是为了有组织、有计划、有目标地开展改进质量，降低消耗，提高经济效益，提高人的素质，建立文明、和谐的生产、服务、工作现场等一系列改善活动。

改善工具使用标准是改善活动各阶段可采用的一些基于数理统计、质量工具等方面的科学方法及使用技巧。体现科学性、严谨性，以此提高每个参与人员解决问题的能力。

为改善活动提供思路和工具，使改善过程和结果更具有效性和科学性。

持续改善不但能够持续解决实际工作中的问题，关键是还可以提高人的改善意识，形成组织的精益文化。

IE 是实现精益最有效的管理技术。

3. 以现场持续改善为基础的标准化

在《精益落地之道——关田法》一书中，阐述了关田法的管理铁三角，如图 1-2 所示。

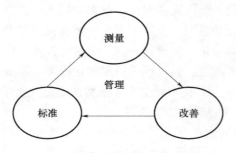

图 1-2　管理铁三角

对现状进行测量，与标准进行比较，其差距就是需要改善的问题，对其改善后，再进行标准化。当标准经过持续改善，稳定在某个水平时，再提高标准水平，持续改善。

没有标准就是没有管理，不执行标准就是不服从管理，不按标准要求就是忽视管理。

1.3　JIT，精益生产的核心

必要的物品，必要的时刻，必要的量的工作方式和信息管理方式就是 JIT 的原点。

人们对丰田生产方式十分关心，认真学习，研究其工具，并模仿实施，但是真正成功实施丰田生产模式的企业却非常少。美国哈佛大学长期研究丰田生产方式的管理学教授在丰田生产方式的"基因"探索一文中说："丰田生产方式在欧美很多企业都在实施，但是都不是很成功。这是因为丰田具有特别的 DNA，是很难学到的"。为了回答世人的疑问，大野耐一出版了《丰田生产方式》一书。在这本书中，大野耐一先生明确指出："通过改善，提高效率，保证质量，最终降低成本。""降低成本只能在现场实现！"。

而如何实现，大野耐一先生在他的另一本书《为什么不在必要的时候，按必要的量，提供必要的物品？》中向世人再次回答了精益生产的 JIT 思想和实践："JIT 最重要的一点就是生产的流程无间断连续运转，当然就会生产出低成本、高质量的产品。"

生产流程无间断连续运转就是生产的连续性，是 JIT 的一个判断指标。

关田法汇总 JIT 五大连续生产杀手：缺物料、计划、质量、故障、瓶颈。实现 JIT，提高效率，首先就是要针对这五大杀手进行改善，保证生产的连续性。

JIT 连续生产的第一杀手是缺物料。这个物料是指广义的物料，既有由供应商提供到生产线的物料，也有上下道次之间的物品转运。

JIT 连续生产的第二杀手是计划。计划是生产的龙头，是实现 JIT 的工具。特别是基于现在多品种、小批量、短交货期的生产特性，在高效高质的前提下，保证生产的连续性至关重要。

JIT 连续生产的第三杀手是质量。来料质量和装配质量问题的发生，有时需要在线分析、解决、这就会造成停线、停机。

JIT 连续生产的第四杀手是故障。设备、工装等的突发故障，是工作中经常发生的问题，直接影响生产计划的执行，直接造成生产的停顿和等待。

JIT 连续生产的第五杀手是瓶颈。设备、人员、工艺等的瓶颈存在，使前后道次的工作进度不平均，造成等待和停线。

当然还会有其他影响生产连续性的因素，但主要是以上五种。

我三十多年来进行了大量实践，指导了三百多家企业，从中得到的许多经验和感悟。结合以上一系列思考、分析，以及我的思考，编写了《JIT 落地之道——关田法》这本书。

本书就现场的生产、物料的上线、库房管理、采购管理等一系列生产环节，论述 JIT 落地的思维和方法，同时每节都有具体的实施案例。

JIT 是精益生产的核心，是实践而不是理论，只有真正在实践中践行 JIT，在工作中活用 JIT，才能真正取得 JIT 的效果。

第 2 章

JIT生产管理和改善落地

2.1 JIT 生产计划管理和改善

2.1.1 JIT 生产计划的原点

"丰田生产方式的生产日程计划,是保证均衡生产至关重要的计划"。大野耐一先生在《丰田生产方式》一书中这样定义生产计划。

生产管理有两大机能:生产计划机能和生产控制机能。

1) 生产计划机能,是指对生产、人、机、料进行计划,按 JIT 的思维,将必要的物品,在必要的时刻,按需要的数量,送到必要的地点的生产实施计划机能。

2) 生产控制机能,是指对生产、人、机、料按计划实施的进度等进行管理和改善,按 JIT 的思维,保证生产按计划流动,无中间在制停留,无非计划的库存;同时减少中间在制,尽量减少库存量。这样的生产控制机能就是改善,就是持续改善的机能。

本节首先讨论生产计划机能,它是一个广义的概念,其计划、管理、分工和流程如图 2-1 所示。

从图 2-1 中可以看出,生产计划是一个整体系统,从计划到实施,从大到小,贯穿整个系统的原则就是 JIT:准时化生产。所以计划制定和实施中就要时刻遵照这一原则进行,并加以实施。

生产计划的原点就是实现 JIT 的计划。

2.1.2 JIT 生产计划的特点和思考

企业根据市场的预测和分析,制订年度销售、生产、采购计划,同时根据情况分解到季度、月度,这些是企业级别的计划。将这些计划落实到生产环节,就是生产部门的生产计划。生产计划主要分三个级别:大日程计划、中日程计划、

第2章 JIT生产管理和改善落地

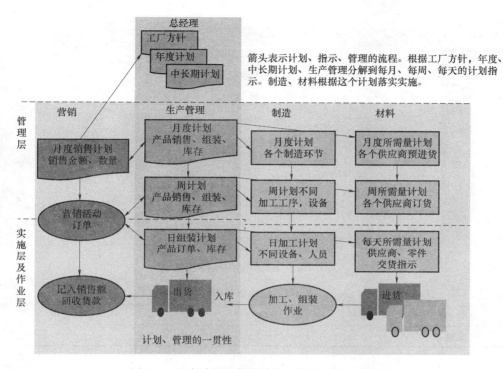

图2-1 生产计划机能的计划、管理、分工和流程

小日程计划。

1）大日程计划，一般是月度计划，根据销售和采购计划，制定月度生产计划，基本是预定，变动的可能性比较大。

2）中日程计划，一般是周计划，要分成各个产品、各个工序的计划。同时要综合考虑各个工序生产能力的保证和生产能力的均衡。

3）小日程计划，也称为作业指示，是每天班组的生产计划。小日程计划要落实具体工位、具体生产任务、具体需要时间。

大日程计划、中日程计划、小日程计划制订的核心就是如何实现JIT，实现高度高效化的流动化生产。图2-2所示为生产计划的整体。

2.1.3 JIT的BOM和工序

制定计划，是根据生产能力、产品工序、零件构成等因素来进行的。其核心基础是BOM（Bill of Material）表，即物料清单，它是制定生产计划的基础数据。最基本的BOM表是产品的标准材料表，表2-1为生产某产品所需要的标准材料表，图2-3所示为产品生产工序流程。

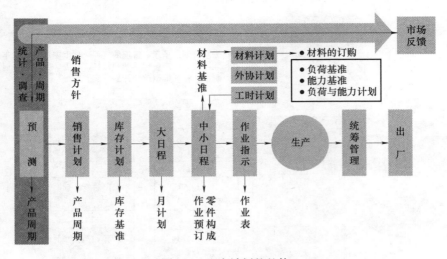

图 2-2 生产计划的整体

表 2-1 标准材料表

零件名称	零件 1	零件 2	零件 3	零件 4
数量	2	3	2	1

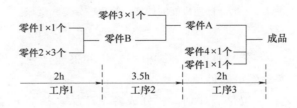

图 2-3 产品生产工序流程

按图 2-3 所示生产工序流程进行生产，一共需要 7.5h。虽然这个产品需要不同的零部件，但是并不是生产开始就马上需要所有的零部件。按生产工序流程考虑零部件的需求，见表 2-2。

表 2-2 零部件需求

零部件	8：00	9：00	10：00	11：00	12：00	12：30		13：30	14：30	14：30
中间制品	—		零件 B×1 个				午休 1h	零件 A×1 个		
零件	零件 1×1 个		零件 3×1 个					零件 4×1 个		成品
	零件 2×3 个							零件 1×1 个		
生产时间	2h		3.5h					2h		
工位	工序 1		工序 2					工序 3		

生产中，8：00时工序1需要零件1×1个，零件2×3个，共两种4个零件；10：00时工序2需要零件3×1个，中间制品零件B×1个，共两种2个零部件；13：30时工序3，需要零件1×1个，零件4×1个，中间制品零件A×1个，共3种3个零部件。

这样，按JIT的生产方式，就需要按此安排生产计划，包括物料上线数量、时间和地点，见表2-3。

表2-3　零部件用量

零部件	8：00		10：00		13：30	
	工序1		工序2		工序3	
	名称	数量	名称	数量	名称	数量
零件	1	1	3	1	1	1
	2	3			4	1
中间制品	—		B	1	A	1
合计品种数	2		2		3	
合计零部件数	4		2		3	

这就是JIT的BOM表，我称之为动态BOM表。在进行生产计划编制时就是要按这样的动态BOM表进行编制。实际上这也就是ERP的生产计划管理方式。

物料准备也参照这一动态BOM表进行准备。例如生产50个以上的产品，那么零件需求总量可见表2-4。

表2-4　零件需求总量

零件名称	单件用量	生产量	总量
零件1	2	50	100
零件2	3	50	150
零件3	2	50	100
零件4	1	50	50

这就是把常规的BOM表和工序流程结合在一起的动态BOM表，有时也称为结构型BOM表，是JIT生产计划和物料上线的基础数据。

以上是生产计划的基本内容。在实际生产中，这些内容并不是拿来就用的，而是要充分理解生产计划基本内容的形式和目的，同时结合改善等活动，从而更高效地完成实际生产任务。所以要结合生产的实际情况，制定合理有效的生产计划。

下面是笔者在实际工作中，对生产计划的制定、改善和实施的具体案例。通过对这一案例的分析来理解和掌握以上生产计划的基本内容。

2.1.4　JIT 生产计划案例分析

1. 案例概要和课题

本案例所在企业为某不锈钢产品的生产企业。商品看似简单，但实际上从下料、机械加工、冲压、装配，到试验、包装等，共几十道工序，包括了机械加工企业的各个过程。产品品种有 363 种，其中常规在生产线上生产的品种近 100 个。每个批量在 10000 个左右。每个品种的材料、尺寸、形状等都有变化，但加工生产工序基本一致。每周休息一天。对实际的生产周期时间进行调查和分析，如图 2-4 所示。

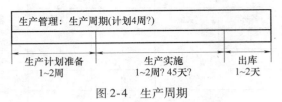

图 2-4　生产周期

现状生产周期课题：

1）生产计划准备课题：1~2 周时间，计划准备时间过长（控制在 1 周以内）。

2）生产过程控制课题：进度控制和能力控制。现状计划生产时间为 2 周，但是由于各种因素影响，最大的生产时间达到 45 天，生产过程失控。

同时，生产实施过程也受制于物料准备、瓶颈工序（设备等），这些事项要从生产计划和计划实施的两方面进行改善。

进一步分析了现状生产计划的情况，其现状月度生产计划和日产量分布分别见表 2-5 和图 2-5。

分析了生产计划的现状（某月 27 日～下月 23 日）课题——每日生产量的均衡课题：

1）最大日计划生产量：4570 个。

2）最小日计划生产量：1200 个。

3）每月总产量：80250 个。

4）生产计划均衡效率：约 65%（如果按日能力 4570 个），造成 35% 的生产能力浪费。

所以改善需从生产计划均衡课题入手。

2. 月度均衡生产计划的改善

（1）标准工时的改善和计划制定　每个产品、每个工序的标准工时是制定生产计划的基准工时。本案例中产品品种比较多，同时每个工序的加工时间也不同，为此对原有的标准工时进行了改善，形成了不同品种、各个工序新的标准工时，这是制定生产计划的基准工时，见表 2-6。

表2-5　现状月度生产计划

×××不锈钢制品有限公司生产作业计划表　　20***年11月份

序号	型号	单证号	总量个	26日	27日	28日	29日	30日	31日	1日	2日	3日	4日	5日	6日	7日	8日	9日	10日	11日	12日	13日	14日	15日	16日	17日	18日	19日	20日	21日	22日	23日
					冲压焊接																											
1	AAA	***	34500		2500	2500	2500	2500	2500	2500		2500	2000						2500	2500	2500	2500	2500	2500								
2	BBB	***	2430		1200	1230																										
3	CCC	***	10300				1300	1300	1300	1300	1300	1300	1300	1200																		
4	DDD	***	1130					600	530																							
5	EEE	***	1280							600	680																					
6	FFF	***	1750									600	600	550																		
7	GGG	***	2830		500										1200	1130																
8	HHH	***	1090												550	540																
9	III	***	630													630																
10	JJJ	***	630												630																	
11	KKK	***	560														560															
12	LLL	***	1250														1250															
13	MMM	***	1250																1250													
14	NNN	***	2070																	2070												
15	OOO	***	1430																		800	630										
16	PPP	***	800																				800									
17	QQQ	***	1760																					1760								
18	RRR	***	1350																						600	750						
19	SSS	***	1880																						600	600	680					
20	TTT	***	630																								630					
21	UUU	***	2500																								500	1000	1000			
22	VVV	***	1290																									660	630			
23	WWW	***	840																											840		
24	XXX	***	1840																											920	920	
25	YYY	***	2690																											1300	1390	
26	ZZZ	***	1540																													1540
	合计		80250	0	4200	3730	4400	4330	3800	4400	1980	4400	3900	1750	2380	2300	1810	0	3750	4570	3300	3130	3300	4260	1200	1350	1810	1660	1630	1760	2310	0

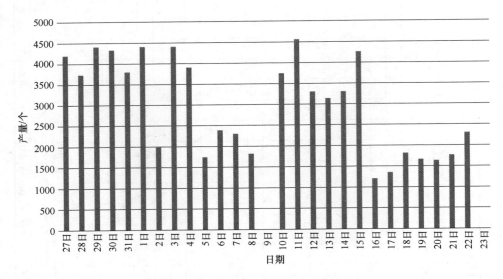

图 2-5 现状月度生产计划日产量分布

表 2-6 标准工时

A1 标准工时

序号	零件名称	工序名称	单班产量/个	单时产量/个	单班人数/人	质量指标（%）	百件工时	百件累计工时
1	外壳	外-1	3600	450	1	99.8	0.2222	0.2222
2		外-2	4800	600	1	100.0	0.1667	0.3889
3		外-3	2000	250	1	100.0	0.4000	0.7889
4		外-4	880	110	1	99.0	0.9091	1.698
5		外-5	2650	331.3	1	100.0	0.3019	1.9999
6		外-6	5000	625	1	100.0	0.1600	2.1599
7		外-7	1650	206.3	2	99.8	0.9697	3.1296
8		外-8	2400	300	4	99.8	1.3333	4.4629
9		外-9	3800	475	1	99.9	0.2105	4.6734
10		外-10	4200	525	1	99.9	0.1905	4.8639
11		外-11	3600	450	1	99.9	0.2222	5.0861
12		外-12	3300	412.5	3	100.0	0.7273	5.8134
13		外-13	4800	600	1	99.9	0.1667	5.9801
14		外-14	2400	300	1	99.9	0.3333	6.3134
15		外-15	2000	250	1	99.9	0.4000	6.7134

（续）

序号	零件名称	工序名称	单班产量/个	单时产量/个	单班人数/人	质量指标（％）	百件工时	百件累计工时
16	内壳	内-1	700	87.5	1	99.8	1.1429	1.1429
17		内-2	1300	162.5	1	100.0	0.6154	1.7583
18		内-3	1050	131.3	1	100.0	0.7619	2.5202
19		内-4	2500	312.5	1	99.0	0.3200	2.8402
20		内-5	3300	412.5	3	100.0	0.7273	3.5675
21		内-6	2750	343.8	1	99.9	0.2909	3.8584
22		内-7	1800	225	1	99.9	0.4444	4.3028
23		内-8	550	68.8	1	97.0	1.4545	7.0744
24		内-9	11700	1462.5	2	99.8	0.1368	7.2112
25		内-10	910	113.8	1	100.0	0.8791	8.0903
26	内面	内面-1	5400	675	3	99.0	0.4444	0.4444
27		内面-2	5500	687.5	1	99.9	0.1455	0.5899
28		内面-3	6600	825	3	99.9	0.3636	0.9535
29		内面-4	2200	275	1	99.9	0.3636	1.3171
30	外面	外面-1	6050	756.3	2	99.9	0.2645	0.2645
31		外面-2	7200	900	2	99.9	0.2222	0.4867
32		外面-3	5700	712.5	1	99.9	0.1404	0.6271
33		外面-4	9000	1125	3	100.0	0.2667	0.8938
34		外面-5	2200	275	1	99.9	0.3636	1.2574
35		外面-6	3300	412.5	2	99.9	0.4848	2.1955
36		外面-7	2300	287.5	1	100.0	0.3478	2.5433
37		外面-8	13200	1650	3	100.0	0.1818	2.7251
38		外面-9	13200	1650	2	100.0	0.1212	2.8463
39	铜管	管-1	6000	750	1	100.0	0.1333	0.1333
40		管-2	3000	375	1	100.0	0.2667	0.4000
41		管-3	15000	1875	1	100.0	0.0533	0.4533
42	具底	落料拉深	4950	618.8	3	99.0	0.4848	0.4848
43		切边	5700	712.5	1	99.9	0.1404	0.6252
44		清洗	7260	907.5	3	100.0	0.3306	0.9558
45		车边	2280	285	1	99.9	0.3509	1.3067
46		缩口	5000	625	1	99.8	0.1600	1.4667

（续）

序号	零件名称	工序名称	单班产量/个	单时产量/个	单班人数/人	质量指标（%）	百件工时	百件累计工时
47	具底	240#打砂	3000	375	1	99.9	0.2667	1.7334
48		划线	5000	625	1	100.0	0.1600	1.8934
49		冲凸点	3200	400	1	100.0	0.2500	2.1434
50		研磨	1200	150	1	100.0	0.6667	2.8101
51		激光打标	2000	250	1	100.0	0.4000	3.2101
52	组合	组-1	1300	162.5	5	99.9	3.0769	20.7269
53		组-2	2300	287.5	1	100.0	0.3478	21.0747
54	弹簧片	弹-1	480000	60000	3	100.0	0.0050	0.0050
55		弹-2	1850	231.3	2	99.5	0.8649	0.8699
56		弹-3	2000	250	1	100.0	0.4000	1.2699
57		弹-4	1950	243.8	3	99.5	1.2308	2.5007
58	装配	装-1	560	70	3	97.0	4.2857	25.3604
59		装-2	1710	213.8	1	99.9	0.4678	25.8282
60		装-3	1350	168.8	5	99.8	2.9630	28.7912
61		装-4	1250	156.3	1	99.9	0.6400	29.4312
62		装-5	1250	156.3	1	99.9	0.6400	30.0712
63		装-6	12000	1500	1	100.0	0.0667	30.1379
64		装-7	1710	213.8	1	99.9	0.4678	30.6057
65		装-8	1710	213.8	1	99.9	0.4678	31.0735
66		装-9	800	100	1	99.9	1.0000	32.0735
67		装-10	1000	125	2	100.0	1.6000	33.6735
68		装-11	1000	125	8	100.0	6.4000	45.7843
69		合计					45.7843	

（2）品种组合的标准化　在制定生产计划时要考虑各种品种的搭配，使各个工序间的生产时间尽量能够平衡。在这里首先进行了工序品种生产工时

组合标准化，如图 2-6 所示。根据工序品种生产工时组合，进行生产计划的制定。

品种	拉深	焊接	真空	抛光	装配
A1	30	5	23	24	25
D1	22	15	25	20	12
D2	7	40	10	20	24

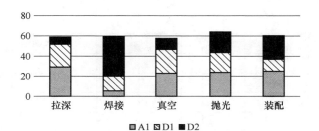

图 2-6 工序品种生产工时组合

（3）新的月度生产计划　在此基础上，进一步调整月度生产计划，形成均衡生产月度计划，见表 2-7 和图 2-7。

改善点：

1）月度生产计划控制在 3500～4000 个/日之内，基本消除了生产的计划浪费。

2）产量从 80000 个/月提升到 90000 个/月，提升了 10% 以上。

结合生产计划的均衡，配备了以下管理标准：①各工序标准工时；②人员出勤率；③设备开动率；④产品合格率。

结果，原来每天生产计划高峰的 4570 个得到了改善，每天最大产量为 4000 个。由于实现均衡的生产计划，月度生产总量得到了提高。

3. 动态 BOM 表的设计和实施

每个产品的加工由几十个零件组成，这些零件分布在各个工序。这时根据月度计划，要把每个产品的生产落实到每个工序和相应的物料配合，现状的 BOM 见表 2-8。

共经过几十道生产工序，一共有五大组件，每个组件的加工时间各有不同。根据工序关系和加工时间，形成动态工序流程。例如产品 A1 动态工序流程图如图 2-8 所示。

根据 BOM 表和动态工序流程图，设定百件标准动态 BOM 表，见表 2-9。

表 2-7　均衡生产月度计划

20** 年 * 月份

序号	型号	单证号	总量/个	26日	27日	28日	29日	30日	31日	1日	2日	3日	4日	5日	6日	7日	8日	9日	10日	11日	12日	13日	14日	15日	16日	17日	18日	19日	20日	21日	22日	23日	24日	25日
1	A1	****#	6800	3400	3400																													
2	A2	****#	3600			3600																												
3	A3	****#	3600							3600																								
4	A4	****#	12790								2000	3500	2500	1500	1500	1790																		
5	B1	****#	1080										1080																					
6	A5	****#	6400															2500	1500	2400														
7	A6	****#	15580																			2500	2500	1500	1500	3790	3790							
8	C1	****#	12200																1000	2000	1200	1200		2200	2200			1600	1600					
9	A7	****#	6000													2000	2000	2000																
10	D1	****#	3200																									1600	1600					
11	D2	****#	1600																										1600					
12	D3	****#	600																										600					
13	A8	****#	1800								1800																							
14	A9	****#	2250																		2250													
15	E1	****#	1880																											1880				
16	A10	****#	7200																													3500	3700	
17	B2	****#	3540																															3540
合计			90120	3400	3400	3600	0	0	0	3600	3800	3500	3580	3500	3500	3790	0	3500	3600	3450	3700	3700	3790	3800	3480	0	3500	3700	3540					

正式计划

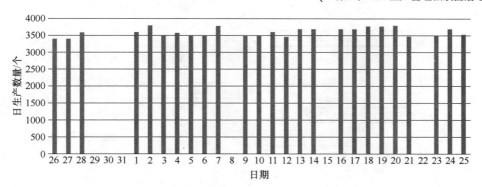

图 2-7 均衡生产月度计划分布

表 2-8 现状的 BOM 表

序号	零件名称	图号	数量	材料	备注
1	固定座	A-600(1000)D-6	1	S304 δ0.5	
2	螺钉		1	S304	M3-4 半圆头,外购
3	外壳	A-1500(2000)D-1	1	S304 δ0.6	
4	内壳	A-1500(2000)D-2	1	S304 δ0.5	
5	上圈	J-04 被 JQ-14 替代	1	40°胶	
6	定位圈	A-600(1000)D-13	1	AAA	
7	手把	A-1500(2000)D-5	1	锌合金	
8	螺钉		1	S304	ST2.9-8 半圆头,外购
9	水具嘴	A-600(1000)D-11	1	AAA 电镀	
10	按键	A-600(1000)D-7	1	AAA 电镀	
11	盖板	A-600(1000)D-9	1	AAA 电镀	
12	阀杆	A-600(1000)D-8	1	POM	
13	弹簧	T-03	1	S304 δ0.3	
14	弹簧	T-02	1	S304 φ0.8	外购
15	塞子	A-600(1000)D-10	1	PP	
16	密封圈	J-03	1	40°胶	
17	O 形圈	J-06	1	35°胶	
18	外面	A-1500(2000)D-4	1	S304 δ0.5	
19	垫块	A-600(1000)D-14	1	EPS	
20	具底	A-1500(2000)D-5	1	S304 δ0.5	
21	吸气剂		1	φ6×3 或 φ8×2	φ6×3 用于 1.5L,φ8×2 用于 2L
22	铜壳		1	T2φ8δ1×180 或 φ8δ1×150	

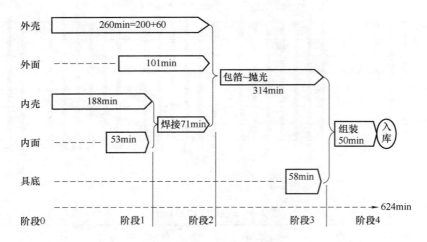

图 2-8 动态工序流程图

表 2-9 百件标准动态 BOM 表　　　　　　　　（单位：min）

零件	阶段 1	阶段 2	阶段 3	阶段 4 成品
外管	260 = 200 + 60			
外底		101	314	50
内管	188			
内底	53	71		
壶底			58	
最大时间	260		314	50
累计时间	260		574	624

百件是一个基准，在实际应用中，要变换成具体的生产数据。为制定生产计划和工时方便，制定了产品不同数量情况下的标准 BOM 表，见表 2-10。

这是月度生产计划，各个车间根据这些内容来制定周生产计划。

4. 车间周生产计划设计和实施

（1）车间周计划的工序分解和制定　根据月度生产计划，各个车间把自己负责生产的部分分解到工序，见表 2-11。

这样就是四个周的车间生产计划，拿出其中一周的计划，就是该车间、该品种各个工序的周生产计划。见表 2-12。

第一周是确定的，第二周~第四周是预定的，要根据月度生产计划和车间进度，每周末进行调整。

这里同时考虑了每日的人数、工时加班状况等。

表 2-10 A1、A2、B2 不同产品数量的标准 BOM 表

（单位：min）

A1

零件	阶段1	阶段2	阶段3	阶段4	阶段1	阶段2	阶段3	阶段4	阶段1	阶段2	阶段3	阶段4	阶段1	阶段2	阶段3	阶段4
外管	260				2210				3900				4420			
外底	101	71	314		858.5	603.5	2669		1515	1065	3140		1717	1207	5338	
内管	188	71	314	50	1598	603.5	2669	425	2820	1065	3140	500	3196	1207	5338	850
内底	53		314	50	450.5		2669	425	795		3140	500	901		5338	850
壶底	58			50	493			425	870			500	986			850

A2

零件	阶段1	阶段2	阶段3	阶段4	阶段1	阶段2	阶段3	阶段4	阶段1	阶段2	阶段3	阶段4	阶段1	阶段2	阶段3	阶段4
外管	402				3417				4020				6030			
外底	171	87	314		1453.5	435	1570		1710	783	2826		2565	1305	4710	
内管	258	87	314	50	2193	435	1570	250	2580	783	2826	450	3870	1305	4710	750
内底	79		314	50	671.5		1570	250	790		2826	450	1185		4710	750
壶底	193			50	1640.5			250	1930			450	2895			750

续表（A2 最后一组）：

零件	阶段1	阶段2	阶段3	阶段4
外管	6834			
外底	2907	1566	5652	
内管	4386	1566	5652	900
内底	1343		5652	900
壶底	3281			900

B2

零件	阶段1	阶段2	阶段3	阶段4	阶段1	阶段2	阶段3	阶段4	阶段1	阶段2	阶段3	阶段4	阶段1	阶段2	阶段3	阶段4
a	100				500				1000				1200			
b	80	20			400	100			800	200			960	240		
c	110	20	20	100	550	100	100	100	1100	200	200	200	1320	240	240	200
d	60			100	300			100	600			200	720			200

续表（B2 最后一组）：

零件	阶段1	阶段2	阶段3	阶段4
a	1500			
b	1200	300		
c	1650	300	300	300
d	900			300

表 2-11 车间周生产工序分解计划

序号	***车间计划 型号	总量/件	日量/件	去除/件		需要时间/min	周日 1	周一 2	周二 3	周三 4	周四 5	周五 6	周六 7	周日 8	周一 9	周二 10	周三 11	周四 12	周五 13	周六 14	周日 15	周一 16	周二 17	周三 18	周四 19	周五 20	周六 21	周日 22	周一 23	周二 24	周三 25	周四 26	周五 27	周六 28	周日 29
																																正式计划			
1	A1	3400	850 (26日)		外壳	2210													480	960	1440	1920	2400										1700	1700		
			850 (27日)		外面	858.5															480	960	1440													
					内面	1598														480	960	1440	1920													
					焊接	603.5																480	960													
					内衬	450.5																	480													
					具底	2669																		480	960	1440	1920	2400	2880							
					具底	493																							480							
					装配	425																								480					
2	A2	1800	450 (28日)		外壳	1809																						480	960	1440	1440			
					外面	769.5																							480	960				
					内面	1161																							480	960	1440			
					焊接	391.5																								480				
					内衬	355.5																									480				
					内衬	1413																									480	960			
					具底	868.5																										480			
					装配	225																											80			
3	B1	1200	400 (29日)		a.零件	400	480																												
					E.合成	80		80																												
					b.零件	320	480																													
					F.合成	80			80																											
					c.零件	440		480																									480			
					G.成品	80				80																							80	80		
					d.零件	240			240																								240			1200
	日工时合计		40人*480min			19200																														
	欠产																																			
	加班状况																																			

表 2-12 车间周生产计划

序号	型号	总量 去除/件	日量		需要时间 /min	周日 1	周一 16	周二 17	周三 18	周四 19	周五 20	周六 21	周日 22
1	A1	3400	850 (26日)	外壳	2210		2400						
			850 (27日)	外面	858.5		960						
				内壳	1598		1920						
				焊接	603.5			480	960				
				内面	450.5		480						
				内衬	2669					480	960	1440	1920
				具底	493								
				装配	425								
2	A2	1800	450 (28日)	外壳	1809					480	960	1440	1920
				外面	769.5							480	960
				内壳	1161						480	960	1440
				焊接	391.5								
				内面	355.5								480
				内衬	1413								
				具底	868.5								
				装配	225								
3	B1	1200	400 (29日)	a. 零件	400	480							
				E. 合成	80								
				b. 零件	320	480							
				F. 合成	80								
				c. 零件	440								
				G. 成品	80								
				d. 零件	240								
日工时合计		40人* 480min			19200								
欠产													
加班状况													

（2）品种换型时间的标准化 实际工作中，经常有品种更换的作业，所以整体车间作业计划要充分考虑换型的次数和时间，制定切实可行的生产计划。在

这里根据现场的分析改善,把主要的换型时间进行了标准化,见表2-13。

表2-13 换型时间表

冲压1	冲压2	冲压3	冲压4	冲压5	冲压6	冲压7	冲压8	冲压9	冲压10	冲压11	冲压12	冲压13	冲压14	冲压15	冲压16	冲压17	涨1	涨2	涨3	轧1~4	旋1~4	液压1~3	液压4~6
30min													45min				45min			150min	30min	45min	150min

同时分析每天不同型号、不同工位的生产计划,并根据设备切换标准时间,设定产品更换的时期和时间。在此基础上,制定班组的日作业计划。

5. 班组日作业计划

日作业计划要落实到每个工位、每个产品和具体时间,是计划落地的作业计划。

(1) 班组日生产任务分解 根据车间的周计划内容,分解到每一天,落实到班组。例如班组日生产任务表,见表2-14。

表2-14 班组日生产任务表

班组生产任务分配表　　　　　　　　**年月**日

订单号	产品型号	零部件名称	各加工工序生产数量/支								通知栏
			冲压	直焊	油压	旋压	修边	清洗	圆焊	组装	真空	
*****	**	外管		2000				800				前一天总结 生产进度 过程质量 当天情况 变化点 (新产品,新工艺,新员工,设备换型,质量注意,安全注意等)加班的情况
*****	*****	外管		400								
*****	***	内管			1320							
*****	*******	外管					1500	1500	1800	1500	1500	
*****	*******	外管						500			400	
*****	****	外管	2000									
*****	****	内管		1800								
*****	***	内管		900	3000							
*****	*******	外管										
*****	*******	外管		1300								
*****	***	外管							1520			
*****	***	外管										
合计完成数量			***	***	***	***	***	***	***	***	***	
累计完成数量												

(2) 班组日生产计划看板 根据以上内容,制定班组日生产计划看板,如图2-9所示。

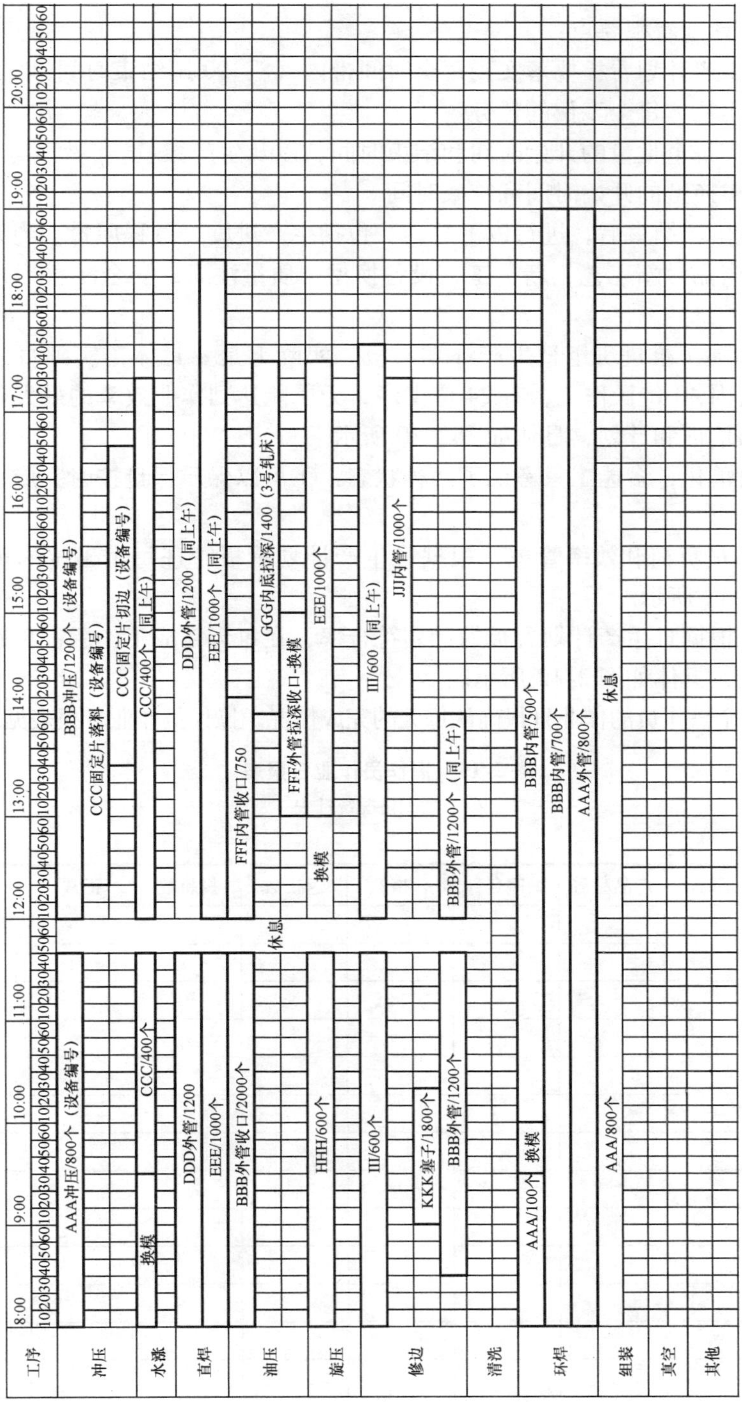

图 2-9 班组日生产计划看板

日生产计划看板要点：

1) 日生产计划看板要落实到每个时间带内（8：00 至结束时间）。

2) 落实具体每个工位的任务。

3) 落实每个批量的开始时间和结束时间，以及生产数量。

4) 落实换型的开始时间和结束时间。

当天日生产结束后，进行以下总结：包括生产进度、过程质量、当天情况变化点、（新产品，新工艺，新员工，设备换型，质量注意，安全注意等）加班的情况等。

（3）多能工推进班组日生产计划看板　实际上是要具体落实到每一个操作工人。班组内40位操作工，有24道工序，为了能达到作业效率的最大化，实施了多能工的培训和计划，具体如图2-10所示。

为了简单化，多能工只考虑了两种状态：①可以保质保量按时完成；②没有达到要求。

（4）人员负荷和效率管理　根据日生产计划看板管理每个工位的负荷和效率，如图2-11所示。

以上是根据日生产计划看板的计划符合率，在每天完成工作后，再确认实际的完成情况，具体如图2-12所示。

根据每个操作员的作业日报确认每天的完成情况。操作员作业日报表见表2-15。

表 2-15　操作员作业日报表

生产加工情况统计表

日期：

姓名	加工时间	产品型号	工序名称	合格数	返工数	投料数	正常	进度

第2章 JIT生产管理和改善落地

编号	人员	冲压1	冲压2	冲压3	漆1	漆2	漆3	轧1~4	液1~3	液压4~6	修边1	修边2	修边3	修边4	直焊1	直焊2	直焊3	直焊4	环焊1	环焊2	压边	分割	油压1
1	刘**	●	●	●	●	●	●	●	●	●	●	●	●	●	●	●	●	●	×	×	●	●	●
2	康**	●	●	●	●	●	●	●	●	●	●	●	●	×	×	×	×	×	×	×	●	×	●
3	方**	●	●	●	●	●	●	●	●	●	●	●	×	×	×	×	×	×	×	×	●	×	●
4	陈***	●	●	●	●	●	●	●	●	●	●	●	×	×	×	×	×	×	×	×	●	×	×
≀	≀	≀	≀	≀	≀	≀	≀	≀	≀	≀	≀	≀	≀	≀	≀	≀	≀	≀	≀	≀	≀	≀	≀
35	曹**	●	●	●	●	●	●	●	●	●	●	●	●	●	●	●	●	×	×	×	●	●	●
36	王***	●	●	●	●	●	●	●	●	●	●	●	●	×	×	×	×	×	×	×	×	×	×
37	许***	●	●	●	●	●	●	●	●	●	●	●	●	●	●	●	●	×	●	●	●	●	●
38	陈**	×	×	×	×	×	×	×	●	●	●	●	×	×	×	×	×	×	×	×	●	×	×
39	刘**	●	×	×	×	×	×	×	×	×	●	●	●	●	×	×	×	×	×	×	×	×	×
40	赵**	●	×	×	×	×	×	×	×	×	●	●	×	×	×	×	×	×	×	×	×	×	×

图 2-10 多能工图

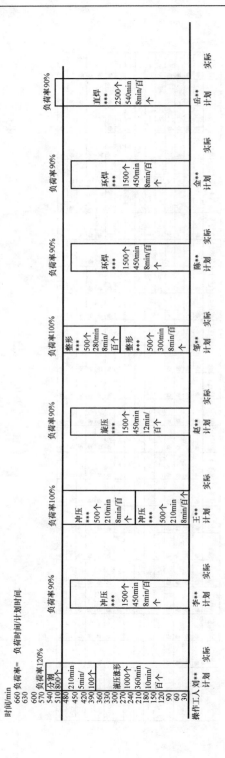

图 2-11 人员负荷管理图

第2章 JIT生产管理和改善落地

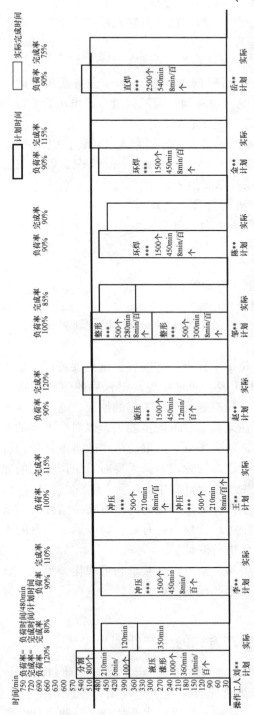

图2-12 人员负荷总结图

再根据每天的完成情况，进行总结，并制定第二天的日作业计划看板。

6. 生产计划的实施管理

（1）日和周生产计划管理（每天，每周）

1）每天动态统计生产计划的实施情况，包括设备换型时间、设备故障、实际完成时间、产品质量情况、物料到料时间数量、人员出勤情况等。

2）分析以上情况，每周进行汇总。

3）每天下班前确定第二天日生产计划和人员负荷，更新看板。

4）每天早上车间（班组）晨会：说明前一天情况，以及当天计划。

5）周生产会议动态调整车间生产计划。

（2）月度计划管理分析（每月一次）

1）按计划实施率（明确原因，分析原因）。

2）按计划完成量。

3）投入产出情况。

4）制定下一个月以上3方面的目标。

7. JIT生产计划案例分析小结

本案例主要从JIT生产的大日程计划、中日程计划和日作业计划的改善、制定和实施进行了分析。

其中生产计划的均衡化是十分重要的内容。这里要考虑标准工时的制定和品种的组合，以及动态的BOM表。同时要进行组合后的生产实施，会有不同品种间的切换，以及在一个工位同时进行不同工作的情况，这时就要充分考虑产品换型的标准化和改善。另外在人员上要考虑多能工，以对应不同的产品和不同的工艺要求。更加详细的内容，请参考下一节混流生产改善落地的内容。

生产计划的实施是一个动态的管理，每天要对日生产计划的完成情况进行总结，并且反映到第二天的生产作业计划中。

对月度计划，当月的生产计划是固定的，没有特殊情况时尽量不要变更。对于当月后的三个月则是预定生产计划。每月底，对今后三个月的生产计划要根据当月生产进度和订单的变化进行调整。

最后，生产计划一定要实现全员信息共享和可视化。为此，日作业计划一定要以生产看板的形式体现在生产现场，要共享计划，确认进度，发现问题，并及时改善。

2.1.5 我理解的丰田生产方式的生产计划

"为了保证丰田生产方式的正常执行，丰田式生产计划以及丰田式信息系统是必不可少的。""丰田汽车首先有年度生产计划，在此基础上，制定三个月的月度计划，其中当月的生产计划是确定的生产计划，后两个月的生产计划是内定的生产计划。然后根据月度确定的生产计划制定详细周密的日程计划"。大野耐一先生在《丰田生产方式》一书中这样说明丰田式生产计划的制定方法。

1. 三个月的生产计划

丰田汽车生产计划是以三个月为周期，进行滚动制定的生产计划。每月底对今后三个月中每个月的生产计划进行评审。其中，下个月和下下月按每旬计算制定生产计划。其中，每旬末拟定下下旬的日生产计划。

2. 日生产计划

生产开始前3天，确定日生产计划，停止各种计划的变更和调整，包括销售部门的各种变更和调整。

3. 投产顺序计划

生产品种的上线投入，一定要考虑均衡化的生产。在生产线上，每种车型在每个工位的生产时间不是一致的，所以要制定投产顺序计划，使不同生产时间的车型按均衡生产的原则按顺序投入生产，使生产能够不停顿地顺利进行。所以在制定投产顺序计划时一定要充分考虑例如像4WD（四驱）或有天窗的车型等的组合投产顺序。

4. 谁是客户

在以往的生产计划中，顾客多指的是汽车经销商。他们根据自己公司的销售预测和要保有一定库存车的数量，请生产厂家制定生产计划；再根据这些库存车和生产计划向最终客户进行销售活动。这些库存车和计划生产的车型一般都是比较畅销的，另外，拿到顾客订单的车型优先进行生产，而且可以有颜色或配置的变化对应。但是如果客户需要性能较高的特殊车型，则一般都不在生产计划之中，也没有库存车。这时的顾客就有可能等待很长的生产时间或者变更车型。

为此，丰田汽车尝试了新的生产计划的改善。考虑即使确定了日生产计划，也可根据最终客户的需求变更发动机或变速箱。这样做，生产计划就不是按经销商的销售计划和库存计划进行制定，而是根据最终消费者的需求制定。在整体SCM物流链管理框架中，制定生产计划。

SCM的运作是消费者信息和库存的相互作用系统，SCM的信息种类和质量决定了汽车生产的竞争力。为此，丰田汽车建立了市场平台，丰田汽车的销售和计划部门与经销商和顾客都在这一市场平台共享有关信息，提升了生产计划及其实施应对变化的能力，使生产体系更具柔性化。

5. 四大工艺的生产计划定位

在汽车生产的四大工艺中，组装线工艺是劳动密集型生产工艺，这里的生产计划都是根据生产能力事先制定的，以保证完成订单的生产。冲压、焊接、涂装这三大工艺的工作计划是服从于装配计划的，旨在保证装配环节的最大工作效率。

制定了装配的生产计划后，再制定冲压、焊接、涂装环节的生产计划。这些前道工序有些生产是需要提前进行的，所以在这些环节，允许有一定的缓冲库存，其生产时间在管理上可以采取弹性时间管理、调整加班、延班等措施。

装配环节的均衡化排产是在涂装环节进行的。如果有特殊的选配等，也要在涂装环节进行调整，以保证装配线的负荷均衡化。

6. 交期的保证

丰田汽车进行的"Customer In"活动，其中一项内容就是销售时确定客户的交车日。提前确定生产日期，确定给客户的交车时间。在海外的出口销售，从工厂生产到送达消费者需要一个月以上的时间，基本以出售库存车的形式。这才有了 CPFR（协同式供应链库存管理，Collaborative Planning Forcasting and Replenishment）的方式，并且被用到了极致，缩短了交期。共同制定需求预测和库存补充计划，并据此制定生产计划。所以，在日本国内畅销的各类车型，无论其级别、颜色等都可实现最短交车期限。

2.1.6　JIT 生产计划管理和改善总结

生产计划是保证均衡生产至关重要的计划，是生产的龙头。

1. 龙头的生产计划

生产的一切活动都是根据生产计划来进行的。生产计划的制定是一项非常科学而又非常具体的工作。这个工作不单是生产计划部门的，因为企业是一个有机的组织，其核心是人。人分布在各个部门，承担着各自不同的职责和工作。做好每个人的工作，完成每个人的职责，整个组织才能正常运转。

生产计划是这些工作和职责的集大成和出口。从经营层、市场的预测、人才的培养，到销售利润的目标等，都要最终落实到生产计划中。采购、库存、物流信息，等等，都直接左右着生产计划的制定和实施。设备的维护、工艺的保证等也是生产计划制定和实施的基本保证。标准工时、标准作业、人工技能是现场操作的基础。这些都需要各个部门、各个环节的大力参与和关注，如此才能制定好生产计划和实施生产管理。

"为了保证丰田生产方式的正常执行，丰田式生产计划以及丰田式信息系统是必不可少的"。所以说生产计划实际是一个组织的信息系统，这个信息系统的运作效率决定了生产计划和执行的效率。但是这个信息系统不是 IT 的硬件和软件系统，而是精益生产的管理系统。

2. 生产计划和均衡生产

丰田生产方式的生产日程计划是保证均衡生产至关重要的计划。丰田生产方式是混流、均衡、连续生产。有关这一内容在下一节详细说明。

严格意义上讲生产计划是混流、均衡、连续、柔性的生产计划。

首先要满足混流。生产计划并不是对单一品种、一个客户的生产计划。对应市场和客户一定要考虑各种规格、各种需求的产品，因此要混合在生产线上进行流动生产，即混流生产。但是这种混流最大的课题是均衡。多品种、小批量的混流生产由于品种的工艺、时间、品质等不同，生产时间当然不同，这样就会造成很大的浪费，所以在混流计划中第一要考虑的就是生产均衡。这既是一个科学的课题，也是一个实践的课题。

再进一步是连续、无间断。每个环节、每个过程只有不间断地流动起来，减少在制，减少库存，才是最优的生产计划。

同时还要考虑柔性生产，从操作层面要考虑多能工，从设计层面要考虑通用化，从采购方面要考虑模块化，从设备工装方面要考虑快速换型，等等。

实现混流、均衡、连续、柔性生产计划的具体内容参照下节。

3. 生产计划和 QCD

产品质量（Q）。混流、均衡、连续、柔性生产计划的实施首先是各个工序以及上线零件的百分之百合格率。如果工序间出现质量问题，或是上线物料有质量问题，生产就不能按计划实施，最后将完不成预定的生产计划。质量问题的关键在于控制过程质量。有关这个方面，3N 质量控制法，在我的《精益落地之道——关田法》一书中进行了详细介绍。

生产成本（C）。混流、均衡、连续、柔性生产计划的实施要考虑成本的优化。从生产角度、标准工时到作业标准是非常重要的。标准工时是制定生产计划的基础。生产计划按各个产品、各个生产环节的标准工时进行科学的计划。生产现场的操作工人严格按作业标准实施生产，保证质量和工期，实现最优的制造成本。

生产效率（D）。混流、均衡、连续、柔性生产计划的实施要求现场能严格按计划要求进行生产，这样才能保证产出。从生产现场角度看就是保证计划的生产效率。这里具体体现在品种切换、物料取放、工装工具等。

不同品种的产品在同一条生产线生产就会有品种切换的工作。特别是在上游加工环节，品种切换是影响生产的一大问题。如何实现快速切换，如何合理计划切换时机，如何减少切换次数，是计划、生产、设备等部门要综合考虑的事情。

对操作工人来讲，要能够将需要的零件，在需要的时刻，在需要的地点拿到，从而进行加工、装配。这时就对物料的上线提出了具体要求。

工装工具是保证高效、高质量、安全生产的必需条件。根据工艺和产品设计使用合理的工装工具来保证生产计划的顺利实施。

有关生产的 QCD 改善落地内容，在我的《精益落地之道——关田法》一书中有详细介绍和案例分析。

4. 生产计划的库存和在制

均衡连续柔性生产计划要同时考虑在制和库存。

装配环节是连续生产，但是在上游的加工环节，就需要有一定的在制来消除工序间的差距。物料库存越少越好，但是实际上因为采购周期、资金调拨等因素，还是需要拥有一定量的库存的。合理的在制设定、安全的库存设定也是生产计划的重要课题。

5. 生产计划的动态管理

不管如何科学地计划和生产，计划都不如变化快。

计划的管理与实施是动态的。在大的环境中要考虑产品设计的通用性、市场销售的引导性；从生产角度就是要明确如何进行动态的管理。

动态的管理这里主要说的是内部的动态管理，包括问题的预测和信息的交流。

1）问题的预测是对生产过程中可能出现的问题的预测、预案和快速对应。

2）信息的交流是各个环节对生产中动态信息的随时交流。

信息的交流是动态管理的重要课题，也是动态管理的最大问题。我经历的许多工厂，如果信息的交流通畅的话，有些问题是完全可以避免或减轻的。正是因为信息交流的不通畅，产生了许多不必要的工作和许多不必要的问题。

所以，大野耐一先生说："丰田式生产计划以及丰田式信息系统是必不可少的。"这个信息系统就是管理的信息系统，就是管理的信息交流。

生产计划的科学制定和顺利实施的基本条件：

1）数据的准确性。包括标准工时，物料上线。

2）实施的可靠性。严格按计划实施，避免调整。

3）快速的对应性。包括品种切换，质量处理，故障处理。

这些条件不是全部具备了才实施，而是边制定生产计划，边进行以上改善和提高。持续改善是生产计划的基础，生产信息的共享是生产计划实施的平台，快速对应和问题预测是现场生产管理的核心。

2.2 混流生产改善落地

2.2.1 混流生产的原点

"丰田生产系统是均衡化和多样化的协调生产系统"，这就是混流生产的原点！

"在一条线上是能够实现均衡化的，只要按某种顺序搭配车型运送就可行了。"这就是实现这一原点的方法！

"不可否认，多样化越发展，实行均衡化就越困难。但是，我想再次强调一下，只要努力，丰田生产方式是完全可以掌握的"。这就是混流生产方式的思想!

以上是大野耐一先生在《丰田生产方式》一书中谈及的混流生产。

多品种、小批量、个性化产品的生产,是这个时代生产体系的潮流。如何应对这个潮流是关系到企业生存至关重要的大事。

我对现今时代生产系统的定义是:多品种、小批量、个性化、高质量、低成本的生产系统。

社会的需求,不单是多品种、小批量、个性化,是在高质量、低成本上的需求。如果不考虑成本,多品种、小批量、个性化是可以实现的。手工作业时代就是这样的生产模式,每个产品都是单独定制,是个性产品,但是生产时间长,质量不稳定。低成本、高质量和多品种、小批量,个性化生产,一般看来是相互矛盾的,但是这种矛盾并非不可调和。

多品种、小批量、个性化的生产之所以高成本、质量不稳定,就是因为这种生产方式和大批量生产不同,它是对各个品种、各个批量单独组织生产和物流。那么用现在的大批量、连续生产的模式来实现多品种、小批量、个性化的生产不也可以实现产品低成本,质量稳定吗?这就是混流生产。在连续生产中,投放不同品种,不同批量的产品,力争低成本,质量稳定。

因为每个品种的生产条件不一样,如果在一个连续生产的环节中连续共同生产就会造成更大的浪费,质量也会不稳定。在一个一个产品单独考虑时,是这样的。但是如果把多品种、小批量的产品在连续生产中进行合理的组合,包括在时间上、工艺上、质量控制上,这样在生产管理和生产计划中,就把这种合理的组合看作为一个品种来组织生产,那样就和大批量、少品种的生产一样,可以实现低成本、高质量。这就是混流生产的考虑方式,如图2-13～图2-15所示。

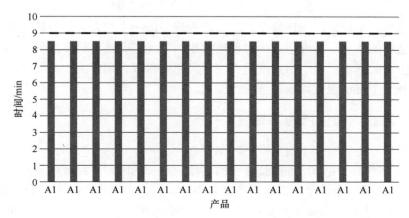

图2-13　单一品种大批量连续生产

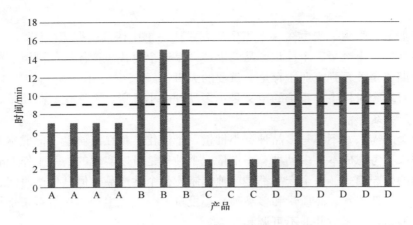

图 2-14 多品种小批量连续生产

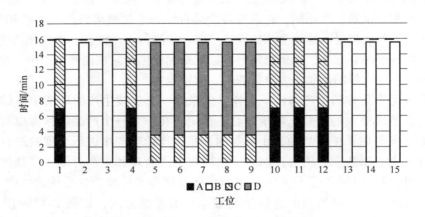

图 2-15 多品种、小批量混流连续生产

多品种、小批量混流连续生产的生产管理是以一个组合为单位进行计划、管理的，这样就体现了大批量、少品种连续生产的优点，这就是多品种、小批量混流连续生产的基本思路。当然这里有许多问题要得以合理解决，才能逐渐实现以上多品种、小批量混流均衡连续生产模式。

2.2.2 混流均衡生产的基础

混流均衡生产的基本内容有：

1）JIT（准时生产）准则：必要的物品，必要的时刻，必要的量。

2）多品种、小批量：混流生产是必要的，但会产生生产的不均衡浪费。

3）混流生产：均衡生产是必要的，所以必须关注混流生产的计划和混流生产的工艺。

① 混流均衡生产：必须进行生产品种的有机组合，以及制订相应的工位作业标准。

② 混流均衡同期生产：必须考虑同期拉动物料的计划和执行。

③ 同期拉动物料：必须考虑线边物料的混流排序，以及物流准备的计划和实施。

④ 同期物流管理：必须考虑四定一可的组织和运作，以及物流标准化。

⑤ 混流均衡同期拉动生产的可视化：必须考虑生产、物料、管理的可视化。这个实现靠看板的拉动。

总之，要实现 JIT 混流、均衡、同期、连续生产，其中第一步混流生产的多品种组合模式是非常重要的，它需要解决以下课题：

1）多品种线速恒定课题（条件）。

2）因品种不均衡产生人员的等待和生产线停线的浪费（显性）。

3）线边因多品种、小批量大量物料空间和物流人员的浪费（隐性）。

解决这些课题的方法思路有：

1）品种组合，高度混流：将每个品种根据节拍时间进行组合，消除同一品种同时连续上线的情况，实现高度混流。

2）消除等待，均衡生产：实现混流生产工艺，消除各品种因节拍时间不同造成的等待和停线浪费。

3）同期物料，物料优化：使物流系统与混流生产系统同步运行，实现线边物料排序和线边物料最小化。

JIT 生产的目标：必要的物品，必要的时刻，必要的量。

2.2.3 如何实现准时化的混流生产

混流生产首先通过品种的组合，解决多品种、小批量混流生产的不均衡浪费问题。

"只要按某种顺序搭配车型运送就可行了。"这就是实现混流生产大野耐一先生给出的方向。

例如有三个品种 A、B、C，节拍时间分别是 A：30s，B：45s，C：60s。总时间为 135s，平均节拍时间为 135s/3 = 45s。如果按 A、B、C 三个品种结合进行生产编制，就可以按节拍时间 45s 进行生产。其中，在 A 等待的时间里可以生产 C 的产品，B 还是按标准时间生产。

这就是"只要按某种顺序搭配"解决生产均衡问题，可按这样的思路进行生产设计、计划和组织。其中生产均衡包括品种数量的均衡和时间的均衡。

1. 品种数量的均衡

图 2-16 所示为生产数量为 114 台时的不同品种数量的组合。

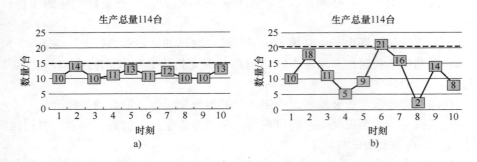

图 2-16　生产 114 台的不同品种搭配比较

如果将不同产品按不同的节拍时间进行组合,利用短节拍的品种的等待时间,完成长节拍的品种的部分工作,就可以按平均时间来进行生产,如图 2-16b 所示,可以消除很多浪费。

2. 时间的均衡

如果总量相同,时间分布不均衡,也会造成时间的浪费,如图 2-17a 所示。在设计和计划上,应尽量使时间能够均衡,这样即使生产同样数量的产品,却可以用更少的时间去完成。

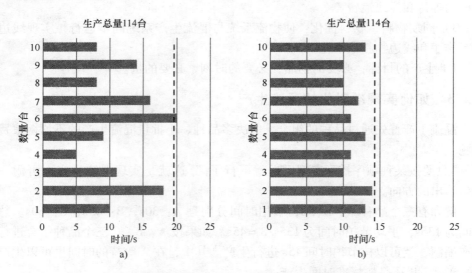

图 2-17　生产 114 台的不同品种时间搭配比较

综上所述,JIT 的实现要尽量保证量和时间的均衡化,如图 2-18 所示。

以上是单纯的混流组合。但是要实现合理的均衡生产,要从混流组合、混流工艺、混流管理、混流改善等方面入手,追求的核心是最佳组合。如图 2-19 所示。

第2章 JIT生产管理和改善落地

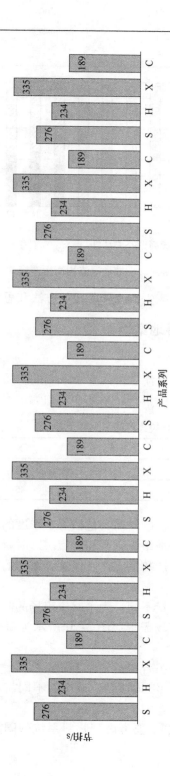

图 2-18 单纯混流组合

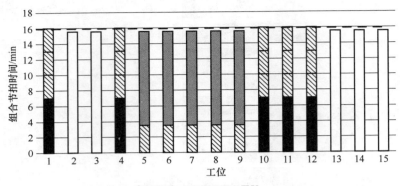

图 2-19　多品种、小批量混流均衡生产模式

下面结合案例分析,理解混流生产改善落地的方法和思想。

2.2.4　混流均衡生产改善落地案例研究

1. 案例概要和均衡生产组合

本案例研究同一生产线上、混流生产的 4 个系列的产品。产品系列和节拍见表 2-16,其中,S、H、X、C 为 4 个产品系列,节拍为平均生产节拍。

表 2-16　产品系列和节拍

产品/品种系列	S	H	X	C
节拍/s	276	234	335	189
生产需求/个	70	50	45	20

生产的均衡首先要做到产品量的均衡,包括每个季度的均衡、每个月度的均衡、每周的均衡,这样才能更好地组织生产和物流。这时就要根据生产的节拍时间,综合考虑各个系列产品的生产数量比例,使 4 个系列的产品数量组成达到均衡生产的组合。

但是因各个时期的市场需求量不同,为了对应市场的需求,生产的均衡组合就需要有不同的组合,以满足市场需求。图 2-20 所示为每月均衡生产的品种数量组合分布。

这里给出了最佳组合,这种组合要做到以下几点:

1)柔性对应,均衡生产。能够柔性对应市场的不同需求,但又可以做到一定的均衡生产。

2)同期物流,消除无效物料。要考虑到物料系统的同期可能性,消除线边无效等待的物料。

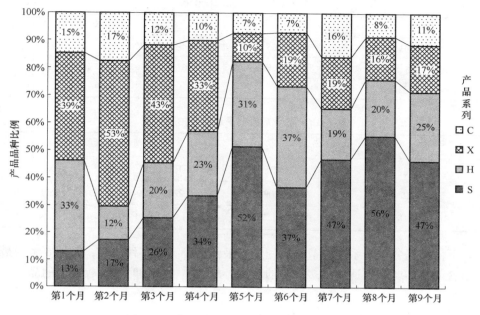

图 2-20 每月均衡生产的品种数量组合分布

3）消除等待，高度混流。组合后的各种品种的生产时间尽量能够高效，既能消除无效等待，也不会造成停线浪费。

所以是三个维度的组合：品种、数量、节拍的最佳组合。

2. 上线生产排序的分组

以上考虑了每月均衡生产的品种数量的组合。落实到实际生产中去，每个品种如果按这个比例分批上线生产，这时仍然会出现等待和停线的浪费。

这时就要考虑每天生产上线时，各个品种的排列和组合，使得等待和停线时间最少，生产效率最高。

这里选用的 S、H、X、C 4 个系列，节拍时间是每个系列的平均代表节拍时间。

这 4 个系列还可以细分成许多子系列，节拍时间也有所不同：

C 系列有：C1、C3、C5 3 个子系列。

H 系列有：H1、H3、H5 3 个子系列。

X 系列有：X1、X3、X5、X6 4 个子系列。

S 系列只有：S5 1 个子系列。

案例研究的品种比例见表 2-17。

以上各个系列及子系列的节拍时间见表 2-18。

表2-17 当月品种比例表

系列	C			H			X			S
子系列	C1	C3	C5	H1	H3	H5	X1	X3	X5	X6	S5
子系列占比	2%	82%	16%	19%	14%	67%	58%	25%	14%	3%	100%
系列比例	12%			21%			17%				50%

表2-18 各个系列及子系列节拍时间表

系列	C			H			X				S
子系列	C1	C3	C5	H1	H3	H5	X1	X3	X5	X6	S5
实际节拍/s	281	274	309	224	227	226	239	256	352	259	201
JPH/(台/h)	12.8	13.1	11.7	16.1	15.9	15.9	15.1	14.1	10.2	13.9	17.9

下面根据各个子系列的节拍时间进行最佳组合。因品种较多，且还要考虑最佳组合的模型要能够适应更多品种的应用，故这里将节拍时间比较接近的品种进行分组：

1）D = 200~219s。
2）B = 220~258s。
3）A = 259~299s。
4）C = 300~399s。

按此进行节拍时间进行分组，结果见表2-19。

表2-19 节拍时间分组表

系列	C			H			X				S
子系列	C1	C3	C5	H1	H3	H5	X1	X3	X5	X6	S5
实际节拍/s	281	274	309	224	227	226	239	256	352	259	201
JPH/(台/h)	12.8	13.1	11.7	16.1	15.9	15.9	15.1	14.1	10.2	13.9	17.9
分组	A	A	C	B	B	B	B	B	C	A	D

根据以上分析，同时进行现场实测，分析后，确定最终分组，见表2-20。

这样就确定了这种情况下的最佳分组。下面就根据该最佳分组，计划每天上线的生产计划模型。

3. 生产排序计划模型

生产排序计划要形成ABCD的排序组合模型，也就是产品的投入顺序，其结构如图2-21所示。

表 2-20 最终分组表

系列	子系列	实际节拍/s	JPH/(台/h)	分组	总装实测JPH/(台/h)	总装节拍/s	平均节拍/s	分组	组成员	组平均节拍/s	组占比
C	C1	281	12.8	A	13	277	279				
	C3	274	13.1	A	13	277	276	A	C1\C3\X6	274	11%
	C5	309	11.7	C	10	360	335				
H	H1	224	16.1	B	15	240	232				
	H3	227	15.9	B	15	240	234				
	H5	226	15.9	B	14	257	242	B	H1\H3\H5\X1\X3	243	36%
X	X1	239	15.1	B	14	257	248				
	X3	256	14.1	B	14	257	257				
	X5	352	10.2	C	10	360	356	C	C5\X5	346	4%
	X6	259	13.9	A	13	277	268				
S	S5	201	17.9	D	19	189	195	D	S5	189	49%

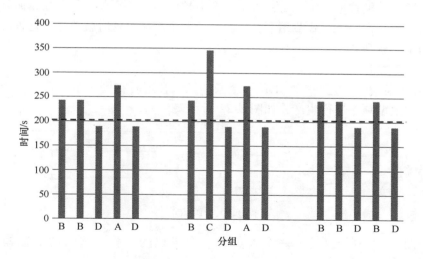

图 2-21 产品的投入顺序模型

A、B、C、D 4 个分组在上线投入时,按何种组合可以按均衡的时间把产品完成呢?下面根据实际的市场需求和工作标准,尝试了以下组合模型,见表 2-21。

最终一共形成了 4 种组合模型,在不同的生产需求下应用不同的组合模型进行生产计划的编制和决定上线投入顺序。排产模型要根据经验和实际情况摸索和筛选最佳模型组合,确定最终的模型。由生产计划,按班产时间为 10h,JPH 为 16/(台/h),根据各种情况使用不同模式,见表 2-22。

表 2-21 生产排序计划模型

基本车型				C1\C3\X6	H1\H3\H5\X1\X3	C5\X5	S5
组代码		组合顺序	排序	A	B	C	D
车型比例				11%	36%	4%	49%
组合平均节拍/s				274	243	346	189
参考排产节拍/s				223			
平均 JPH/(台)				16.14			
排产模型 1		ABD	DADBB	1	2		2
排产模型 2		CBD	DCDBD		1	1	3
排产模型 3		AD	DADAD	2			3
排产模型 4		BD	BDBDB		3		2
数量合计				3	6	1	10
占比				15%	30%	5%	50%

4. 混流工艺

按照以上模式进行生产时,每个生产节拍就不是一个单一的产品,而是一个模式的节拍,在一个模式节拍下,生产对应数个产品。这时就要考虑这种混流模式下的工艺原则。

(1) 3 种混流工艺

1) 工位混流工艺。一个工位一个操作工人,这时在同一个位置,一个模型的产品按模型顺序进行生产,如图 2-22 所示。

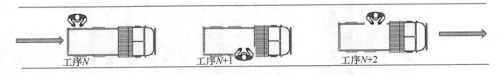

图 2-22 工位图

按图 2-22 中的工位,一个人负责一个工位的工作,这时的混流模型如图 2-23 所示。

这时的组合模式是:BBDAD,在这种情况下,生产节拍时间为 230s,工位 1 的组合平均节拍时间为 228s,工位 2 的组合平均节拍时间为 228s,都在生产节拍时间内,操作工的操作范围之内进行工艺设定,完成一个组合的生产工作。称作工位混流工艺。

2) 工序内混流工艺。工序图如图 2-24 所示。

由两个操作工共同完成一个工序的工作,其组合模型如图 2-25 所示。

表2-22 生产排序计划模型的产出计划

基本车型	C1\C3\X6	H1\H3\H5\X1\X3	C5\X5	S5	A类时间	B类时间	C类时间	D类时间	组时间	组台数	组平均节拍/s	班产(10h)	JPH/(台/h)
组代码	A	B	C	D									
车型比例	11%	36%	4%	49%									
组合平均节拍/s	274	243	346	189									
参考排产节拍/s		223											
平均JPH/(台)		16.14											
排产模型1 组合顺序 ABD 排序 DADBB	1	2		2	274	486		378	1138	5	228	158	16
排产模型2 组合顺序 CBD 排序 DCDBD		1	1	3		243	321	567	1131	5	226	159	16
排产模型3 组合顺序 AD 排序 DADAD	2			3	548			567	1115	5	223	161	16
排产模型4 组合顺序 BD 排序 BDBDB		3		2		729		378	1107	5	221	163	16
数量合计	3	6	1	10									
占比	15%	30%	5%	50%									

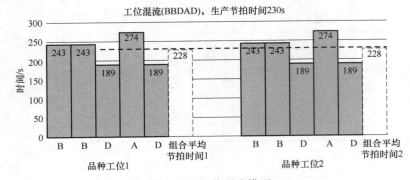

图 2-23　工位混流模型

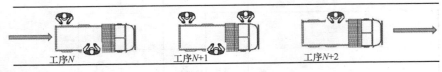

图 2-24　工序图

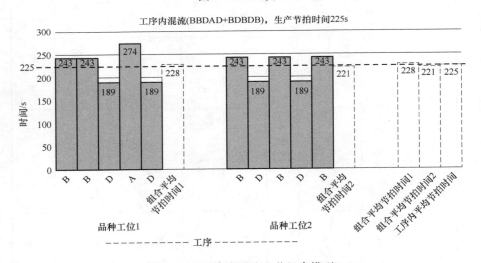

图 2-25　工序内混流工艺组合模型

工位 1 的组合平均节拍时间是 228s，工位 2 的组合平均节拍时间是 221s，在生产节拍时间为 225s 的情况下，工位 1 就完成不了工作任务，而工位 2 稍有等待时间。

工序内平均节拍时间为 225s，正好符合生产节拍时间，这时就需要工序内两个操作工人共同配合，工艺上就要考虑工序内的操作工人之间的配合，形成工序内操作工艺。这种工艺称作工序内混流工艺。

3）工序间混流工艺。工序之间相互配合的模型如图 2-26 所示。

第2章 JIT生产管理和改善落地

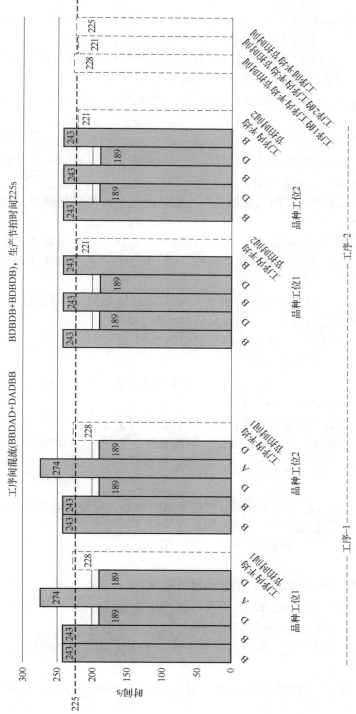

图 2-26 工序间混流工艺模型

已知生产节拍时间为225s。

工序1的工序内平均节拍时间为228s，完成不了生产任务。

工序2的工序内平均节拍时间为221s，可以完成生产任务，且稍有等待。

工序1和工序2的工序间平均节拍时间为225s。

在这种情况下，就要考虑工序间的配合，完成整体生产。这种方式称作工序间混流工艺。

（2）混流工艺总结

1）在3种混流工艺中，最优选择的是工位混流工艺，这时一个工位上的操作工人就可完成混流生产的工作。

2）工序内混流和工序间混流都会产生额外的走动，要尽量减少采用这两种工艺。

3）采用工序间混流的前提条件是工序间的距离比较近，不会造成太多的走动浪费。同时，工序间的混流只限于相邻工序，即上道工序或下道工序的工序间混流。

根据以上原则，对工序在各种组合模型下的时间和问题进行梳理，通过改善，满足组合模型时间需求。工序时间梳理见表2-23。

最后设计出来的混流工艺工序平衡图如图2-27所示。

（3）3种混流工艺的管理事项

1）确认各种车型（A、B、C、D）、每个操作工人、每个工位的实际装配时间（排除停线、等待和非工作时间）。

2）进行不同品种的组合（全部操作工人，全部工位）。

3）确定组合总体时间和平均时间，判断是否在节拍内，明确瓶颈所在。

4）分析每个人的组合工艺，并进行实地验证。

① 管理。

a. 明确各工位每人相对于节拍时间的余量时间和明确超时时间。

b. 明确各工位对应各种产品的工作起点和终点。

② 设备。各工位应分别对应各种产品工作起点和终点的设备。

③ 工具。

a. 各工位对应各种产品相关工具的放置地点。

b. 明确专用设备的切换方法、切换时机及放置地点。

④ 物料。各工位对应各种产品的物料位置（最少走动）。

5）进行工位混流工艺、工序内混流工艺、工序间混流工艺的分析，并通过实地考察加以确认。

6）制定瓶颈工人和瓶颈工位改善对策一览表（包括课题、对策、时间、责任）。

表2-23 工序时间梳理

装配线混流工艺工序时间梳理

编制单位：DADBB

序号	车型	模型	工序名称	工步明细	操作工	目前节拍	超4min工时	DADBB	DCDBD	ADDAD	BDBDB	现状描述	建议措施	现场操作时间	原因	目标	预计完成时间	备注
1	C3/C1/X6	A	后桥连接操作行车	后桥连接、操作行车、复紧、色标		5.4	1.4	5.4		10.8								
1	H1/H3/H5/X1/X3	B	后桥连接操作行车	后桥连接、操作行车、复紧、贴后桥板簧条码	***	4.3	0.3	8.6			12.9							
1	S5	D	后桥连接操作行车	后桥连接、操作行车、复紧、色标		3.5	(0.5)	7.0		10.5	7.0							
合计							0.2	4.2	0	4.3	4.0							
2	C3/C1/X6	A	后桥连接	后桥连接、复紧、色标		5.5	1.5	5.5		11.0								
2	H1/H3/H5/X1/X3	B	后桥连接	后桥连接、复紧、管连接、复紧、色标、贴后桥板簧条码	***	4.2	0.2	8.4			12.6							
2	S5	D	后桥连接	后桥连接、复紧、色标、贴后桥板簧条码		3.4	(0.6)	6.8		10.2	6.8							
合计							0.2	4.1	0	4.2	3.9							
3	C3/C1/X6	A	前桥连接操作行车	前桥连接、操作行车、复紧、色标		5.4	1.4	5.4		10.8								
3	H1/H3/H5/X1/X3	B	前桥连接操作行车	前桥连接、操作行车、前制动气管连接、复紧、色标	***	4.3	0.3	8.6			12.9							
3	S5	D	前桥连接操作行车	前桥连接、操作行车、复紧、色标		3.5	(0.5)	7.0		10.5	7.0							
合计							0.2	4.2	0	4.3	4.0							

(续)

序号	车型	模型	工序名称	工步明细	操作工	目前节拍	超4min工时	DADBB	DCDBD	ADDAD	BDBDB	现状描述	建议措施	现场操作时间	原因	目标	预计完成时间	备注
4	C3/C1/X6	A		前桥连接、复紧、贴前桥板簧条码、色标		5.3	1.3	5.3		10.6								
4	H1/H3/H5/X1/X3	B	前桥连接	前桥连接、前制动气管连接、复紧、贴前桥板簧条码、色标	***	4.2	0.2	8.4			12.6							
4				前桥连接、复紧、贴前桥板簧条码、色标		3.4	(0.6)	6.8		10.2	6.8							
合计								4.1	0	4.2	3.9							
5	C3/C1/X6	A		后传动轴装配、复紧、色标、贴后轴条码、盖章		5.5	1.5	5.5		11.0								
5	H1/H3/H5/X1/X3	B	后传动轴	后传动轴装配、复紧、色标、贴后轴条码、盖章	***	4.4	0.4	8.8			13.2							
5	S5	D		后传动轴装配、复紧、色标、贴后轴条码、盖章		3.5	(0.5)	7.0		10.5	7.0							
合计								4.3	0	4.3	4.0							
6	C3/C1/X6	A		后制动油管连接		5.3	1.3	5.3		10.6								
6	H1/H3/H5/X1/X3	B	后桥制动油管	大气包装配、排气管支架	***	4.4	0.4	8.8			13.2							
6	S5	D		后制动油管连接		3.3	(0.7)	6.6		9.9	6.6							
合计								4.1	0	4.1	4.0							

7	C3/C1/X6	A	后减震器	后减震器拉伸、稳定杆辅助震器装配、后减震器装配		5.6	1.6	5.6		11.2		
7	H1/H3/H5/X1/X3	B	后减震器	后减震器拉伸、后减震器装配	***	4.3	0.3	8.6			12.9	
7	S5	D	后减震器	后减震器拉伸、后减震器装配、感载阀油管连接		3.4	(0.6)	6.8		10.2	6.8	
合计								4.2	0	4.3	3.9	
8	C3/C1/X6	A	翻身架	翻身架、工具箱、贴前后桥条码		5.2	1.2	5.2		10.4		
8	H1/H3/H5/X1/X3	B	翻身架	翻身架、贴前后桥条码	***	4.2	0.2	8.4			12.6	
8	S5	D	翻身架	翻身架、贴前后桥条码		3.3	(0.7)	6.6		9.9	6.6	
合计								4.0	0	4.1	3.8	
9	C3/C1/X6	A	右驾驶室支撑	右减震器支架、上挡泥板支撑、驾驶室支撑装配		5.3	1.3	5.3		10.6		
9	H1/H3/H5/X1/X3	B	右驾驶室支撑	右减震器支架、挡泥板支架、右驾驶室支撑装配	***	4.4	0.4	8.8			13.2	
9	S5	D	右驾驶室支撑	右减震器支架、右驾驶室支撑装配		3.4	(0.6)	6.8		10.2	6.8	
合计								4.2	0	4.2	4.0	

（续）

序号	车型	模型	工序名称	工步明细	操作工	目前节拍	超4min工时	DADBB	DCDBB	ADDAD	BDBDB	现状描述	建议措施	现场操作时间	原因	目标	预计完成时间	备注
10	C3/C1/X6	A	左驾驶室支撑	左减震器支架、上挡泥板支架、驾驶室支撑辅助装配、下挡泥板装配		5.3	1.3	5.3		10.6								
10	H1/H3/H5/X1/X3	B		左减震器支架、挡泥板支架、左驾驶室支撑装配	***	4.4	0.4	8.8			13.2							
10	S5	D		左驾驶室支撑装配		3.4	(0.6)	6.8		10.2	6.8							
合计								4.2	0	4.2	4.0							
11	C3/C1/X6	A	空滤器	空滤器合成、空滤器装配、前制动油管合成		5.5	1.5	5.5		11.0								
11	H1/H3/H5/X1/X3	B		空滤器合成、空滤器装配	***	4.3	0.3	8.6			12.9							
11	S5	D		空滤器装配、喇叭装配		3.3	(0.7)	6.6		9.9	6.6							
合计								4.1	0	4.2	3.9							
12	C3/C1/X6	A	后桥油加注	后桥油加注、油管卡子固定、ABS线束固定、盖章		5.6	1.6	5.6		11.2								
12	H1/H3/H5/X1/X3	B		后桥油加注、工具箱装配、盖章	***	4.3	0.3	8.6			12.9							
12	S5	D		后桥油加注、前减震器支架固定、发动机线束固定、盖章		3.3	(0.7)	6.6		9.9	6.6							
合计								4.2	0	4.2	3.9							

序号	型号	分类	工序	作业内容						
13	C3/C1/X6	A		转向器及转向器直拉杆装配、复紧、贴转向器条码、色标		5.7	1.7	5.7		11.4
13	H1/H3/H5/X1/X3	B	转向器	转向器及转向器直拉杆装配、复紧、贴转向器条码、色标	***	4.4	0.4	8.8		13.2
13	S5	D		转向器及转向器直拉杆装配、复紧、贴转向器条码、色标		3.5	(0.5)	7.0	10.5	7.0
合计						4.3	0	4.3	4.4	4.0
14	C3/C1/X6	A		油箱支架装配、前围油管连接、左右挡泥板支架		5.4	1.4	5.4	10.8	
14	H1/H3/H5/X1/X3	B	油箱支架	油箱支架装配、排气辅助气管连接及装配	***	4.2	0.2	8.4		12.6
14	S5	D		油箱支架装配		3.1	(0.9)	6.2	9.3	6.2
合计						4.0	0	4.0	4.0	3.8
15	C3/C1/X6	A		前围油管固定、前制动油管连接		5.3	1.3	5.3	10.6	
15	H1/H3/H5/X1/X3	B	前桥制动油管连接	大气包气管连接	***	4.4	0.4	8.8		13.2
15	S5	D		前制动油管连接		3.4	(0.6)	6.8	10.2	6.8

序号	车型	模型	工序名称	工步明细	操作工	目前节拍	超4min工时	DADBB	DCDBD	ADDAD	BDBDB	现状描述	建议措施	现场操作时间	原因	目标	预计完成时间	备注
合计								4.2	0	4.2	4.0							
16	C3/C1/X6	A	感载阀扳紧	稳定杆合成、稳定杆下支架、稳定杆装配		5.4	1.4	5.4		10.8								
16	H1/H3/H5/X1/X3	B		转向器油管接头合成	***	4.3	0.3	8.6			12.9							
16	S5	D		感载阀扳紧、驻车制动拉丝固定		3.3	(0.7)	6.6		9.9	6.6							
合计								4.1	0	4.1	3.9							
17	C3/C1/X6	A	工具箱	剪底盘扎带、工具箱		5.4	1.4	5.4		10.8								
17	H1/H3/H5/X1/X3	B		剪底盘扎带、工具箱	***	4.2	0.2	8.4			12.6							
17	S5	D		动力壶装配、剪底盘扎带		3.3	(0.7)	6.6		9.9	6.6							
合计								4.1	0	4.1	3.8							

第2章 JIT生产管理和改善落地

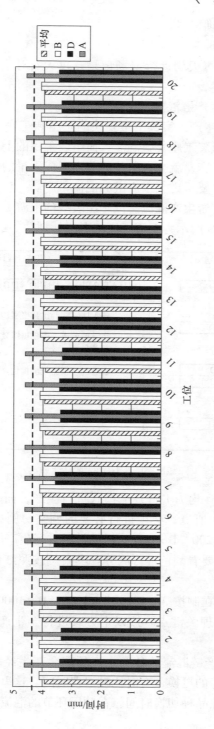

图2-27 混流工艺工序平衡图

7）编制混流工艺培训资料。

8）开展混流工艺培训。

9）混流工艺实施，每天均进行现场记录，每天召开会议，每周进行调整、优化组合，进行瓶颈改善。

（4）混流生产的全生产链混流

1）上游工序的混流生产。案例中主要谈的是组装工序的混流生产，但是在实际生产中，如果仅在组装工序实施混流，而组装工序的上游加工工序、外协配套加工等没有实施混流生产，就会在组装的前面形成大量的中间在制库存，仍然会造成很多浪费。所以，要考虑全生产链的混流生产。

首先，考虑组装的上游生产混流。汽车组装线的上游工序有冲压、焊接、涂装以及外协加工，图2-28所示为上道工序的混流计划。

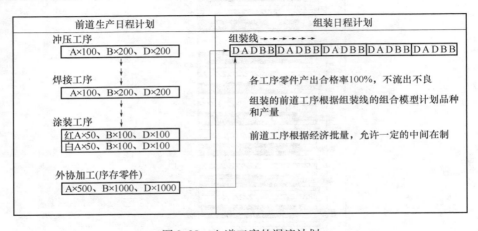

图2-28 上道工序的混流计划

组装工序按DADBB（均为1台）的模式进行生产，而上游工序如果严格按此模式生产会比较困难。所以，必须进行必要的调整，例如组成DADBB冲压、焊接环节按A×100、B×200、D×200这样的批量进行生产的模式。

2）在涂装环节，主要看颜色进行区分。本案例按照红色和白色根据需求进行了区分。

3）外协零件库存的在制按A×500、B×1000、D×1000进行控制。

4）全生产链混流管理关键点。按以上方式进行全生产链混流计划和管理，管理的关键点在于：

① 品种切换。全生产链混流的各个生产环节会产生经常性的品种切换，特别是冲压环节，有模具等的更换，有时比较浪费时间。这里一定要进行必要的品种切换改善，缩短或消除品种切换时间。在冲压环节的混流生产组合，一定要充

分考虑切换的时间和次数,达到最佳的品种切换组合。本案例的冲压切换是9min,品种的组合按 A×100、B×200、D×200 来进行混流。

② 合理在制。在本案例中,从冲压、焊接、涂装,到组装的各大环节,理想状态是没有任何在制品,直接与下一个环节连接。但在实际工作中,例如在本案例中,冲压、焊接就是按 A×100、B×200、D×200 的方式进行混流生产的,所以 A×100、B×200、D×200 就是冲压和焊接,焊接和涂装间的中间在制品。在制品的位置和数量等是混流生产的管理关键点之一。

③ 计划完成。混流生产是数量体系,不是时间体系。所谓时间体系,就是按时间进行生产,例如早 8 点开线,晚 5 点停线。这样每天的开线时间比较固定,容易管理。但是每天的生产数量却由于品种、质量、故障等原因,会有一些波动。但这种体系是各个生产企业常用的生产体系。而数量体系,就是每天根据确定下来的生产量的完成情况,变动作业时间,特别要考虑停线时间,从而确定完成计划量的时间。每天的生产由于品种、质量、故障等原因,即使是同样的数量,也可能完成的时间不一样。但是当天生产如果不按计划完全完成,第二天的混流就无法实现,所以混流生产一定要遵照数量体系进行管理。这个数量体系的管理不单是每天,也可具体到半天、小时。

④ 工序质量。在混流均衡连续生产中,如果出现质量问题,特别是上道的质量问题流到下道,就会打乱混流生产计划和物流计划,所以在混流生产中,质量的因素会更加敏感。混流生产的质量关键是工序质量。各个工序严格执行 3N 管理,严格保证不流出不良,这样才能使混流生产能按计划顺利进行。

本案例在实施混流的同时,也进行了工序 3N 管理。

(5) 混流生产的同期物流

1) 混流生产的大物流同期。JIT 物流的真髓是:发现和创造物的价值与价值方法,向必要的地方,根据必要的时间,必要的数量,提供必要品种的物料。这就需要做到同期化物流,如图 2-29 所示。同期化物流的原则为:①小批量、多频次。通过小批量、多频次的供应,可以有效地减少在制品的数量,提高生产变化应变能力,从而为准时化物流创造有利条件。②等间隔时间供货。通过制定物流时刻表,做到每次供货间隔时间相同,便于准时化物流管理。

以上是大环境的同期物流,物流最后一公里就是上线物流。上线物流的关键是排序上线。这里有几个环节:

① 物料库房混流排序上线:根据生产线混流组合模式,在库房对物料进行排序。

② 线边投料的位置、顺序、时机:根据生产线混流组合模式,确定线边物料投放位置。

③ 线边物料器具内的有序混放方案:根据生产线混流组合模式顺序,确定

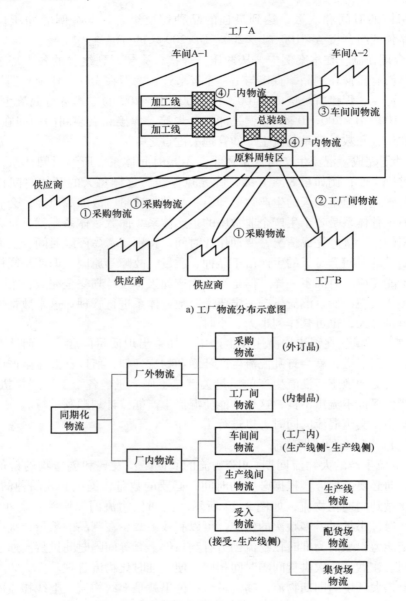

a) 工厂物流分布示意图

b) 同期化物流组成树状图

图 2-29　同期化物流

物料器具内物料摆放的顺序。

④ 混线生产现场物料的可视化：对于以上物料管理，通过可视化提高投料效率和质量。

如此就可以实现混流物流排序上线系统。

2）混流生产的同期物料上线方案。在线边形成物料上线配料区，如图2-30所示。

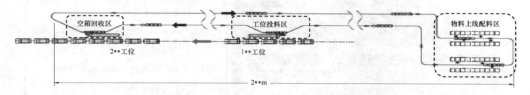

图2-30　线边形成物料上线配料区

在物料上线配料区，根据生产线的组合模式，排序配料每个产品的所需物料。物料上线配料区配置如图2-31所示。

图2-31　物料上线配料区配置

物料区配置两个上线配料架，共40个位置，同时装有40个指示灯，对应40个物料位置。配料、送料程序如图2-32所示。

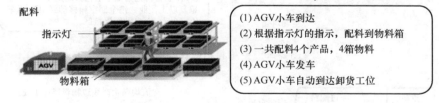

图2-32　配料、送料程序

按此程序进行配料，每次送料4个物料箱。物料架指示灯的动作顺序如图2-33所示。

在AGV车的4个物料箱都配齐物料后，自动送料到投料工位。投料工位投料顺序如图2-34所示。

AGV投料结束后，去回收工位回收用过的空物料箱，具体流程如图2-35所示。

这样就完成了混流生产的物料配料、送料、回收的整体过程，如图2-36所示。

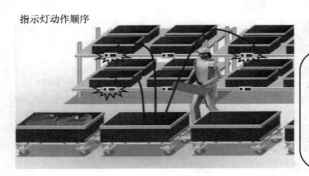

指示灯动作顺序

指示灯

(1) 物料箱的架子上配有指示灯和表示物料数量的数字显示
(2) 物料员在指示灯亮灯的货架位置，按数字显示的数量取料，然后手动按指示灯开关，关灯
(3) 取出的物料放进AGV的相应物料箱
(4) 全部亮灯的架位物料都取结束后，一个产品所需物料配料完成配料结束

图 2-33 物料架指示灯的动作顺序

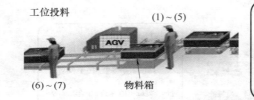

(1) AGV小车自动运行到投料工位后停止
(2) 作业员把一个物料箱卸下放到传送链上
(3) AGV小车自动向前移动一个位置
(4) 作业员再取下第二个物料箱，重复上面的动作，一共取下4个物料箱
(5) AGV小车自动移动去空箱工位
(6) 物料箱根据使用情况，自动滑动到最下端
(7) 作业员从传送链上取出需要的物料

图 2-34 投料工位投料顺序

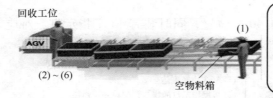

(1) 作业者把空箱移动到回收传送链
(2) AGV小车到达
(3) 作业者把空箱移动到AGV小车
(4) AGV小车向前移动一个位子
(5) 作业者再把第二个空箱移动到AGV小车，重复以上作业，把全部空箱移动到AGV小车
(6) AGV小车自动回配料区

图 2-35 空物料箱回收流程

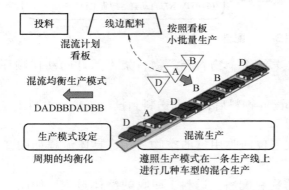

图 2-36 混流生产物料排序上线流程

（6）混流均衡生产案例研究小结

1）生产品种组合模式的确立。混流均衡同期生产的生产模式确定非常重要，但是这种生产模式不是马上就可以确定的，虽然有一些计算和分析的基本工具，但最终还是要通过实践的检验和现场的标准化才能确定。所以，需要不断摸索，不断分析，同时形成多个种类的生产品种组合模式，以应对不同的品种和不同的批量。

2）JIT 物流体制的确立。混流均衡生产的物流系统比较复杂，这时就要从供应商的管理、库房的管理、上线的方式和时间，以及混流生产的 JIS 排序等方面着手，只有这些都逐渐得到保证，才能保证混流生产逐渐趋于正常化。

3）物流工位器具等的 JIT 对应。线边物料的最小化，线边物料的排序等，都需要物流工具、线边工位器具的科学对应。有些物流工具和工位器具还需要根据现场的实际情况，加以研究、开发使用。

4）JIT 生产体制的持续改善。产品的切换、生产节拍时间、各个工序间的同期、在制品的最小化，都需要持续地分析其中的问题，改善问题，持续标准化。

图 2-37 所示为混流生产系统。

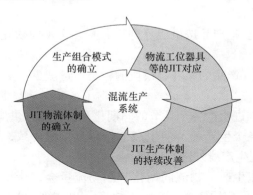

图 2-37　混流生产系统

以上内容是整体混流生产的最基本内容和实践。读者要根据本企业的情况，借鉴本节的内容，不断摸索本企业的混流实施方法和对策。

2.2.5　混流生产总结

1. 混流生产的优点

1）最大限度地实现低成本、高质量。混流生产一定需要通过持续的改善才能逐渐实现。作业的自主改善、品种切换的优化、生产时间的优化，这些改善直接提高了效率，降低了成本，保证了质量。

2）实现最小的在制品和库存。实现全生产链的同期混流生产，使各个环节的中间在制最小。同时物料也是按 JIT 和 JIS（排序）形式上线，实现了最小的库存量。这样在现场就最大限度地减少了物流空间，降低了运转成本。

2. 混流生产的战略定位

到现在为止，主要从生产环节对混流生产进行了介绍，并且通过相关案例，对混流生产的实际落地进行了讨论。当生产环节推进混流生产到一定程度后，可以进一步考虑混流生产的战略定位，包括事业战略、生产战略、设计和生产组织。

（1）混流生产的事业战略和生产战略

1）首先把生产的品种进行罗列、排序，从价格、交期、配置方面引导市场。例如考虑生产品种的组合，如果我们希望多一些生产品种，则可以在交期和价格上进行优惠，引导市场的消费。反之，如果我们不希望过多的生产品种，我们也可在价格和交期上进行调整。

2）在事业战略上要考虑设计的通用性。即使不同的品种，在工艺上也可做到基本一致，保证混流的效率和均衡。

（2）混流生产的设计战略

1）通用化设计。对产品的基础部分，例如汽车的底盘、车架、动力传送系统等，进行通用化设计。

2）模块化设计。把产品按机能等进行分割，实现模块化生产，减少不同品种间的生产浪费。

3）标准化设计。产品的零件、模块的种类尽量减少，实现标准化设计。

3. 生产策略

（1）同期化　推进生产各个环节的同期化和物料零件供应的同期化。

（2）均衡化　各个生产环节的生产节拍尽量接近一致，对于特殊节拍时间的产品，可以考虑在生产线外进行处理。

（3）自动化混流生产的物流同期化　因物流量会有所增加，这时就需要尽量考虑搬运的自动化。使库房、现场配料区、生产线之间的物流实现搬运自动化。

4. 混流生产的推进

混流生产的推进绝对不是一时一事就能成功的，所以要持续研究，持续改善，持续推进。

混流生产追求高效率、低成本、高质量，但是在混流生产推进的初期，可能会影响到生产效率、质量等，这是暴露问题的过程，不能因为一点问题，就认为混流生产不适合本企业。只有不断暴露问题，不断解决问题，不断深化混流生产，才能最终实现高效率、低成本，高质量的混流生产体系。

混流生产的推进过程就是精益思想的循序渐进的形成过程。

2.3 看板管理的改善落地

2.3.1 看板的真意

大野耐一先生在《丰田生产方式》中说:"丰田生产方式使用 KANBAN[一],杜绝过量生产,消除不必要的库存,不需要仓库和仓库管理人员,消除了无数的生产管理文件和物料票据。"

这就是看板的真意!消除不必要的库存,这里的库存是广义的库存,包括中间在制、投料数量和时间、供应商的供货数量、供货时间、供货包装。这些不必要的都消除了,当然就不需要多余的库存空间、管理人员和管理文件。

我们学习精益,实施精益,也会运用到看板。这时就需要理解和掌握看板的真正意义。看板是工具,是消除浪费的工具。

有些企业认为导入看板就可以解决企业的问题,当结果不理想时,就会说:我们的生产不太适合看板;有些企业在实施精益时,认为其生产变动非常大,有很多不确定因素,所以认为暂时使用不了看板;还有些企业,虽然热心精益,但只是热心研究看板的计算、看板形式的设计和看板的流程。这些,都是对看板的真意没有理解,只是单纯从形式上去理解看板。

我们有很多企业在企业优化改善时,导入 ERP 系统作为重点的优化和改善项目,但是结果大部分的企业在导入了 ERP 系统后,组织的效率、效益、质量并没有得到改善。实际上在组织中存在着大量的实际问题,而且这些问题大都是管理问题。这些问题如果不得到改善,导入 ERP 系统的同时,这些管理问题也同步被导入,被放大,被这些管理问题所困扰,达不到 ERP 原有的优化初衷。ERP 系统的导入一定要伴随管理改善的导入,否则就是带病吃补药。在管理问题没有得到改善的 ERP 导入就是管理的最大浪费。

看板也是同样,不是导入了看板,问题就解决了。而是通过导入看板暴露问题,解决问题,优化流程,使看板运用的更顺利、更成熟,最终消除不必要的库存和浪费。

生产中的变动非常大,有很多不确定因素,所以可以采用看板方式,以明确变动的原因和不确定的因素,从而去改善、优化,逐渐减少变动,消除不确定因素。

热衷精益,热衷看板是非常好的事情,但是看板不是研究出来的,而是根据自己企业的实际情况,立足于现场,立足于现状的运用改善。

[一] KANBAN,即看板。

综上所述，看板的真意是改善，是消除不必要的库存。我把大野耐一先生对于看板真意的说明汇总成下面两句话：

使用看板的现场改善的成果就是减少在制，减少库存。

使用看板的管理改善的成果就是简化流程过程，简化管理文件。

关键词：减少，简化！

2.3.2 看板的现场运用

1. 对看板运用的理解

有很多对看板和看板管理的定义，例如："看板就是表示出某工序何时需要何数量的某种物料的卡片，又称为传票卡，是传递信号的工具。""看板管理方法是在同一道工序或者前后工序之间进行物流或信息流的传递。"还有些人认为：实施看板首先要做到均衡化生产，实施看板首先要保证来料的合格，等等。这些定义和认识是比较狭义或者是片面的，并没有定义出看板的实质。

看板并不是这些条件具备了才能实施，而是通过实施看板，不断优化，不断改善，持续发现问题，解决问题，逐步实现生产均衡化，逐步实现不良为零。看板是为了减少库存，减少在制。看板是改善现场问题的看板，是实现连续生产的看板。为此，要从以下的角度运用看板。

2. 看板的现场运用角度

（1）管理可视化的看板

1）JIT的核心：必要的物品，必要的数量，必要的时间。

2）看板的规则：拉动式生产，后道工序只生产前道工序需要的物品的数量。

这些都通过看板的物理形式和管理标准得以实现。看板上设定了物料的位置和数量，物料人员和生产人员根据拉动生产的规则进行生产和物料的移动。

通过这些就可以看得到生产的计划、进度、动态问题等，从而实现现场生产管理的可视化。特别是电子看板，在可视化的同时，还做到了信息共享。

（2）问题发现的看板

1）不按看板的数量进行生产，产量过多就会出现标准放置地点以外的产品放置，产量过少就会产生要料时没有物料。

2）不按看板的时间进行生产，过早生产就会出现看板的堆积，过晚生产就会出现物料的堆积。

3）即使按看板的数量、时间进行生产，如果从一个流的角度看问题，我们还是希望看板的数量越少越好。管理上就要不断减少看板。

设备故障、质量问题、缺料问题等都可以在生产中通过看板的形式发现其所在位置、出现的时间和数量。

发现问题是解决问题的第一步，也是关键的一步。所以，看板也是问题可视化的最好方法。当然，发现问题是为了解决问题，是为了今后不发生和少发生这类问题。

发生了问题，就认为看板不适合，是现场改善的大敌。

（3）标准作业的看板　标准作业的三要素有：标准节拍、标准顺序、标准在制。通过看板的持续实施、持续改善和持续深化，标准化的程度就会不断提升。

当然，刚刚开始实施看板，标准作业的三要素是不太可能做得都是非常好的。各个工序的标准时间不一样，各个产品的加工节拍也不一样，各个设备的自动化程度也不一样。如何设定看板的数量，如何制定看板的流转周期，是需要不断摸索和改善的。

很多书上介绍了一些标准看板数量的公式。采用这些公式，可以计算出来看板的数量。但是现场是活的现场，人的主观能动性是左右现场的重要因素。所以虽然看板的数量可以计算出来，但是动态的现场却是计算不出来的，真正的效率也是计算不出来的。

可以参考这些计算方法，但要根据实际工作中看板的使用情况，不断摸索自己所在生产环境的看板管理。同时，还要不断调整看板，不断减少在制，不断优化标准的三要素，提高标准的水准。这是关键。

（4）连续生产的看板　丰田生产方式七大浪费之一为等待的浪费，发生等待就是出现了生产的断点。JIT连续生产有五大杀手：缺料、计划、质量、故障、瓶颈。JIT的实现，提高效率，首先就是要针对这五大杀手，进行改善，保证生产的连续性。

看板是现场连续生产的真实反映。如果各个工序按计划、按标准的三要素进行工作，拉动生产，就不会出现非正常的等待。我在第1章里就写道，不要看瞬间的产出高低，而要看连续的程度如何。出现这些断点，看板就会出问题，就需要及时对应、改善。通过持续改善，实现少出现断点，不出现断点。

看板是微调的手段。根据生产的进度情况，根据市场的需求，根据特殊情况，为保证连续生产，可以调整看板的数量和搬运时间等。所以说精益生产又是柔性生产体系。这一柔性也体现在看板的微调整。

通过看板，实现不间断生产，保证生产的持续。

（5）减少在制的看板　"丰田生产方式是零库存"。这种理解是错误的！丰田生产方式追求的是零库存，但在实际运用中是最佳库存，最小库存。在前面也说过"使用看板，杜绝过量生产，消除不必要的库存"。丰田生产方式的核心就是消除一切浪费。最小库存是现状生产的工艺水平、设备水平、供应商的水平下必要的库存。这个最小库存没有任何标准可依据。各个企业、各个工序、各个品种基于现状设定最小库存。这个最小库存和其他企业比可能比较多,和其他工序比可能比较不合理,但是这是基于现状的最小库存。然而这只是消除不必要的库存的出发点,绝对不是标准。

从这个出发点出发,不断发现问题,改善问题,不断更新最小库存的水准,即持续追求零库存。

所以丰田生产方式的最小库存是一个动态的持续改善过程的最小库存,是永远没有止境的最小库存。

利用看板,不断减少看板的数量,不断调整看板的转运时间周期,不断缩小在制品的数量,逐渐追求更小的最小库存。

所以,看板应该是减少在制的看板。

(6) 保证质量的看板　看板按事先设定的数量和时间间隔,在工序间传递产品,传递生产的信息。但是如果在某个环节,某个零件出现不良,这时就会出现两种现象:

1) 为修正不良、调整不良,使工作暂时停止。

2) 因为上道工序发生或发现不良品,就没有产品流到下道工序,这时下道工序就会出现缺料的现象。所以,看板也是发现不良的管理方法。

也就是 JIT 连续生产的五大杀手:缺料、计划、质量、故障、瓶颈中的缺料和质量问题,这也是丰田生产方式的一个重要点。

在丰田的生产线上,有停线的拉绳。操作工人的职责是及时拉绳停线、检查问题、解决问题,保证不良不传递到下道工序。

现场班长的职责是如何不出现拉绳停线的现象。这就需要事先预测问题,防患于未然。

在丰田的现场,有最小的在制。日常的改善是通过不断减少在制,不断暴露问题,不断解决问题实现的。

所以,通过不同的管理方法,暴露问题、分析问题、解决问题,这是丰田的现场文化。

在实际工作中,通过不断减少看板的数量、暴露问题、分析问题、解决问题,使看板能够连续运转。在这基础上再减少看板数量,缩短看板运转周期时间,再暴露问题,再解决问题。保持一个没有质量问题的连续生产现场。

所以看板也是保证质量的看板。

(7) 现场自主改善的看板　《丰田生产方式》一书中说道:"通过在现场彻底实施看板管理,使现场具备了自律神经,就是现场的自主判断机能。"

首先要自主发现问题。现场是动态的,每时每刻都在变化,并不是一个标准就可以全部涵盖生产。现场的作业人员、物流人员、管理人员,根据看板的规定,执行看板的生产。其次要关注看板的流动。出现问题时,现场人员根据看板的规定，自主解决问题，自主恢复生产。每天的生产数量和节拍如果出现问题需要进行调整，也是由现场的班组长和工人自主进行看板的调整，以完成既定的当日计划。

所以，看板也是现场自主改善的看板。

（8）实现最小在制的看板 《丰田生产方式》一书中说："通过实施看板管理，彻底控制了过量生产。"控制在制、减少库存是看板的一大功能。

在现场，通过持续改善可不断减少看板的数量，不断缩短看板的流转时间周期。终极的看板流动就是一个流的生产。有关一个流的问题，在另外章节详述。

总结以上的看板运用，归结到丰田生产方式："丰田 JIT 生产方式的运用手段是看板"，通过看板管理，实现高效率、低成本、高质量的生产运作。这个手段仍然是围绕着"彻底消除浪费"这一宗旨进行运用的。"通过运用看板，就会暴露各种浪费，就会激发消除浪费的热情和方法，就会活跃改善提案活动"。通过不断地持续改善，可以不断发现问题，解决问题，提高管理水平，提高生产的 QCD 水平。

看板不是理论，是实际生产运用的手段。这个手段运用就要根据实际的生产情况，不断摸索、尝试、改善，无极限地追求零在制、零库存。

2.3.3 看板运用和生产计划

1. 样板和全面推广

看板有不同的种类，对于不同的看板有不同的管理要求和标准。在实施看板时，首先要明确现有状况下要实施的对象和范围。

许多企业实施看板管理，开始时就把整个生产链都作为实施范围，这样需要整合的问题就非常多，有些问题在现有的状况下可能难于解决，这样就会使看板的实施出现问题，而实施不下去，最后结论往往是："我们这样的生产不适合看板的实施。"这样的做法是错误的。

看板的实施，一般首先应在一个局部范围内实施，然后再逐步扩展到其他区域。当然，最终要实现全生产链的看板管理，这个需要一个比较长的时间。在这个比较长的时间内，不断应用看板，不断发现问题，不断解决问题，不断逐步实现看板应用的上述目的，最终才能实现比较理想的看板体系和管理。

结论：成功实施看板管理，是从一个样板线（区域或品种）开始，不断解决问题，逐渐实现全系统的看板管理。

2. 看板生产方式的计划基准

生产计划是龙头，计划制定如何，就决定了生产的实施如何。在考虑实施看板运用时，首先要考虑计划和计划实施的基准。包括库存量、在制量、周转周期、计划的提前量等。

基准一定要基于现状，不能要求一步到位，应是在当前状况下建立通过努力自我生产体系和管理能力可以实现的基准。

在此基准上实施看板管理，同时不断持续改善。在改善的基础上，再提高计划的基准，减少库存，缩短计划时间。

3. 看板生产方式的落地

企业的生产情况不一样，同一企业的各个工序、各个产品的加工工艺与流程也不完全一样，所以看板在现场的实际应用落地也是有各种变化的。只有根据实际情况，根据看板的基本原则，制定某一工序、某一产品的看板实际应用落地的方法，才会取得实际的成效。

看板是方法，不是目的。通过看板这种方法，达到减少库存，减少在制，保证连续生产，及时发现问题，持续解决问题。这是看板的目的。

遵照这一看板实际应用落地的宗旨，在现场指导工作中，结合实际情况进行了实施，同时也总结出了一些自己的体会和经验，这些都是关田法的组成内容之一。

下面通过实际指导过的看板应用的案例，进行看板实际应用落地关田法的说明。

2.3.4 看板现场运用落地案例研究

1. 案例概要

本案例的范围：配料仓库-组装线-复合线（辅线）。

1）使用看板作为组装线、复合线与配料仓库之间的信息工具，为零件仓库提供零件要料信息，以便仓库及时与厂商联络。

2）使用看板使组装线、复合线的生产要料与仓库供给量同期化，减少零件中间库存。

2. 看板的流程设计和运用

看板的流程设计和运用主要针对以下五种情况：

1）通用件看板流程标准。

2）专用件看板流程标准。

3）通用小零件。

4）自制冲压品。

5）外购品。

下面介绍以上看板的五种情况在各个生产环节的流程设计与运用。

（1）通用件看板流程标准　组装线⇔配料仓库间的看板流程标准。

本案例共有三条组装线，使用一些通用零部件，同时重量和体积也相对比较小，图2-38所示为其看板流程设计与运用。

1）组装线的作业员在零件使用完毕后将箱看板放到回收区。

2）配料员每隔一定时间在组装线循环一圈，将回收区的箱看板回收。

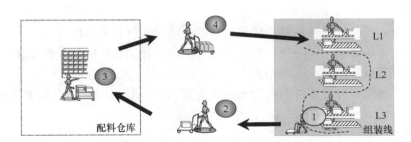

图 2-38　通用件看板流程设计与运用

3）配料员到配料仓库的相关库位去将相关零件放入箱看板。

4）配料员将装有零件的箱看板送到三条组装线中零件最少的一条线上。

（2）专用件看板流程标准　组装线⇔配料仓库间的看板流程标准。

有些零部件是某个产品的特定专用件，看板的基本流程与通用件一样，不同之处在于每天在一条线上生产不同的产品，这时就有产品切换的过程。与生产线的产品切换相对应的零件供应也要切换，这时的看板流程标准要考虑不同品种切换的流程标准。图 2-39 所示为专用件看板流程设计与运用。

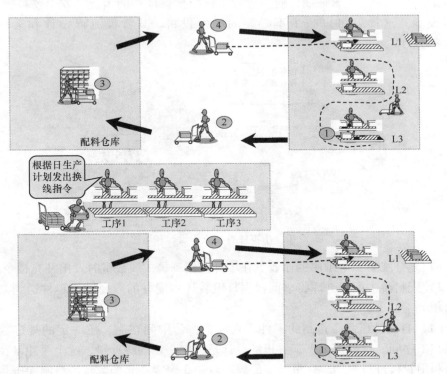

图 2-39　专用件看板流程设计与运用

正常看板流程标准：
1）组装线的作业员在零件使用完毕后将箱看板放到回收区。
2）配料员每隔一定时间在组装线循环一圈，将回收区的箱看板回收。
3）配料员到配料仓库将相关零件放入箱看板。
4）配料员将装有零件的箱看板送到落看板的组装线中（箱看板上标有组装线的号码）。

切换看板流程标准：
1）配料员根据日组装计划，将配料仓库中的下一个批次的箱看板准备完毕送到组装线。
2）组装线的第一个作业者发出换线指令，进行第一工位切换。

此时流程的注意问题有：
1）切换时的先后顺序，要保证一个方向顺次切换。
2）要落实切换时的品质检查对策。

（3）通用小零件　复合线⇔配料仓库的看板流程标准。

通用小零件是一些类似于标准件的小零件，使用数量比较多。这种情况一般是设定一个安全余量警戒线，使用过程中，根据警戒线的情况，发出要料信号，进行投料。这样就可以减少不必要的频发投料。其看板流程设计和运用如图2-40所示。

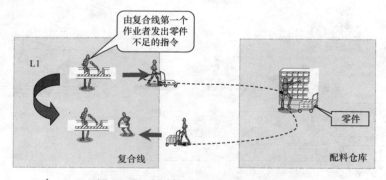

图2-40　小零件看板流程设计和运用

1）复合线第一个工序的作业员在零件使用到警戒线数量时发出补充指令。
2）配料员去配料仓库将事前根据日组装计划配好的一套轴类零件送到复合线的相关工位上。

（4）自制冲压品　自制的零件不入库，作为中间在制，按一定的规定数量停留在工序间。这种情况下，看板的设计是设定一定的缓冲量，这个缓冲量在工序间利用看板进行流动。这里设定的缓冲量是3个零件盒的数量。自制冲压品看板流程设计和运用如图2-41所示。

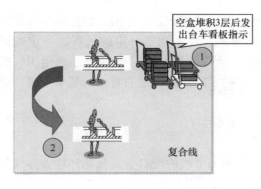
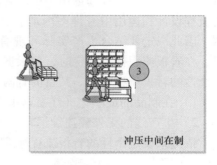

图 2-41 自制冲压品看板流程设计和运用

1）当空看板箱累积到 3 个的时候，即为台车看板的补货指令（配料员每小时巡料一次）。

2）配料员将相关零件放到台车上送到复合线的相关零件工位。

（5）外购品 外购品一般是先进入库房，然后根据线生产的需要，进行合理的投料。

本案例就是从库房至一个连续加工的生产线使用看板、进行投料的流程设计。外购品看板流程设计和运用如图 2-42 所示。

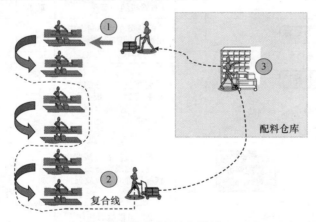

图 2-42 外购品看板流程设计和运用

1）复合线的作业员在零件使用完毕后将箱看板放到回收区。

2）配料员每隔一定时间在复合线循环一圈，将回收区的箱看板回收。

3）配料员到配料仓库将相关零件放入箱看板。

4）配料员将装有零件的箱看板送到落看板的组装线中（箱看板上标有组装线的号码）。

（6）看板的流程设计和运用基本原则 以上是案例生产线的看板流程标准。

从这些看板流程设计和运用中可以看出，看板的原则是一样的，但是看板在现场的流程设计和运用中有许多因地制宜的方法，并不拘于一定的流程，一定的运用。因此一定要结合生产实际和现有的人员等配置，进行合理设计和运用。所以，在看板流程标准制定时，要根据工厂的实际情况，遵照看板的基本原则，设定个性的看板流程标准。其目的有两个：

1）在制品的最小化（注意这里不一定是零）。
2）生产线的无停顿连续运转。

依此来设定个性的看板流程标准，例如每个线的配料员人员循环检查在线物料的时间不同。

本案例按以上设定的看板流程标准内容设定了看板运用基本流程，见表2-24。

表2-24 看板运用基本流程

序号	内容	时间/频度	相关文件/数据库	负责人
1.1	组装线体的作业员在部品使用完毕后将看板放到被取一栏等待回收，贴有看板的一面向外	开始使用即将看板取下		生产线作业人员
1.2	配料员在半小时之内在组装线循环一圈，将空的箱看板回收	0.2h		配料员
1.3	将事先准备好的工位记牌夹到箱看板夹中，并采购品和自制品进行分类			配料员
1.4	配料员将看板按照先进先出的规则将夹有线别标记牌的看板放到待配料处			配料员
1.5	配料员根据看板作为生产指示进行相应的配货			配料员
1.6	配料员将掉落的箱看板放入待配料处后，再将之前的带有工位标记牌的看板产品取回			配料员
1.7	配料员将刚才取回的相应的看板按照线别标记牌送到相应的组装线			配料员

根据该基本流程，同时考虑各个生产线、各个工位的具体生产情况，设定个性的看板流程和管理方法。

3. 库房要料看板作业基本流程标准

库房（物料准备库房）对于看板的处理和根据看板的情况进行必要的配料和投料准备基本流程见表2-25。

表2-25　要料看板零件配料作业基本流程标准

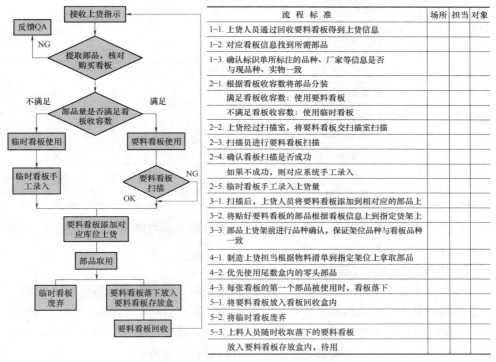

流程标准	场所	担当	对象
1-1. 上货人员通过回收要料看板得到上货信息			
1-2. 对应看板信息找到所需部品			
1-3. 确认标识单所标注的品种、厂家等信息是否与现品种、实物一致			
2-1. 根据看板收容数将部品分装 　　满足看板收容数：使用要料看板 　　不满足看板收容数：使用临时看板			
2-2. 上货经过扫描室，将要料看板交扫描室扫描			
2-3. 扫描员进行要料看板扫描			
2-4. 确认看板扫描是否成功 　　如果不成功，则对应系统手工录入			
2-5. 临时看板手工录入上货量			
3-1. 扫描后，上货人员将要料看板添加到相对应的部品上			
3-2. 将贴好要料看板的部品根据看板信息上到指定货架上			
3-3. 部品上货架前进行品种确认，保证架식品种与看板品种一致			
4-1. 制造上货担当根据物料清单到指定架位上拿取部品			
4-2. 优先使用尾数盒内的零头部品			
4-3. 每张看板的第一个部品被使用时，看板落下			
5-1. 将要料看板放入看板回收盒内			
5-2. 将临时看板废弃			
5-3. 上料人员随时收取落下的要料看板放入要料看板存放盒内，待用			

库房根据这一基本流程进行配料、送料的准备工作。

4. 看板运作各个部门课题和计划

看板运作是各个管理部门的合作运作，在实施前和实施过程中，需要不断解决各类问题和课题，完善看板的运作。

本案例在实施过程中各部门面向看板试运行所需解决的基本课题见表2-26。

表2-26　各部门面向看板试运行所需解决的基本课题

区域		课　　题		担当者
制品仓库	1	对象机种的最大量的控制问题		张
	2	所有升降单元库位的位置编号的确定		赵

(续)

区域		课　题			担当者
部品仓库	1	所有部品的明确标示问题			
	2	部品到货时的分装问题			
	3	配料货架的部品放置方式的确定			
配料仓库	1	配料货架的部品放置方式的确定			
	2	配料仓库所有升降单元部品库位的位置编号的确定			
	3	纸盒包装的部品如何使用看板			
	4	由于返品出现2处以上的部品存放点			
	5	台车上如何放置看板			
组装线	1	一部分较大的部品如何放置2个以上的看板			李，李
	2	如何判断哪条线体部品最少的问题			李，李
	3	组装线体的位置编号的确定			李，李
复合线	1	品种切换时的品质管理问题			李，李
	2	复合线体的位置编号的确定			张、刘
	3	混流生产时的防错			李，李

类似以上这些问题是动态发生的。在运作过程中需要随时发现问题，随时解决问题，随时完善看板运作管理。

5. 看板物料缺料管理方法

看板运作过程中，可能会因不同原因出现缺料、断料、错料等情况，我们一般把这些现象称作广义的缺料。在发生缺料时，就会直接影响到生产线的连续生产，严重时也可能发生质量问题。为此，在看板运作中，要事先充分考虑这些可能性，做好预防工作。本案例主要从两个方面进行了管理。

（1）零件缺料管理流程图　如图2-43所示。

（2）缺料停线记录表　在实际工作中，需对发生缺料的实际状况进行记录和分析，见表2-27。

（3）停线时作业人员的管理方法

1）目的。

① 合理规划人员。

② 避免人员的浪费，提高产量。

2）具体规定。

① 当线体停线时，首先确认零件、产品到货或生产的时间。

② 若判断不能马上恢复生产，则应考虑生产线人员进行倒班。

③ 若判断停线时间较短，可以考虑在有改造品或修理品的情况下，对生产

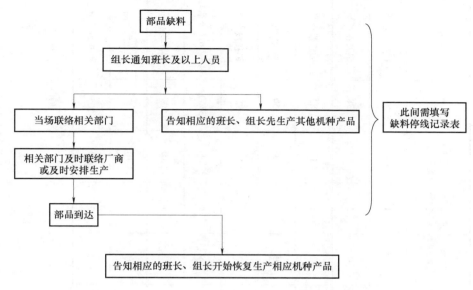

图 2-43 零件缺料管理流程图

线体进行维修或调整,将富余人员调到其他线体进行简单的外加工工作(如挂弹簧等)。

④ 若没有改造品或修理品,且富余员工较多,那么进行相应的培训或者开展 5S 工作,直到恢复生产。

通过缺料管理流程,尽量减少因缺料而引起的生产影响;通过每日的缺料停线记录和分析,及时解决问题,减少缺料的次数;通过停线人员管理方法,尽量减少停线产生的浪费。

6. 看板品种切换的管理方法

1)目的。

① 减少线体在品种切换时的时间浪费;

② 确保品种切换前后产品的品质;

2)具体规定。

① 组长在根据生产计划切换品种时,首先应通知全线员工,并让外观检查人员检查所生产的产品是否满箱,如果已经满箱则切换品种,若不满箱则继续生产,直至达到最小满箱数量后再进行品种切换。

② 品种切换时,第一工位的最后一个产品应该附带红色"停止"标志,并使该标志随着产品流至下一工位,此时配料人员撤走第一工位的旧品种所用零件或产品,摆放新品种用品,本工位员工首先对此进行确认,而后由多技能工进行二次确认,确认无误后,员工方可进行新品种的生产,并在第一个产品上附带绿

表 2-27 缺料记录表

日期	班次	缺料型号	用于生产的型号	缺料时间	替代生产的型号	停线时间/h	涉及线体数量/条	涉及人员数量/人	影响产量	原因
20**/6/7	白	SSS-7327	AAA-7300	15:00-16:40	无	1.5	1	4	40	铆接不合格
20**/6/8	白	SSS-8257	AAA-B-7839	13:00-20:00	AAA-7839-5	0	1	10	338	单发没产品
20**/6/8	白	SSS-7860	AAA-7839-1	10:30-14:40	AAA-7839-B2	0	1	10	182	顺送没产品
20**/6/8	白	LLL-7507	AAA-7507	17:00-20:00	AAA-7516	0	1	3	350	铆接没生产
20**/6/8	夜	SSS-8257	AAA-B-7839	20:00-21:10	AAA-7839-5	0	1	10	52	铆接没产品
20**/6/8	夜	EEE-7614	AAA-7614	20:00-5:00	无	8	4	4	3360	制一7616不合格
20**/6/9	白	SSS-8257	AAA-B-7839	13:30-15:40	AAA-7839-5	0	1	10	104	单发没产品
20**/6/9	白	SSS-7860	AAA-7839-1	8:00-11:00	AAA-7839-5	0	1	10	147	顺送无产品
20**/6/10	白	SSS-7874	AAA-7839-1/5	9:00-9:40	无	0.67	2	20	105	铆接调整中

色"开始"标志。

③ 其他工位同样依照上述方法进行切换。为确保品质，新品种与旧品种的切换间隔保持在2~3个工位之间。

④ 在当前品种的最后一个产品完成品装箱后，配料人员将其立即发往仓库。

⑤ 在新品种的第一个产品完成后，再由组长确认，无误后，将绿色"开始"标志撤下，线体正常生产新品种。

管理方法的实施需要通过一段时间的磨合才能真正按相关方法正常操作。所以需要管理人员事先计划好产品品种的切换时间和切换所需要的准备工作，使切换工作能够顺利进行，减少切换浪费，保证生产质量。

7. 看板运作过程的其他管理规定

在看板运作过程中，要事先充分考虑可能出现的一些现象，并根据这些现象事先做出管理规定和处理方法，其目的是消除可能出现的浪费。

（1）线边物料位置更改方式

1）目的。

① 便于对线体的库位进行管理。

② 方便看板管理及配料员工送货定位。

2）物料位置更改方式的规定。

① 当线体布局发生变化时，对相应库位进行重新编排，并记录相关表格（记录在《物料位置更改记录表》中）。

② 根据新的库位，重新更改看板管理板，并通知相关部门下发新的看板管理板，回收原来的看板管理板。

③ 接到新下发的看板管理板后，将相应箱看板贴附在零件盒或产品箱上。

④ 在新收容数量开始运行阶段若出现问题，应及时分析并解决。

（2）生产量变化时的人员对应方法

1）目的。

① 合理规划人员。

② 提高产量、保证正常生产计划。

2）具体规定。

① 若某品种的产品出现产量激增时，首先考虑是否多增加线体来安排生产，组成人员为多技能人员和富余人员。

② 若线体不可增加时，则考虑在每条线体上增加人员以提高产量，组成人员为多技能人员和富余人员。

③ 若产量仍然不够，则考虑在休息、吃饭时让线体继续生产，做到人员休息，线体不休息，组成人员为多技能人员、组长和富余人员。

④ 以上同时督促生产线正常生产人员加快工作节奏，以提高产量。

（3）物料箱收容数的变更方法以及履历

1）目的。

① 做好对零件、产品收容数的管理工作，方便查询。

② 便于更好地进行看板管理。

2）变更方法的记录规定。

① 当接到前道工序或资财仓库关于产品、零件收容数变更通知后，组装加工科立即对新的收容数量做相应记录（记录在《收容数变更记录表》中）。

② 根据新的收容数量，将看板上的收容数量重新进行更改，并通知相关部门下发新的看板管理板，回收旧的看板管理板。

③ 接到新下发的看板管理板后，将相应箱看板贴附在零件盒或产品箱上。

④ 根据新的收容数量对相应的配货时间进行适当调整，并做好记录。

⑤ 在新收容数量开始运行阶段若出现问题，应及时分析并解决。

8. 看板现场运用落地小结

通过案例可以看出，虽然看板的概念是一样的，但是在现场实施过程中，因生产现场的硬件不同、产品不同、管理水平不同、供应商的配合度不同，所以看板没有一个可以完全适应所有现场的标准模式。

在看板实施中，一定要根据看板的基本概念，结合自己的实际状况，设定自己工厂行之有效的看板管理方法和规定。千万不可生搬硬套。

看板运作也不可能是一步到位的，同时也不是具备了一定条件才能开始实施的。再次重申，看板是消除浪费的一个工具，所以看板的运用一定要根据实际情况，逐渐、逐步地展开。同时看板的运作一定是结合大量的改善进行的，而且这种改善是持续性的改善，只有这样才能不断完善看板运作，以实现其消除浪费的目的。改善是必需的。

所以看板运作是："看板+改善"的运作。

2.3.5 看板运用的基本常识

结合实际的看板运作是非常重要的。同时，也要对看板的最基本内容进行学习和了解，这样才能更好地结合实际运用，做好改善，在这里把看板的一些基本内容进行了汇总。

1. 看板的种类

看板是实现JIT的具体工具。

看板的基本（核心）形式只有两种：生产看板和要料看板。

（1）生产看板　是工序的生产指示看板。工序根据生产看板显示的生产品种和生产看板的数量，以及生产看板的摆放顺序进行生产。生产只在本工序内运用，所以也称作"工序内看板"。生产看板的一般形式举例如图2-44所示。

在图2-44中，货架号：为加工结束后零件的放置地点；零件号：零件的号码，也用于IT系统用的识别号码，还可以是条形码、二维码；零件名：零件的名称；品种名：零件用于产品的名称；工序：铣孔工序（工序号SD-9）。

图2-44的例子表明：在SD-9工序中，铣孔用于SX-50BC产品用的传动轴，零件号是：56790-321，加工结束后，放到G26-19货架。

（2）要料看板　后道工序取前道工序取料的看板。后道工序根据要料看板表示的要料品种和要料看板的数量，以及摆放顺序，去前道工序取料。要料看板是上道工序和下道工序之间的看板，所以也称作"工序间看板"。上道工序可以是工厂内的工序，也可以是外协采购。要料看板的一般形式举例如图2-45所示。

地点		工序
货架号	G26-19	铣孔
零件号	56790-321	SD-9
零件名	传动轴	
机种名	SX-50BC	

图2-44　生产看板的一般形式举例

地点			前道工序
货架号	SV215		锻造
零件号	35760S06		T-3
零件名	传动齿轮		后道工序
机种名	SX-50BC		
容量	容器	发行号码	机械加工
25	B	4/8	M-5

图2-45　要料看板的一般形式举例

在图2-45中，货架号：为要料放置的地点；零件号：零件的号码，也用于IT系统用的识别号码，还可以是条形码、二维码；零件名：零件名称；品种名：零件用于产品的名称；容量：要料箱的容量（25个）；容器：要料箱的种类（B）；发行号码：要料看板的号码；前道工序：要料的工序（锻造，工序号T-3）；后道工序：加工的工序（机械加工，工序号M-5）。

电子看板样本图如图2-46所示。

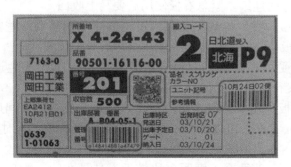

图2-46　电子看板样本图

在实际工作中，根据生产的流程不同、产品不同、工艺水平不同等，会有各种不同的延伸,例如要料看板也可分成工厂内要料看板和外协的要料看板;生产看板也可分成单件生产看板和批量生产看板;还有临时看板、共用看板、运用IT技术的电子看板,等等,这些都是在生产看板、要料看板基础上的延伸和演变,万变不离其宗,理解和掌握这两种看板是看板运作的核心。

2. 看板现场运用的基本规则

(1) 后道工序向前道工序要料

1) 如果没有要料看板。则不允许要料。

2) 要料数量一定是看板数量。

3) 看板一定和产品一起移动。

(2) 前道工序只生产后道工序要取走的产品。

1) 只生产看板数量的产品。

2) 按生产看板的顺序进行生产。

(3) 不良品不流到后道工序 如果出现不良品,当场解决或去除。

(4) 看板的数量要做到最少 看板数量的多少调整权限在现场管理者。

(5) 可以用作生产的微调整 可对应生产的临时变更和紧急事态,微调整范围为10%。

3. 现场运用的看板变化形式

(1) 外协看板 是向外协要料的看板,也是要料看板的一种,但是不是在工厂内部流转,而是在工厂和外协供应商之间的流转看板。其中在要料看板的基本框架之外,要有外协工厂的信息。

(2) 三角看板 也称作信号看板,是生产看板的延伸。在批量生产、批量流转的工序间采用三角看板,例如冲压、锻造等工序间的流转。

(3) 紧急看板 在发生紧急情况时的特殊看板,特别是缺料时的对应看板。如果因某种原因发生缺料,为使生产不停顿,应发布紧急看板作为补充或者调整生产,以保证生产的连续。紧急看板使用后要马上收回。

(4) 临时看板 在因出现不良品、设备故障等而需要一些临时在制或库存时,使用临时看板。临时看板也是在使用结束后马上收回。

(5) 订货(受注)看板 对没有重复性生产的工序或生产线,根据订货(受注)情况,发行订货(受注)看板。

(6) 串联看板 几个工序之间的距离非常短,或者工序间用传动装置自动连接在一起的几个工序,可以视为一个工序进行看板管理。这时几个工序使用一个看板进行生产,称作串联看板。

(7) 共用看板 当两个工序距离比较近,且是在同一管理部门,就可以把要料看板同时作为生产看板来使用。

(8) 搬运车、货车的看板 搬运车的搬运数量、货车的装载数量是一定的,根据产品和工序情况,就可以直接把搬运车或货车作为看板使用。

(9) 标签看板　在用传送机构传送物品时,在传送钩上方贴上标签看板,指示出是什么物品、有多少数量、何时挂上的信息标签,称作标签看板。

从上面可以看出,看板的基本种类是两种:要料看板和生产看板,但是根据看板的基本原则和生产的不同状况,可演变出不同形式的看板。这就是生产管理的柔性化。

在看板的实际实施过程中就一定要根据生产的实际情况,遵照看板的基本原则,灵活应用看板。目的是消除浪费,减少在制。

2.3.6　看板的终极目的

混流均衡同期生产的丰田生产方式的运用手段是看板。看板是非常有效的消除浪费的方法,是拉动式生产管理非常有效的工具。

看板的目标是:"杜绝过量生产,消除不必要的库存,不需要仓库和仓库管理人员,消除了无数的生产管理文件和物料票据。"

看板的终极目的是系统运用的高效化。保证最小在制,连续生产,不良为零。

2.4　生产布局的设计和改善落地

2.4.1　生产区域的两大物流

大野耐一先生在《丰田生产方式》一书中是这样说明丰田的生产布局的:"生产布局的最好事例是:丰田的本社工厂的生产布局,是从各个角度充分地分析和考虑了作业流程等事项,对原来的生产布局的设备等进行了重新布局,创造了高效的生产流程"。

生产布局的出发点是作业流程,目的是为了能够高效、不间断、连续地生产而对现场的设备、工位等进行科学的生产布局改善。这就是生产布局的原点。

在工厂,有生产区域、物流区域和其他区域。这些区域的相互关系应如何考虑?特别是如何考虑物流区域和生产区域的关系,是十分重要的。为了进行正常的生产,必须配备必要的物流区域以进行物料准备和投料上线工作,这就希望物流区域能够尽量靠近生产区域,减少不必要的物料搬运工作。但是生产区域也会有各种功能的生产工位、设备等,这些工位的配备又必须服从生产的需要,需要在此基础上考虑物流和物料区域。这样有时就会造成生产区域和物流区域之间距离拉长或物料的走向不合理。所以,在整体工厂的区域中,如何合理规划,设计生产区域、物流区域和其他区域的关系和位置对今后的生产效率、物流效率、现场安全等都有着直接的关系。

同时，在生产区域，产品是通过一系列工序，包括设备的加工、装配、测试等完成产品的生产过程的。在该过程中，零件、在制品会从一个工位流向另一个工位，直到形成最终产品。这样就在生产工位或设备间形成了工序间的物流。

综上所述，在工厂的生产区域就会有两大类物流：①物料向生产区域投料的物料上线物流；②生产工序间的在制品物流。

2.4.2　生产区域物流的痛点

上述两大物流的平面布局在设计时都是经过充分分析、酝酿后，设计出来的。但是由于生产的变更或设计之初考虑不够全面，在实际应用中，有时会遇到不方便之处，例如，当向工位投料时，如果通道部分的应用不方便，有时就会产生安全隐患；当工序间的物料转运比较远，特别是当物品比较大、比较重时，运送起来就会非常不方便；当物料的准备区域在实际应用时如果预装、预检查的区域不足，则经常会造成堵塞；设计好的工位在制品放置区域使用起来总是感觉不方便，同时在制品因某种原因，有时摆放空间会不足，等等，这些都是是实际工作中生产区域物流的痛点。

产生这些痛点的原因主要有三个：

1）设计时没有充分考虑到实际使用过程中可能出现的问题。

2）因生产的变化，产生了工位、设备、物料的变化，这些变化使现场物流出现了痛点。

3）管理上没有按标准执行，产生了计划外的物流和物料。

前两个问题在布局设计时如果能够充分预见，同时进行必要的布局，大部分是可以解决或减少的；第三个问题则是生产管理中的管理课题。

所以，在生产区域布局设计时，就要目标明确，课题明确，进行科学高效的生产区域设计，解决或预防生产布局的问题和课题。

2.4.3　生产布局设计和改善目的

生产区域布局的分析、设计和改善也是精益生产的主要目的。

精益生产布局是实现混流均衡生产的重要环节之一，就是追求产品在各个环节的流动按节拍以最小批量的生产方式来进行生产。其主要目的是：

1）消除作业的浪费。

2）消除无效的搬运。

3）提高设备使用效率。

4）提高空间使用率。

5)减少半成品大量积压。

6)改善作业环境。

当然,这些是要在保证安全、防火和环保等因素的前提下希望达到的目的。

通过消除人员、设备、物料、方法(管理、加工)等各个环节上的不良和浪费,来实现相互之间最佳结合的生产布局。

2.4.4 两类精益生产布局九步曲

在精益改善的指导中,生产布局的设计可以分成两类:

1)改善型生产布局设计。是对于即成的工厂或生产区域,通过对现状浪费的改善,形成对应今后生产的高效、高质量生产布局设计。这里称之为改善型生产布局,这是我们日常生产管理中经常遇到的生产布局课题。

2)设计型生产布局设计。是新的工厂、新的生产区域的精益布局设计。这里称之为设计型生产布局。

我总结自己在企业进行生产布局设计的指导工作和经验,归纳了精益布局的标准实施步骤,我称其为:改善型生产布局九步曲和设计型生产布局九步曲。

两类精益布局九步曲在一些企业的项目指导中进行了多次应用,并且根据企业的实际情况和产品因素,结合实际地进行了分析和设计,取得了预定的效果,预防了许多平面布局的问题,保证或提高了现场物流的效率和安全。

1. 改善型生产布局九步曲

在使用标准的布局和标准的生产流程过程中,仍然会遇到各种布局上的问题和浪费,特别是当产品、工艺等的变化使现有的生产布局无法满足现有的生产需求的时候。

改善型生产布局其核心是改善。现状下有什么问题、因为什么原因发生的问题、如何进行改善、今后的希望是什么,这些都是改善型生产布局的出发点。

已经是即成的工厂或生产区域,工位等的调整也是整体布局设计的重要部分。要从人的作业环境、工位的具体配置等方面加以综合考虑,并进行设计。

改善型生产布局九步曲的操作步骤为:

1)现状问题分析。

2)区域功能定义。

3)产品流程分析定义。

4)布局基本设计。

5）工位设计。

6）物流系统设计。

7）标准化作业。

8）精益 VI 设计。

9）效果评估。

2. 设计型生产布局九步曲

设计型生产布局主要从两个环节进行分析、设计：

考虑生产内容以及工序流程。不同的产品需要通过不同的工序加工、组装、检查，最终形成所需要的产品。所以在考虑布局时，就要明确生产的产品、该产品所需要的零件、该产品的加工工序组成等。这些产品和加工工序就形成了这个区域的工序流程。

在进行平面布局设计或平面布局改善时，首先要根据产品的数量、所需要的工时等，进行工序流程分析和设计，确定该区域的产品和工序的大框架。这个环节称作工序流程设计。通过工序流程设计，优化以上几个问题。

并在此基础上，根据工序流程设计设备、工位的相互关系，落实到实际的现场的物理空间中。对设备或工位，以及连接这些设备和工位的物理空间进行分析和设计。在这个过程中，就要明确如何通过合理的物理空间设计，进一步解决以上提及的各种问题。为此，精益布局的总体构成是：

$$精益布局 = 工序流程设计 + 物理空间设计$$

通过工序流程设计和物理空间设计这两个大的阶段，实现最佳的精益布局。

根据以上精益布局思路，我总结实际的平面布局改善的指导经验，汇总了以下的原始型生产布局设计九步曲，操作步骤为：

1）工序流程分解。

2）工序流程分类。

3）合并相似工序流程。

4）设计物流流程。

5）设计 FROM TO CHART（流向图）。

6）分析在线物流分布（品种、频率、重量、数量）。

7）分析在线物流流量（重量、流量）。

8）根据物流流量的关系进行设计。

9）现场布局设计实施。

下面通过具体的案例分析，分别讨论改善型生产布局和设计型生产布局的具体实施。

2.4.5 改善型生产布局九步曲案例分析

1. 现状问题分析

（1）案例概要　Z公司是重型装备制造行业的大型企业，20多年来Z公司经历了业务和规模的迅速扩张，产品类型越来越复杂、多样。

装配车间是该公司的一个生产车间，承担了重要组装任务，其生产品质的好坏直接影响到后续产品的最终交付，从而影响到生产成本和客户满意度。

多年来因产品和工艺的变化，装配生产环节已经很难应对现在的客户需求和现行工艺的实施，为此，公司考虑对整个装配环节重新分析，重新设计整体的工艺布局，以期提高装配效率，对应今后的高端客户需求。

根据以上情况，制定装配车间新工艺布局改善的综合步骤。

（2）现状主要问题点

1）内部各工序生产能力不均衡，延误生产进度。例如附属件安装，单个部件需要24h工时，部分空间狭小位置的安装需要72h工时。生产进度受生产能力不均衡的影响比较明显。

2）布局不合理导致的问题。

① 人：增加了人的不必要动作和移动。

② 物料：增加了物料的运输距离和次数，并且增加了中间库存。

③ 管理：管理人员不易管理。

④ 利用率：人、机、空间的利用率不高。

3）在目视化方面：晨会区、休息区未标识；清洁用品未定位、未标识；电源开关、配电箱等标识不清晰或没有标识；工具柜标识不全；危险源（吊钩突出部分）无警示标识；水池外露尖角无警示标识；有"杂物"未定位、未标识；配电箱未标识；货架、货框未定位、未标识；工位处工具未定位、未标识；工位处定位地方未标识；工位处功能区未标识。

4）工序流程方面：产品排装没有形成一定的节拍，排装时间比较混乱；产品在装配车间排装时没有按工序（节拍）进行移动，导致各工序之间的工作存在互相干涉；产品排装时施工人员、工具无法按照工序进行固定；产品排装过程中的配套件配送工作无法形成。

5）标准化作业方面：工序及作业要素划分不合理，部分作业要素竟然超过3h；对测时表及其他五张表格理解不清，作业要素前后不统一；走动与作业分不清等。

为改善以上问题点，实现新的平面布局，项目组共同调研分析，总结了以下的改善实施路径。

(3) 问题改善的具体目标和实施路径（见表2-28）

表2-28　装配车间精益改善具体目标和实施路径

序号	目标	实 施 路 径
1	提高效率、降低成本、保证品质	1）重新明确目前车间内已有的功能区域：定义区域的具体功能作用，分析其必要性，是否可以简化。与生产主管及生产工人进行讨论，了解人员对各区域使用情况的综合意见，设计出新的车间所需要的功能区域，并规范各个新区域的具体作用 2）布局基本设计：结合专家分析，参考与生产主管和工作人员的交流，明确车间内各个部门之间的相互关系，根据关系重要与否给出初步的车间布局图 3）装配车间工位设计：明确工位设计的目标，列出工位设计需考虑的主要因素。检验新的工位设计与上一步的车间布局是否匹配，调整工位设计后的车间布局，设计出最优的车间布局与工位设计
2	缩短制造周期	产品流程分析定义：对车间所生产的产品进行流程分析，制作产品流程分析图，对整个生产线上各工位的作业周期进行评估，分析生产是否均衡，生产线是否顺畅。着重改进生产线的再平衡
3	优化内部物流体系	车间内物流系统：物流系统的设计以安全、规范、高效为目的，研究车间内的不同物料运输管理，重新设计物料的摆放方式，制作配套物料的4定1可表。设计规范的物流配送流程并执行
4	提升现场管理水平	标准化作业：为生产车间作业进行标准化作业管理，确定各工序的负责人。对各个工序现场测时并记录，填写标准化作业单，制作工序指导书、各工位标准作业组合表、岗位物料单
5	提升人员技能和水平，改善团队文化	精益VI设计：利用目视化管理思想，对车间内的物品、设备、工序等进行优化设计，目的是保障人员的绝对安全，设备的状态可视，士气的持续高涨

根据以上分析，实施生产布局的改善和布局设计。

2. 车间功能分析和定义

参考车间的现有平面布置，明确目前车间内已有的功能区域，定义区域的具体功能作用，分析其必要性，是否可以简化。车间内的功能区域见表2-29。

表2-29　车间功能区域

生产区域	部件安装区域
	组装测试区域
物流区域	物流配置区域
	中间存储区域
	物流流动区域

(续)

仓储区域	材料仓储	
	成品仓储	
	备品仓储	
人员区域	用来休息、学习、餐饮等	

通过与生产主管及生产工人进行讨论，了解人员对各区域的使用情况，综合相关意见，设计出新的车间需要的功能区域，并规范各个新区域的具体作用，见表2-30。

表2-30 新的车间需要的功能区域

分类	序号	基本功能	定义	备注
生产区域	1	生产工位区	产品第6工位、产品第12工位集中按序摆放	
	2	物料放置区	综合考虑在不影响叉车作业和不占安全通道两大原则下设置紧靠产品一侧的物料放置区	
	3	零件1组装区	设置零件1的预组装区，再吊装	
	4	通道	物流通道、人行通道、电动平板车通道	
	5	电动平板车运输区	配套件转运	
	6	多功能区	放置大型配套件，生产任务多时可以作为生产工位，或放置工装	
	7	消防设备区	配置灭火器	
其他区域	8	管理区域	现场办公室	
	9	休息学习区	车间员工休息、学习用场所	
	10	晨会区	传达公司要求、工作总结、工作计划安排	
	11	管理看板区	安全、计划、质量、车间布局等内容看板	
	12	5S工具区	卫生、打扫用品区	

3. 产品装配流程分析定义

根据精益生产的原理，梳理产品装配的流程，要考虑产品工艺的实现、动线的交叉与平行、工序间的衔接、主要设备的配置、状态的可视化等因素。并在工程的集约化、流程快捷化、流程柔性化、扩张性、对应范围和纵向动线比例最小化方面进行流程评估。流程分析如图2-47所示。

从图2-47的流程分析中可知：装配作业周期为10.5天。再对产品生产进行原工序流程分析，见表2-31，原工序路线山积图（10.5天）如图2-48所示。

对原工序流程存在的缺陷进行分析，存在以下4个方面的问题：

1）产品排装没有形成一定的节拍，排装时间比较混乱。

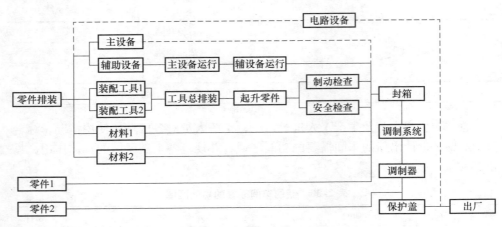

图 2-47　产品装配流程分析

表 2-31　原工序流程分析（10.5 天）

序号	工序	主要作业内容和顺序	周期/天
1	工序 1	水平调整	0.5
2	工序 2	总成调整安装-机构吊装-机构排装-电路系统	2
3	工序 3	箱体定位安装-液压系统-投料 1-投料 2	3
4	工序 4	主设备运行-安全检查-维修并安装-管道安装	1
5	工序 5	验收报验	1
6	工序 6	零件安装-操作杆安装-密封检查-整体线路走形	1
7	工序 7	保护盖安装-润滑调试-保护盖调整	1.5
8	工序 8	整体报验出车间-清洁整理	0.5
		总周期	10.5

2）产品排装时施工人员、工具无法按照工序进行固定。

3）产品排装过程中的配套件配送工作无法形成。

4）产品在装配车间排装时是不按工序（节拍）进行移动的，导致各工序之间的工作存在互相干涉。

针对这一现象，在现场跟踪、调查、分析，利用 ECRS（Eliminate，取消；Combine，合并；Rearrange，调整顺序；Simplify，简化）原则，将原生产流程进行了重新梳理，我们发现工序 3 的工作周期为 3 天，是最长的，同时也造成了整个工作周期的延长。针对这一明显的瓶颈工序，我们将工序 3 的工作内容简化分摊到其他工序中。而对于工序 1、工序 5、工序 6 和工序 8，其工作周期都很短，为 0.5 天

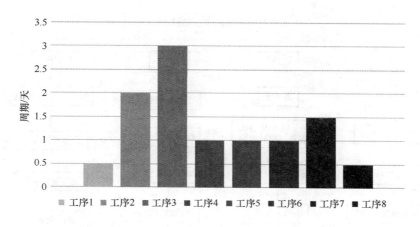

图 2-48　原工序路线山积图（10.5 天）

或 1 天，将它们的工作内容组合在一起，形成相同的节拍时间，大约为 2 天。

经过改善之后，工序的数量从 8 道减少到了 4 道，从原先的明显瓶颈工序不平衡达到了工序间的均衡生产，如图 2-49 所示。

经过改进后的新工序，每道工序的工作周期都约为 2 天，对新工序的流程进行优化分析：

1）杜绝了干涉现象。

2）产品排装形成一定的节拍，效率提高。

3）新流程生产需要 8 天，提前了 2.5 天，效率提升 23.8%。

4）各工序之间的工作内容明确，责任清晰，保证了产品质量。

5）工序的施工人员、工具是固定的，便于管理，为后续推行少人化及多能工打好基础。

6）各工序的配套件是固定的，物料便于配送，为后期的信息化系统打好基础。

4. 布局基本设计

物流效率的提高能够提高企业的快速反应能力，提高其竞争力。同时应用先进的物流优化技术也是企业发展的迫切需要。

目前企业的物流规划和管理依靠传统经验的成分比较大，效率比较低，也没有系统的理论和方法支持，不利于进一步挖掘物流资源的利用潜力。因此，必须进行物流系统优化，建立优化模型，形成系统的理论方法体系，完善物流管理，为适应企业未来生产的灵活性和物流优化提供理论依据和技术支持，具有重要的现实意义。

结合专家分析、参考与生产主管和工作人员的交流，明确车间内各个部门之

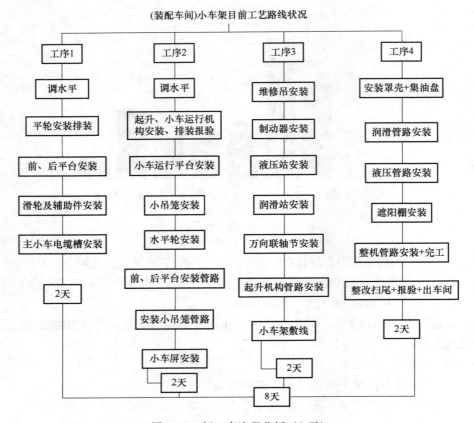

图 2-49 新工序流程分析（8天）

间的相互关系，根据物料特点、存储状况、作业流程、物流强度，基于系统布置设计思想建立了装配车间的物流设施布置方法，基于在制品的动态因素，建立了基于解析方法的设施规划模型和装配车间物流设施合理布局的优化方案。在布局设计时，着重考虑以下几个方面：

1）从人的角度，要能够提高人员的工作热情，并且减少不必要的动作和不必要的移动。

2）从材料的角度，要减少材料搬运的距离和次数，要减少在制品库存。

3）从管理的角度，要实现均衡化生产，降低管理运行的难度。

4）从利用率的角度，要提高利用率，包括人和机器的利用率以及空间的利用率。最好还应该满足柔性生产的需要。

针对以上四个方面，根据相互关系重要与否并运用系统布置设计思想，给出了初步的车间布局图。相互关系图如图 2-50 所示，制定的一个布局方案如图 2-51 所示。

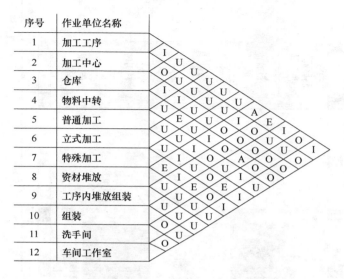

图 2-50 各功能相互关系

车间布局方案一同分享讨论了 3 个方案，通过对不同方案进行分析比较，最后确定了图 2-51 所示的布局方案。

5. 工位设计

车间布局设计明确了整体区域内各个功能之间的关系和位置。在各个区域内，特别是生产区域内，有不同的生产工位，工位中要考虑工装设备的放置、人的工作区域和动线等，这就是具体的工位设计。

通过仔细调研发现，车间内工位设计不合理，我们结合工序要求，对工位进行设计。工位设计的基本内容有：

1）对工位设计的合理性（安全、高效、高质）进行评估。

2）设定工位数量和人数，只设定必要的工位和最少的人员。

3）设定工位基本条件。根据工艺的要求来决定设备和工装的参数、管理、链接和指标。

4）设定工位的区域、操作范围和动线设计，确定关于操作、检查以及移动的动线设计。

按照上述内容完成的初步工位设计如图 2-52 所示。

设定的人员工作移动线路图（动线图）如图 2-53 所示。

为验证工位人员工作线路是否安全高效，我们以其中一个工序为例进行分析，可以确定，工作人员的动线互不干涉，是安全有效的，如图 2-54 所示。

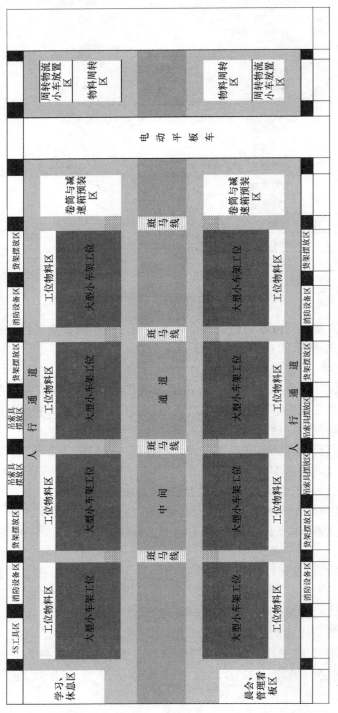

图2-51 车间布局方案

第2章 JIT生产管理和改善落地

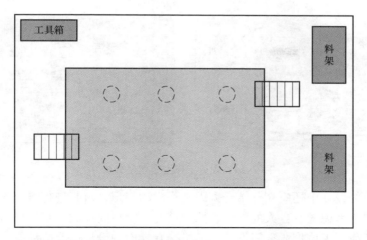

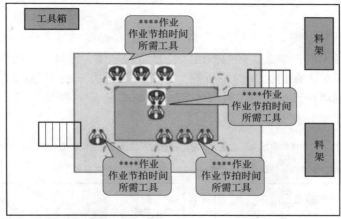

图 2-52　初步工位设计

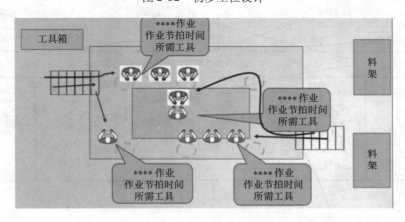

图 2-53　人员工作动线图

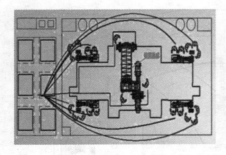
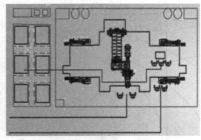

图 2-54 人员工作安全效率分析

在工位的设计中还应充分结合人因工程学的知识,对其进行符合人因工程学的改进。需要考虑的有:人的因素、照明情况、噪声的控制、空气环境、工人体力与工作负荷、工位作业空间设计、人机交互界面的设计以及劳动安全和事故的预防。

应该尽量采用图 2-55 中所示的省力的搬运方式和搬运姿势。搬运方式尽量设计为方便行走的提拿式,如果搬运大型且重的箱体,尽量设计为便于 4 人搬运的方式。对于单人搬运,我们可看到,不同的搬运方式对能量的消耗量是不同的,所以我们尽量设计成第一种(一前一后跨肩负荷)搬运方式,避免出现最后一种(双手提)搬运方式。

改善工作姿势、工作体位和减少静态施力有时可以通过产品设计和工位安排来实现

两种单人搬运包装的搬运情况对比　　　　便于4人搬运的大包装

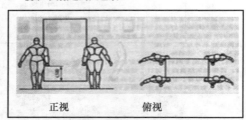

提拿行走困难　　提拿行走方便　　　　　正视　　　　俯视

几种搬运方式的能量消耗及对比(负重30kg,行走1000m)

搬运方式	一前一后跨肩负荷	头顶	背包在背	背包带套挂前额	用手夹住背包	扁担挑	双手提
图示							
能量消耗/kJ	23.5	24	26	27	29	30	34
相对值	100	102	111	115	123	128	134

图 2-55 动作的人体工学

人的工作姿势对工作效率以及疲劳程度有着极大的影响。故我们要对工人的工作姿势进行设计。该车间的工人操作绝大部分采用立姿，我们需要结合工位和操作台设计，对工人立姿的手臂活动范围及手操作事宜范围进行设计，如图 2-56 和图 2-57 所示。

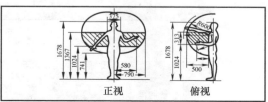

高度/mm	工作类型	操作特征
	立姿工作的高度安排	
0~500	脚踏板、脚踏钮、杠杆、总开关等不经常操作的手动操纵器	适宜于脚动操作，很不适宜于手动操作
500~900	一般工作台面、控制台面、轻型手轮、手柄、不重要的操纵器、显示器	脚操作不方便；手操作不太方便，但也不特别困难
900~1600		立姿、视觉接受的最佳高度，用手操作，高度在900~1400mm更佳
1600~1800	一般显示装置，不重要的操纵装置	手操作不方便，视觉接受尚可
>1800	总体状态显示与控制装置，报警装置等	操作不方便，但在稍远处容易看到

图 2-56　合理的动作范围和高度-1

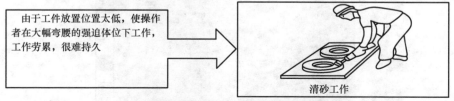

搬运方式	双手提起重物	用手扳动杠杆	向下施加压力	手摇摇柄、手轮	向下捶打	水平方向捶打	水平方向拉拽	向下拉拽
图示								
适宜高度/mm	500~600	约750	400~700	800~900	400~800	900~1000	850~950	1200~1700

图 2-57　合理的动作范围和高度-2

最终结合上述考量，给出车间与工位的最优布局，如图 2-58 和图 2-59 所示。

6. 物流系统设计

物料管理领域遵照"三定一可"准则，从三个设计方向，提高现场物流的规范化和高效率。

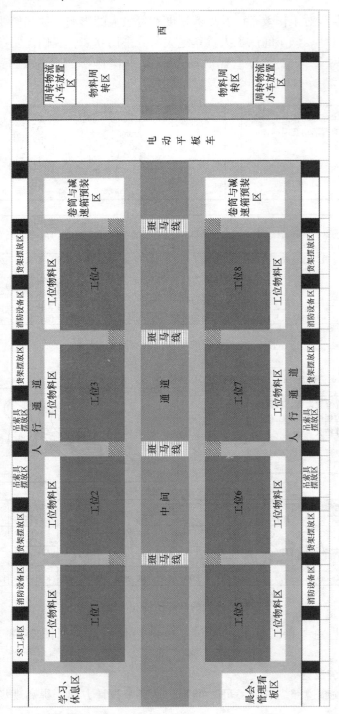

图 2-58 车间最优布局

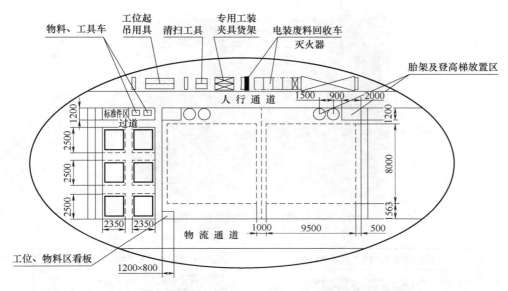

图 2-59 工位最优布局

(1) 在线物料设计
1) 确定数量标准和位置。
2) 确定投料程序、方法、时间。
3) 确定使用、退料、不良品的管理。
(2) 工位器具管理设计
1) 专用工具的标准化、数量、摆放。
2) 通用工具的适用范围标准。
3) 工具的保养、维修、保持。
4) 辅料的管理设计。
5) 辅料的品种（有多个品种时）。
6) 辅料的投料程序、标准。

具体的物料摆放设计可根据物料属性不同按照优化摆放方式——按项目摆放的原则进行：物料的机构分类摆放按照不同组装机构的类型，将某一类型中所需物料、零部件按一定方式组合放置，某产品的4个安装工序分为起升机构安装、缠绕机构安装、运行机构安装和辅助件安装，按照机构分类的原物料摆放图如图 2-60 所示。

按照这种物料摆放方式，在零部件搬运过程中存在极大的搬运浪费。每次领料的过程中都需要走动4个物料架的距离，大大增加了搬运的距离，领料过程繁琐，耗费时间。经过改善采用按照项目分类的新物料摆放方式，如图 2-61 所示。

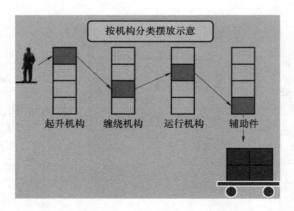

图 2-60 按照机构分类的原物料摆放图

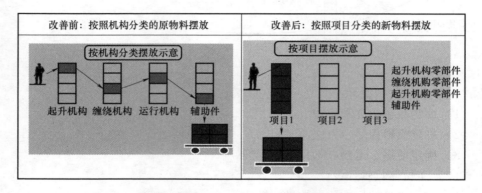

图 2-61 按照项目分类的新物料摆放

这种新的物料摆放方式不仅减少了一个物料摆放架,而且每次当为一个项目取料时,只需走动一个物料架的距离,大大节省了搬运的距离,也简化了领料的过程,使之更加快速高效。

(3) 工位配套物料区设计　产品各工位原始的物料区是按照单台套放置方式设计的,即零件物料摆放是按照各工位加工工序顺序进行分类设计的,原始效果图如图 2-62 所示。

这种设计方式使每一个工序物料区域占用面积均未被充分利用,利用率很低,会增大库存成本。为此我们设计出了更优的物料区域设计——共用物料区,合并面积占有率较低的工序物料区,充分利用零部件物料存储空间,也保证了工位化、套餐式的内部物流的效率,效果如图 2-63 所示。

生产车间内有效的物流系统不仅能够减轻人工搬运的强度,提高安全性,而且还能能够提物流的效率、准确性和可靠性,为实现准时化生产提供保障。从现场考察发现,产品生产车间内的物流体系不成熟,流程操作不规范,各工

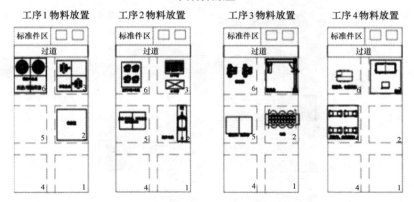

装配车间工位物料清单(单用物料区)

序号	机构名称	零件型号	零件名称	用量	工位器具	所属工序	所在物料区	备注
1	运行机构	D23-001		4	专用工装		3	
2		D23-002		12	专用工装			
3		JR-001		12		工序1		
4	缠绕机构	JL-001		12	托盘		6	
5		D23-003		12				
6		JL-002		12				
7				1台套			2	
8				1	无		3	
9		D23-004		12			5	
10	运行机构	SEW		2	托盘		6	
11		ZZZZ		2		工序2	6	
12		D23-005		4			3	
13		DRKF-001		1	无		2	
14	起升机构	JR-002		1				
15		D23-006		1	托盘		5	
16		JR-003		1				
17		D23-007		1	转用工装		3	
18		YP-001		2			6	
19		D23-008		1	托盘	工序3		
20		D23-009		1			5	
21				1台套	转用工装		2	
22							6	
23				4	托盘	工序4	5	
24							3	

单台物料放置

图 2-62 零件单台套放置图

位经常不能在必要的时间接受必要数量的必要零部件,从而严重影响产品生产的工期。

因此,结合精益生产知识和现场的实际情况,制定一套完整的物料配送流程图,并按照此配送流程来规范内部物流,提高内部物流的效率、可靠性和准确性,如图 2-64 所示。

对内部物流的运输方式和运输工具做了优化设计。在运输方式上设计采用工位化、套餐式配送模式,运用电动平板车进行运输,物资仓库按工位装配工序需求,确保物料齐全,并送至车间。车间内配置转运小车,方便转运物料至各工位物料区,如图 2-65 所示。

序号	机构名称	零件型号	零件名称	用量	工位器具	所属工序	所在物料	备注
1				1	无		6	
2		D23-001		12			5	
3		SWE		2	托盘		6	
4	运行机构	ZZZZ		2		工序A		
5		D23-002		4			5	
6		DRKY-001		1	无		4	
7		JR-001		1				
8	起升机构	D23-003		1	托盘		5	
9		JR-002		1				
10		D23-004		1	专用工装		2	
11		YP-001		2				
12		D23-005		1	托盘	工序B	3	
13		D23-006		1				
14				1台套	专用工装		1	
15								

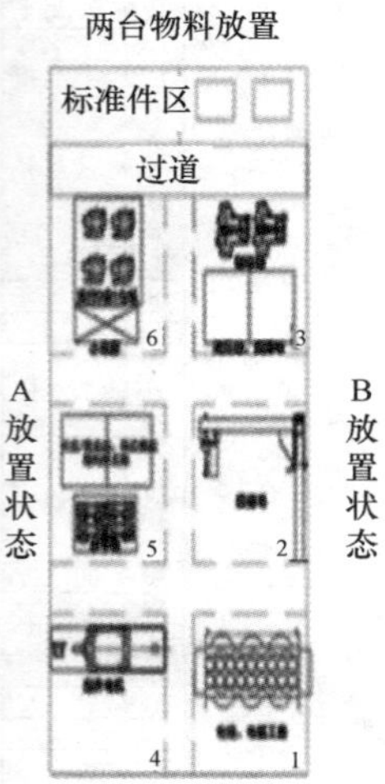

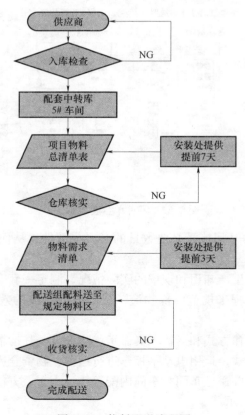

图 2-63　共用物料区效果图

图 2-64　物料配送流程图

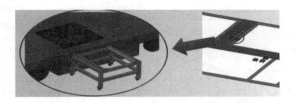

图 2-65 车间内转运小车

7. 标准化作业

标准化作业管理是企业科学管理与项目管理理论的结合,是企业综合管理能力的体现,也是衡量企业参与市场竞争的能力与水平。根据基础工业工程标准化作业程序和 3N 原则,我们严格按照以下程序对 A 产品作业流程进行标准化。标准化步骤如图 2-66 所示。

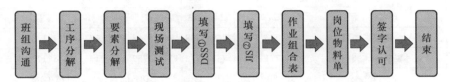

图 2-66 标准化步骤

① DSS(Dynamic Standard Operation Sheet)标准化作业单。
② JIS(Job Instruction Sheet),工序作业指导书。

1)现场测时。对优化后的工艺路线的各工序要素分别测时,填写测时表(以下皆以产品某工序为例),见表 2-32。

表 2-32 某工序现场测时表

A 零件装配现场测时表 1　　　　　　　　测时日期:

班组	装配	工位		操作者		张**		测时人				
工序号	工作内容			测时结果/s								异常原因及时间
				1	2	3	4	5	6	7	8	9	10	
1	A 零件吊装移位			425	423	419	415	419	417	415	425	421	423	
2	A 零件清洗			2447	2478	2471	2451	2459	2451	2453	2451	2469	2439	
3	A 零件轴吊装清洗			1060	1097	1041	1070	1081	1084	1040	1059	1086	1063	
4	等待			2359	2371	2317	2311	2341	2350	2321	2369	2363	2351	
5	A 零件吊运加热			418	423	409	436	419	436	417	435	422	414	
6	B 零件 1 吊运清洗			2450	2357	2407	2401	2401	2447	2350	2393	2408	2432	
8	A 零件、A 零件轴吊运			1615	1619	1635	1629	1618	1625	1625	1621	1621	1630	
9	等待			704	736	719	725	722	736	718	721	716	715	

（续）

班组		装配	工位		操作者		张**		测时人				
工序号			工作内容		测时结果/s								异常原因及时间
					1	2	3	4	5	6	7	8	9	10	
10			B零件1上润滑脂，轴承摆放		637	681	665	678	661	655	639	669	683	669	
11			B零件1吊运加热		731	714	728	725	721	719	719	726	712	715	
12			B零件2吊运		2411	2385	2381	2371	2398	2389	2415	2419	2417	2411	
13			B零件1通板安装		1679	1701	1660	1693	1680	1681	1671	1688	1672	1667	
14			B零件2吊运清洗		2424	2401	2415	2368	2398	2439	2432	2376	2385	2402	
16			B零件1通板螺钉防松处理		1881	1859	1860	1871	1861	1861	1849	1860	1849	1859	
17			A零件吊运翻身		725	734	712	731	719	715	706	738	719	721	
18			B零件2上润滑脂，轴承摆放		667	648	639	660	660	661	653	672	681	659	
19			B零件2吊运		721	725	714	723	719	715	726	717	719	721	
21			装轴端挡板		1733	1750	1759	1748	1740	1748	1730	1739	1747	1739	
22			装卡环、装闷板		1721	1751	1747	1732	1741	1759	1729	1733	1748	1739	
23			等待		180	178	189	176	180	184	171	182	178	182	
24			A零件总成吊运至运输工装		479	487	489	469	478	481	473	471	491	482	

2）填写标准化作业单（DSS）。依照现场各工序间的要素测试，制作并填写各工序的标准化作业单，设计制作相应的工作路线图，见表2-33。

表2-33 某工序标准化作业单

A零件标准化作业单1

产品名称				车间/班组			张**								
产品型号				工位											
标记	步骤	工序指导书编号	工作要素	要素时间/s											
				选装代码											
				作	走	作	走	作	走	作	走	作	走	作	走
◆	1		A零件吊装移位	420											
	2		A零件清洗	2460											
	3		A零件轴吊装清洗	1080											
	4		等待		2340										
◆	5		A零件吊运加热	420											
◆	6		B零件1吊运清洗	2400											
◆	7		A零件加热	19200											

第2章 JIT生产管理和改善落地

（续）

产品名称				车间/班组				张 **							
产品型号				工位											
标记	步骤	工序指导书编号	工作要素	要素时间/s 选装代码											
				作	走	作	走	作	走	作	走	作	走	作	走
◆	8		A零件、A零件轴吊运	1620											
	9		等待	720											
	10		B零件1上润滑脂，轴承摆放	660											
	11		B零件1吊运加热	720											
	12		B零件2吊运	2400											
	13		B零件1通板安装	1680											
	14		B零件2吊运清洗	2400											
◆	15		B零件1加热	10800											
◆	16		B零件1通板螺钉防松处理	1860											
	17		A零件吊运翻身	720											
	18		B零件2上润滑脂，轴承摆放	660											
	19		偏心2吊运	720											
	20		B零件2加热	10800											
	21		装轴端挡板	1740											
	22		装卡环、装闷板	1740											
	23		等待	180											
◆	24		A零件总成吊运至运输工装	480											

3）完成工序指导书。只涉及标准化作业单中标记的工作要素，见表2-34。

4）完成各工序标准作业组合表。根据现场测时结果、标准化作业单，制作各工序的标准作业组合表，见表2-35。

表 2-34 工序作业指导书

A 零件工序指导书					车间/班组					工位			
					产品型号								
工序名称				工序选装代码	FOB/F4E			图号				页码	
标记	工序号	主要步骤	关键要素	零件号	零件名称	转矩(N·m)	选装代码	数量	辅料号	辅料名称	工夹具名称	工夹具型号	工时/s
	1	A零件吊装移位	把零件从物料托盘吊到清洗工装，吊运时尽量使所吊物品平稳					16只			吊钩	自制	420
	5	A零件吊运加热	从清洗工装调至加热炉，根据工件的重量及形状选取合适的吊装位置，要求挂钩点必须挂钩牢固可靠，不会产生滑脱等情况					16只			吊夹	自制	420
	6	B零件1吊运清洗	从标准件区调至B零件清洗区 1）根据工件的重量及形状选取合适的吊装位置，要求挂钩点必须挂钩牢固可靠，不会产生滑脱等情况； 2）彻底、干净，有毛刺去除					16只		稀料	吊钩	自制	2400
	7	A零件加热	加热要求温度不超过200℃					16只					19200
	8	A零件、A零件轴吊运	根据工件的重量及形状选取合适的吊装位置，要求挂钩点必须挂钩牢固可靠，不会产生滑脱等情况					16只			吊夹、吊钩	自制	1620
	15	B零件1加热	加热要求温度：130～140℃					16只					10800
	16	B零件1通板螺钉防松处理	1）2个螺钉一组用钢丝防松； 2）钢丝防松不能松，力度不能太大，防止断裂					16只					1860
	24	A零件总成吊运至运输工装	零件从装配工位吊至转运工装，吊运时尽量使所吊物品平稳					16只			吊带	3m	480

表 2-35 A 产品标准作业组合表

工段/班组		张**		制表时间	车间	节拍（A.T.T）		
工位		A 零件			装配	手动工作时间		
A 零件装配标准作业组合表 1				工作时间 (500s/格)		24180		总时间
		时间/s				s	s	手动 —— 自动 —— 走动 —— 1137 min
序号	工作内容	手动	自动	走动				
1	A 零件吊装移位	420						
2	A 零件清洗	2460						
3	A 零件轴吊装清洗	1080						
4	等待		2340					
5	A 零件吊运加热	420						
6	B 零件 1 吊运清洗	2400						
7	等待		19200					
8	A 零件、A 零件轴吊运	1620						
9	等待			720				
10	B 零件 1 上润滑脂，轴承摆放	660						
11	B 零件 1 吊运加热	720						
12	B 零件 2 吊运	2400						
13	B 零件 1 通板安装	1680						
14	B 零件 2 吊运清洗	2400						
15	B 零件 1 加热		10800					
16	B 零件 1 通板螺钉防松处理	1860						
17	A 零件吊运翻身	720						
18	B 零件 2 上润滑脂，轴承摆放	660						
19	偏心 2 吊运	720						
20	B 零件 2 加热		10800					
21	装轴端挡板	1740						
22	装卡环、装闷板	1740						
23				180				
24	A 零件总成吊运至运输工装	480						
25	等待时间 (ATT−CT); CT:							

编制　　审核　　批准

5）制作各工序的岗位物料单。按照各工序要素的作业顺序所需要的物料，制作岗位物料单，见表2-36。

表2-36 岗位物料单

A工位岗位物料单							工段/班组			工位	
							岗位名称				
							产品型号				
直接物料							工具				
序号	零件号	色标	零件名称	用量	工位器具	警戒存量	型号	序号	物料号	工具名称	型号	参数	消耗量
1	JB90A06010101		A零件轴	16只				1		铜棒	铜棒	8kg	
2	JB90B06010102		B零件1	16只				2		电动扳手	6905B	18mm	
3	JB90B06010103		A零件	16只				3		钢丝钳		8in①	
4	JB90B06010104		B零件2	16只				4		弯柄毛刷			
5	JB90B06010105		铜垫片	16只				5					
6	JB90B06010106		卡环	16只				6					
7	JB90B06010107		闷盖	16只				7					
8	JB90B06010108		轴端挡板	16只				8					
9	JB90B06010109		通盖	16只				9					
10	JB90A060101010		轴套	16只				10					
11	GB/13452.1		Z型油封Z170	16只				夹具/其他				
12	SKF/FAC		轴承N182-024503	16套				序号	名称	型号		用途
13	GB/T 32.1		M12×30螺钉	208只				1	专用夹头	自制		A零件、轴、B零件专用
14	GB/T 97.1		φ12平垫片	208只				2				
15			φ1.2低碳钢丝	60米				3				
16								4				
17								5				
18								6				
19								7				
20								8				
间接物料(辅料、材料)							劳保用品				
序号	物料号	物料名称	用量	工位器具	警戒存量	型号	序号	名称	数量	序号	名称	数量
1		稀料	20kg	专用桶	5kg		1	工作服	1套	4		
2		润滑脂	4kg	润滑脂桶	1kg		2	工作鞋	1双	5		
3		油漆	2kg	油漆桶	1kg		3	工作手套	1付	6		
4												
5							编制：	审核：	批准：		日期：
6												

① 1in = 0.0254m

产品生产过程标准化后，各工位生产目标清晰，职责明确，各工序严格按工序指导书进行生产（结合不合格品的3N原则：不合格品的不接受、不生产、不传递）。产品生产的专业性和效率显著提高，生产成本有效降低，交货延期现象有效避免，产品质量得到保证。

8. 精益 VI 设计

利用精益 VI 设计和目视化管理的思想对车间进行深入改进，改进的对象与措施见表 2-37，具体的现场目视化完善计划表见表 2-38。

表 2-37 车间改进的对象与措施

改进对象	改进措施
物品管理	成品放置场的看板
	半成品放置场的看板
	用色彩表示各种线
	明确包装样式
	表明缺少零件、材料即将用完的指示灯
设备管理	表明责任人，表明检查步骤
	种类的范围、标签
	用色彩提醒加油指示标签
作业管理	解释作业标准
	发现异常的应对方法
	人员安排清单
	可对照的加工样品
工序管理	生产管理看板
	技能区分表
	品种更换检查表
	投入指示表
	产出的进度表、看板、显示
品质管理	不良品放置区域的标识和区分
	明确出现异常的处理方法
	放置批次的样品
安全管理	安全颜色的应用
	灭火器明示
	禁止进入区域的明示
	明示紧急事态联络方式
	保护器具、安全事项的醒目张贴
激励士气管理	运用信息交流的看板，加强联络与沟通
	表彰件数
	小组目标看板，展示目标达成情况
	张贴标语与海报，提升士气

表 2-38 现场目视化完善计划表

序号	5S 及目视化完善内容		车间落实人员	参考标准	精益小组指导人员	开始	结束	完成度	确认
1	物品管理	物料				04月20日			
		工具	工具柜及工具定位、标识						
		工装	起吊用具工装，拖把清洗池，铁屑回收工装，转运工装货架等定位、标识						
2	设备管理	配电箱	标识清晰明了	《5S及目视化标准（南通分公司）》	陈*（65270）	04月20日	06月30日		
		电源开关箱							
		行车							
		车轮打孔设备							
		管路							
		国家电网盒							
		消防设备							
		洗手池							
		吸尘器							
3	作业管理	标准作业指导书	现场张贴，内容由精益小组成员完成			05月07日			
4	工序管理	工位看板	及时更新						
5	品质管理	零部件不合格	设置相应区域（返工，修补等）			05月07日			
6	安全，环境管理	现场规则制度	张贴			05月15日			
		警示标识							
		注意标识							
7	激励士气	综合管理看板	及时更新						

物料行第一个内容单元格：零部件放置区定位、标识

遵照上表进行目视化管理精益 VI 设计之后，车间内的设备、物料、人员都按照规定的区域和方法进行工作，生产活动井然有序，各种区域划分、地面表现、警示标语、宣传海报都张贴到位，做到按看板进行生产，出现异常按规定进行上报。保障了生产活动的正常进行，也保障了车间工作人员的安全，良好的车间环境也有利于提升员工的工作。

目视化管理的作用:

1) 迅速快捷地传递信息。通过对现场的目视化管理改善,使信息得以快速传递。

2) 形象直观地将潜在的问题和浪费现象显现出来。目视化管理根据人们的生理特征与日常习性,充分利用标识牌、符号颜色等发出视觉信号,快速传递信息,将潜在的问题和浪费现象直观地显现出来。不管是新进员工还是新的操作手,都可以与其他员工一样,一看就知道问题所在。

3) 特别强调客观、公正、透明化,有利于统一识别,可以提高士气,让全体员工上下一心。

4) 促进企业文化的建立和形成。目视化管理通过对员工合理化建议的展示,对优秀事迹和先进员工的表彰,对公开讨论栏、关怀温情专栏、企业宗旨方向及远景规划等各种健康向上的内容的宣传,能使员工形成强烈的凝聚力和向心力,使企业向着好的方向不断发展。

9. 效果评估

(1) QCD 评估

1) 通过对产品装配工序的优化,将装配的周期时间从 10.5 天降低到了 8 天,用时减少了 23.8%。并且经过优化后的装配工序更加平衡,消除了瓶颈工序。

2) 针对车间以及车间内的工位进行了布局优化,使得车间的布局更加合理,工位间的工作更加高效并且安全。整体的工作效率提升了 20%。

3) 针对物流配送的优化制定了严格的物流配送流程,改变物料摆放方式,从按机构分类变为按照项目分类,简化了领取物料的过程,缩短了领料所需移动的距离。减少了搬运的浪费,提高领料效率。

4) 将现场 VI 设计与目视化管理相结合,进一步改善了装配车间,营造了良好舒适的车间工作环境,员工士气得到提升,改善成果表见表 2-39。

表 2-39 改善成果表

序号	改善内容	改善成果
1	产品装配工序优化	装配用时减少 23.8%
2	问题汇总、车间工位布局优化	装配车间的布局最优化,整体工作效率提升 20%
3	物流配送	优化配套件运送流程,减少搬运浪费,提高效率
4	现场 VI	员工士气提升

(2) 经济性评估

1) 直接经济效益。本次改善成果还给企业带来了可观的经济效益,缩短了产品整体的生产周期,简化了不必要的操作流程和工序,提效的同时降低了生产成本。每年可以使人工成本下降26.4万元；在能源方面，每年可以节省电费7.7万元；在设备维护方面，每年的修补费用可以减少10.3万元；整个车间改善的初期投入费用大约可以在29个月后收回成本。

2）间接经济效益。通过对装配车间现场改善的实施，不但使Z公司显著降低了直接成本上，而且使公司在系统化实施精益生产上积累了成功的经验。

另外，通过这次精益改善，使企业的形象大为改变：原先比较落后的生产模式得到有效的改善；原先在制品和库存在装配车间随处可见，通过改善不仅在制品减少了，而且在制品的放置也变得非常规范。5S现场实施、VI设计以及目视化管理的运用减少了大量的管理工作，降低了管理难度，加快了生产现场的问题的解决，提高了现场管理水平，有效提高了生产效率，缩短了交货期，提高了产品质量，改善了客户满意度。

在精益生产的推广中，所有操作人员通过培训和参与改善，在实践中得到了最有效的锻炼，人员素质得到很大程度的提高，增强了团队精神和凝聚力，构建了企业文化，积累了大量精益生产现场改善的宝贵经验，为下一步的继续改善打下了坚实基础，也为公司的长远发展积累了管理经验。

本次改善活动是实施精益生产改善的一部分，是整个公司持续改善活动的一个良好开端。随着改善活动的深入，公司其他部门将会借鉴本次改善中良好的例子和工具方法，不断地提高企业产品的质量水平，降低成本，从而提高企业的综合竞争能力。

10. 改善型生产布局九步曲案例分析小结

这里介绍的改善型布局改善的具体案例是实际工作中的改善，可以参照，并结合自己企业和生产情况加以实施。

生产是在不断变化的，生产现场的流程也是在不断变化的，其中布局的变化是减少浪费的必要手段。

本案例谈了对生产布局的改善。但在实际工作中，经常会有各种布局问题的发生和亟待解决，这也是我们生产布局需要对应的工作。即使不进行大规模生产布局的改善，日常的局部布局、定位、定置改善也是我们工作的重要部分。

所以我们要注重日常工作中局部、细部的生产布局、工艺布局、工位布局、物料布局等的日常改善工作。这些工作做好了，就能达到事半功倍的效果。不是一定要重新进行布局。

本案例共介绍了9个步骤，其中第一步是十分重要的。因为我们这里是改善型生产布局，所以要明确现状的问题点，明确要改善什么，要达到什么目的，在此基础上的全面布局改善才能达到预期效果。

上一节谈了混流生产。生产布局改善是支持混流生产的必备条件，包括：

1）日常局部、细部的生产布局、工艺布局、工位布局、物料布局等的改善。

2）整体的生产布局改善。

第一条是最重要的！日常的局部、细部的改善达到一定程度时，再创造整体生产布局改善，这是十分必要的。同时日常局部、细部的布局改善也是为了整体生产布局的改善积累经验，积累问题点。

关键词：注重日常局部、细部的生产布局改善！

2.4.6 设计型生产布局九步曲案例分析

1. 工序流程分解

案例分析的对象为 8 种产品，这些产品生产过程中将应用到以下设备：L、TL、PM、VM、D、CA、H、PG、IG、F。

8 种产品经过的工序不同，使用的设备也不同，首先对此进行梳理和分析。

根据产品的工序和使用的设备，形成不同工序流程，按各产品的生产工序和检查工序，将流程分解，见表 2-40。

表 2-40 产品生产流程分解

产品	工序1	工序2	工序3	工序4	工序5	工序6	工序7	工序8	工序9	工序10	零件号码
					设备						
1	L	PM	D	F	检						**、**
2	TL	D	F	检							**、**、** **、**、** **、**
3	L	D	检	PG	F	检					**
4	TL	F	检								**
5	L	VM	D	检	H	PG	F	检			**、**、**
6	TL	PM	VM	D	F	检					**、**、**
7	L	D	检	CA	L	PM	H	PG	IG	检	**、**
8	L	D	CA	PM	H	F	检				**、**

表 2-40 中有些产品经过了所有工序，例如产品 7，但是有些产品只经过两道工序，例如产品 4。

对于一共有 8 种产品、10 台设备的生产区域，布局设计的好坏关系到今后生产的效率和质量。对这种产品不同、工序不同、使用设备不同的生产区域平面布局，首先就要考虑相似的工序流程的归类。

2. 工序流程分类

产品工序是和设备一一对应的，所以，把产品的生产流程按设备的使用顺序进行梳理，就会得到图 2-67 所示的分类。

产品	设备										
	L	TL	PM	VM	D	检	CA、H	PG	IG	F	检
	工序										
1	①		②		③					④	⑤
2		①			②					③	④
3	①				②			③		④	⑤
4		①								②	③
5	①			②	③	④	⑤	⑥		⑦	⑧
6		①	②	③						⑤	⑥
7	①				②	③	④				
	⑤			⑥			⑦	⑧	⑨	①	
8	①						③				
				④			⑤			⑥	⑦

图 2-67 产品生产设备流程分类

在八种产品的生产工序中，有些产品在相同工位使用同样的设备，例如：产品 1、产品 3、产品 5、产品 7、产品 8 都是从设备 L 开始生产的。有些产品的工序组成是基本相同的，例如：产品 7 和产品 8 都经过 L、D、CA、PM、H 设备。所以，把八种产品中工序类似的产品进行归类，并标注上标准工时，这样可以分成以下三类：

（1）第一类　产品工序分类如图 2-68 所示。

产品	设备										
	L	TL	PM	VM	D	检	CA、H	PG	IG	F	检
	工序										
1	①135s		②162s		③30s					④34s	⑤
3	①78s				②28s			③12s		④26s	⑤

图 2-68 第一类产品工序分类

（2）第二类　从第二个工位开始的工序，产品工序分类如图 2-69 所示。

产品	设备										
	L	TL	PM	VM	D	检	CA、H	PG	IG	F	检
	工序										
2		①66s			②41s					③37s	④
6		①125s	②120s	③72s						⑤22s	⑥
4		①237s								②51s	③

图 2-69 第二类产品工序分类

（3）第三类　产品工序分类如图2-70所示。

产品	设备										
	L	TL	PM	VM	D	检	CA、H	PG	IG	F	检
	工序										
5	①58s			②102s	③65s	④	⑤	⑥29s		⑦105s	⑧
7	①74s				②23s	③	④				
	⑤56s										
8	①145s		⑥21s		②92s	③	⑦	⑧35s	⑨5s		①(?)
			④67s			⑤				⑥36s	⑦

图2-70　第三类产品工序分类

3. 合并相似工序流程

根据生产区域、物流区域的大小等因素，考虑合并相似的工序。这里把第一类和第二类进行合并，如图2-71所示。

产品		设备									
		L	TL	PM	VM	D	检	CA、H	PG	IG	F	检
		工序										
第一类	1	①135s		②162s		③30s					④34s	⑤
	3	①78s				②28s			③12s		④26s	⑤
第二类	2		①66s			②41s					③37s	④
	6		①125s	②120s	③72s	④15s					⑤22s	⑥
	4		①237s								②51s	③

图2-71　合并类似工序

这样就分成两个工序群，第一类和第二类为一个工序群；第三类为一个工序群。

4. 工序流程设计

针对第一个工序群，根据每种产品在每个工序中各设备所需要的生产时间，设计每个工序的设备台数、时间余量等，图2-72所示为产品工序时间流程，图2-73所示为各设备产品工序时间分布。

这样就完成了第一部分的工序流程设计。针对工序群，进行下一步的物理空间设计，以及工位的地点、设备的放置地方、相互之间在生产区域的物理位置管理的设计。

5. 设计流向表

设备及工位在现场的布局主要考虑减少搬运次数，缩短移动距离，同时兼顾

产品		设备									
		L	TL	PM	VM	D	检	CA、H	PG	IG	F	检
		工序										
第一类	1	①135s		②162s		③30s					④34s	⑤
	3	①78s				②28s			③12s		④26s	⑤
第二类	2		①66s			②41s					③37s	④
	6		①125s	②120s	③72s	④15s					⑤22s	⑥
	4		①237s								②51s	③

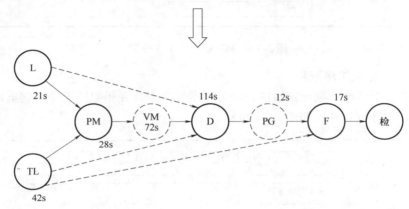

图 2-72 各设备产品工序时间流程

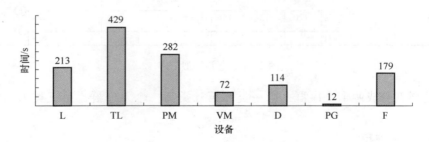

图 2-73 各设备产品工序时间分布

时间利用率小的工段的综合利用（VM、PG），由此分析、设计、制作流向表（见图 2-74 所示，流向表的主要作用是分析设备间的物流量）。

6. 分析在线物流分布（品种、次数、重量、数量）

例如第一个工序群的 5 种产品，按重量可以分成 A、B、C、D 4 个品种，其中当量重量为：A＝1，B＝1，C＝2，D＝2。根据以上条件，在流向表上绘制在线物流分布，如图 2-75 所示。

从在线物流分布图中可以看出，不同品种在各个设备间的物流次数和重量。

工序	设备	① L	② TL	③ PM	④ VM	⑤ D	⑥ 检	⑦ CA、H	次数 重量
①	L								
②	TL								
③	PM								
④	VM								
⑤	D								
⑥	检								
⑦	CA、H								
	次数 重量								

图 2-74　流向表

工序	设备	① L	② TL	③ PM	④ VM	⑤ D	⑥ 检	⑦ CA、H	次数 重量
①	L		B 1	A, D 1, 2					3 4
②	TL				C 2	B 1			2 3
③	PM				A 1		A, D 1, 2	B 1	4 5
④	VM			A 1		C 2		C 2	3 5
⑤	D			B 1	C 2				2 3
⑥	检							D 2	1 2
⑦	CA、H						D 2		1 2
	次数 重量		1 1	4 5	3 5	2 3	3 5	3 5	16 24

图 2-75　在线物流分布

这里，物流设计要从物流次数和物流重量两个指标来进行设计。

7. 分析在线物流流量（重量流量）

A、B、C、D 4 个品种在线物流流向分布如图 2-76 所示。

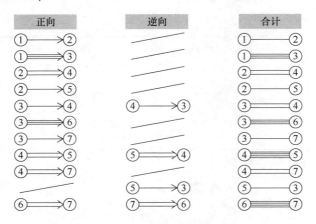

图 2-76 在线物流流向分布

8. 根据物流流量的关系设计

原则：物流量大设备的尽量靠近，物流量小设备的可以相对分开，同时兼顾各个工序的顺序，如图 2-77 所示。

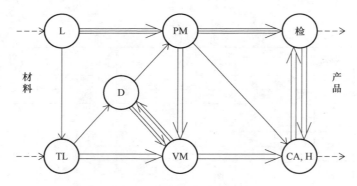

图 2-77 物流流量的关系

根据物流流量关系最后确定设备和工位的现场布局。

9. 现场布局设计实施

现场布局一定要根据实际现场的物理空间进行设计。前面 8 步的分析设计都是为了实现最终的这一功能。图 2-78 所示为现场布局设计。

10. 设计型生产布局小结

（1）现场布局设计的流程汇总　现场布局设计经过了 9 个步骤，获得了产品现场平面布局，其流程如图 2-79 所示。

这是一个典型的案例，从产品、工艺、设备几个方面综合分析得到了现场平面布局。

（2）现场布局设计的综合考虑　在实际应用这种方法进行平面布局设计时，

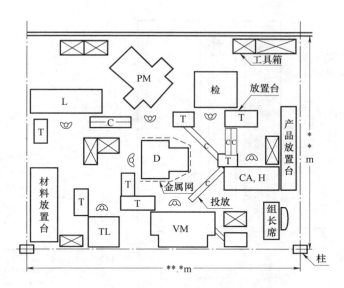

图 2-78 现场布局设计

有时还要进行更加详细的设计，例如工位的设计、操作标准的设计。有时还要考虑整体平面布局中的可视化设计，这样可以更加提高现场管理和操作的效率；有时不但是从一个新的场地开始设计，还要对原有的场地进行分析改善后的设计，等等，这时就不单纯是一个局部的设计，需要综合型的改善设计。

2.4.7 生产布局的设计和改善落地总结

本节主要谈了改善型生产布局和设计型生产布局九步曲案例分析。这些内容都来自作者在实际工作中指导的案例研究。有些内容已被引用至 MBA 的论文中，也说明了现在的精益已经从理论研究逐步转向实践应用。这一点正是作者希望看到的精益，也是作者多年来实践的精益。作者的所有论著都是围绕"落地"这个关键词进行论述和分析的。

我们如果参观过丰田的名古屋工厂，感触可能会比较深。我曾经多次去名古屋工厂，那里的厂房、设备、工装等都不是世界最先进的，也都不是最新的，有些甚至已经用过了很多年。而近年来有些高大上的汽车生产企业，其生产区域十分宽敞，以至于管理人员要配置电瓶车来回移动进行管理。丰田的名古屋工厂却绝非这样，从空间的大小来讲，它绝对比不上那些高大上的汽车生产厂家的生产区域。

丰田汽车追求单位面积生产率和单位空间生产率，也由此才有了同期混流生产，且生产空间的布局非常紧凑合理，操作人员在生产期间看不到过分的走动，看不到"车水马龙"的物料运输，看不到堆积如山的物料和在制品。管理得非常井井有条。

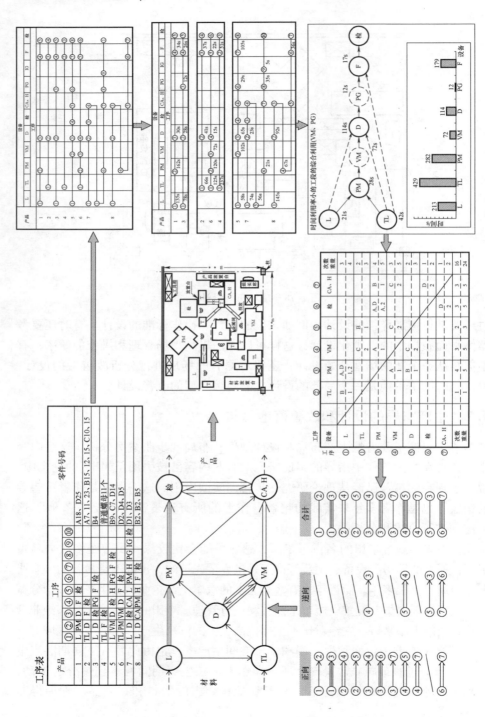

图 2-79 平面布局流程

空间布局也是精益生产非常重要的组成部分。合理、科学的生产布局并不是一定要非常大的生产空间，也并不是一定需要许多先进的物流物料设备和工具。看得出，现在丰田汽车名古屋工厂的生产布局是日积月累的布局改善的成果。例如在有些生产区域，工位上的很多设备、器具等都装有轮子。生产中根据不同的生产计划和不同的生产要求，柔性地变更生产布局，追求最大化的生产布局效率，等等。这些都是我们可以学习和借鉴的宝贵经验。

有关生产布局有很多理论计算方法和设计标准步骤等，但是它们是否适合于你，关键在于你在理解了这些方法和标准后，如何活用到你现在的工作岗位上。简单地拿过来就用，是达不到预期效果的。

第 3 章

JIT物料上线管理和改善落地

3.1 物料上线工艺流程分析和改善

3.1.1 物料上线工艺流程的问题点

企业物流改善一定要先从内部改善开始，从内部可以马上改善的内容入手。

生产企业的物流可以分成外部物流和内部物流。其中，从供应商到生产企业的物流称作外部物流，也称厂外物流；从生产企业内部库房到生产线边的投料，称作内部物流，也称厂内物流。

1）外部物流。生产企业大都拥有大量的零件供应商。这些供应商的供货时间、供货距离、供货数量等往往是不确定的，这就会造成生产企业要通过大量的库存来保证生产的需要。同时供应商的距离、产能和物流能力不同，也会造成不能按时到货，致使生产停止或计划变更。

2）内部物流。是从企业的零件仓库开始，根据生产计划进行配料，然后根据生产需要投放到所需的生产区域或工位的一系列物流工作。从生产的角度，希望线边物料越少越好，这样就会减少取料的移动距离和寻找物料的时间，但这就需要物流方面经常不断地小批量运送物料到线边。从物流角度考虑，希望一次送更多的物料到线边，如此物流的效率就会较高。但是这就会造成生产线边的物料区域比较大，同时也会产生缺料、错料的可能。

现在的市场是多品种、小批量的需求市场，因此生产也必须形成多品种、小批量的生产体制，以期减少浪费，对应市场。同时，生产现场的有序性大都由物料所决定。物料的多少、放置的方法、包装的处理等问题决定了生产现场有序程度的高低。

现在的大多企业，在这些方面主要是从外部物流入手，也就是对供应商提要求，让供应商来保证物流，对应以上问题。但是，大都不是很成功。

关田法认为，对应多品种、小批量的生产体制，物流首先要从生产企业内部入手,从内部物流开始进行改善,然后扩展到外部物流,这样才能实现有效的物流全流程的改善。只有首先做好生产内部物流,形成内部物流的基本高效改善,才能要求和促进外部物流的改善。就像只有先收拾好自己的房间,才能摆放新买来的家具一样。

在实际工作中,关田法的物流改善指导也是按此基本思路进行改善实施的。下面通过一个具体案例研究,说明物料上线物流的分析和改善。

3.1.2 物料上线工艺流程改善案例分析

1. 概要

某汽车制造厂家,采用标准四大工艺,且都布局在一个区域内的不同建筑内,如图3-1所示。

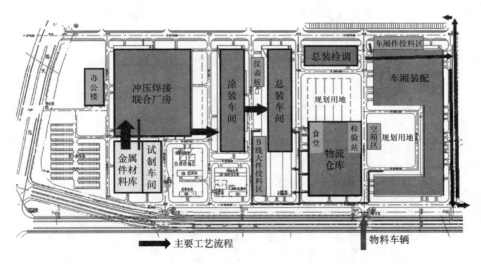

图3-1 主要工艺流程

在总装车间旁边设有物流库房,供应商的物料首先投放到物流库房,然后在物流库房进行上线准备后,通过内部物流向生产线运送物料。

改善的目的:缩短物流工艺流程,降低物流成本,消除物料缺件。

2. 现状问题

为明确今后改善效果,首先定量上线物流现状。

1)物料上线全流程时间(工作日)是判断整体物流流程的一个重要指标。

现状:整车厂内部从生产计划批准实施到整车厂入库平均所需的天数(包括向供应商下达采购订单、供应商供货、整车生产制造环节、质量检验、入库所需全部时间)为23天,近一个月时间货品积压,造成场地和资金被占用。同时由于流程时间过长，有时会造成缺件停线现象。

2）因缺件造成停线或生产计划变更的重要因素就是缺料。

现状：在每天生产物料需要的零件中，不能按时上线零件的比例为1.4%，造成生产的停线和计划变更。

3）物料资金占用情况：由于流程时间较长，又受到缺件等问题的影响，造成库存积压和场地浪费，库存资金占用大。

3. 重点改善对象范围

物流改善从内部物流开始，而内部物流的改善是从实际可操作的现场物流浪费开始进行的。为此，首先从浪费的大小和影响程度入手，确定改善区域和改善对象。

（1）改善样板区域确定　首先从寻找各类浪费入手，根据对各种物料的处理时间确认各种浪费造成的时间损失，图3-2所示为浪费的分布和重点。

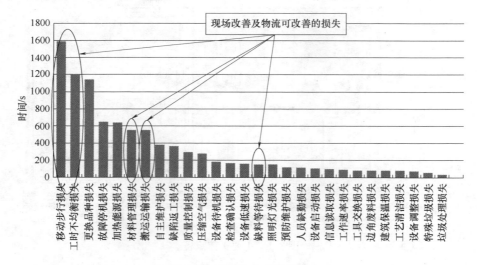

图3-2　浪费的分布和重点

排在第一位的移动步行损失是最大的损失，从物料的角度进行分析，可以反映出物料放置的位置、物料的取放方法等问题。

排在第二位的工时不均衡造成的损失可以在物料的环节反映出物料的处理、确认等浪费。

排在第三位的是更换品种的损失。因为是混线生产，各种物料也是混线投料，这里反映出物料的可视化管理和物料的包装形式等问题。

发生这些损失的主要工位在图3-3中的领域，为此，就以这个领域为改善对象领域。

第3章 JIT物料上线管理和改善落地

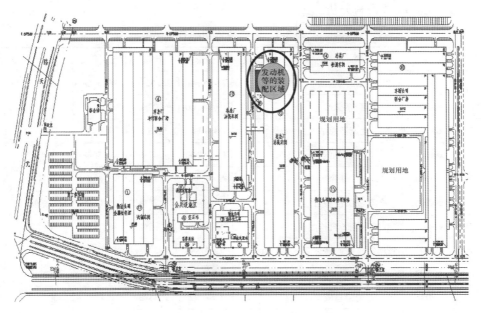

图3-3 改善对象领域

(2) 样板区域物料成本分析

1) 物料基本信息分析。如图3-4所示。

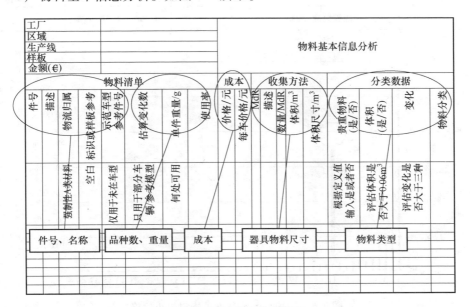

图3-4 物料基本信息分析

2）主要改善物料分析。见表3-1、图3-5所示。

表3-1　物料成本明细表

序号	零件号	名　　称	台份量	零件价格	比例	比例累加	品种	备注
1	xxx001	发动机带离合器总成	1	7***.40	25.52%	25.52%	发动机	
2	xxx002	后桥总成	1	1***.00	6.02%	31.54%	后桥	
3	xxx003	变速器总成	1	1***.67	5.55%	37.09%	变速箱	
4	xxx004	前桥总成	1	1***.00	4.47%	41.56%	前桥	
5	xxx005	燃油箱	1	5**.60	1.75%	43.31%	油箱	
6	xxx006	驾驶员座装置	1	5**.00	1.74%	45.06%	驾驶座	
7	xxx007	双扭杆翻转机构组件	1	4**.00	1.65%	46.71%	扭杆	
8	xxx008	转向器带转向摇臂总成	1	3**.00	1.32%	48.03%	方向机	
9	xxx009	导流罩总成	1	3**.00	1.30%	49.32%	导流罩	
10	xxx010	轮胎总成	5	3**.72	1.33%	50.65%	轮胎	
11	xxx011	前座总成	1	3**.60	1.11%	51.75%	座椅	
12	xxx012	蓄电池总成	2	2**.62	0.98%	52.73%		
13	xxx013	仪表板装置	1	2**.60	0.97%	53.70%		
14	xxx014	暖风机带操纵总成（24V）	1	2**.00	0.96%	54.66%		

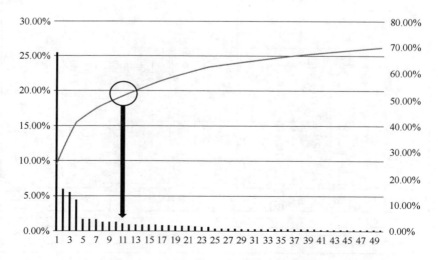

图3-5　用柏拉图定义贵重物料最小价格

确定物料成本累计占 50% 的 11 种物料为主要改善对象物料。

4. 重点改善方案和实施

根据以上分析和样板的确定，考虑在样板区域从四个方面进行重点改善：

1）物料四定一可改善：线边物料定品种、定数量、定位置、定路线，可视化。

2）内部物流排序上线：按生产计划事先准备，物料排序上线。

3）外部物流包装、排序等改善：包括供应商的包装改善、外部物流排序入厂、上线。

4）多品种小批量生产计划改善：包括物流混流计划和上线计划。

通过以上改善缩短整体物流流程，减少缺料，降低物流成本。

（1）物料四定一可 改善基于现状，首先从样板区域内对象物料开始进行改善。

关田法物料管理和改善的基础为四定一可；精益现场物流的真髓是：发现和创造物的价值。其定义为：

① 向必要的地方，有计划地：例如机加工、装配、焊接等。

② 根据必要的时间：物流时间，应有提前量。

③ 必要的数量：保证最少在线的最优物料数量。

④ 通过必要的路径：要有物流的路线，位置。

⑤ 提供必要的物料：要有数量、质量、时间的保证。

为实现这一理想目标，关田法汇总了生产物流四定一可管理法：

① 定品种：确定相关机型与相关工位的必须物料。

② 定数量：包括各个物料的标准数量、警戒线数量、投料数量、标准料架的摆放数量、非标准料架的摆放数量。

③ 定位置：确定料架的位置，确定物料在料架里的摆放方法。

④ 定路线：确定投料的时间、次数、投料的方法、数量、投料路径。

⑤ 可视化：确定过目知数，品种标签对应。

首先进行内部物流的四定一可的管理改善。

1）定品种、定数量改善。明确每个工序、工位必要的物料品种，特别是在混流生产的情况下，即使是同一个物料，因为车型不同，物料也会不同，所投料时要根据各工序、各工位所需要的物料进行投放。

投料时，为减少线边物料空间，减少操作人员的走动，应根据生产的节拍时间，设置每个物料的数量。这里需要确定最大上线数量和每个包装的数量。定品种、定数量工位物料明细表见表3-2。

有些物料需放到标准的物料箱内，这时需要确定箱中放置物料的品种和数量，如图 3-6 所示。

表3-2 定品种、定数量工位物料明细表

序号	工位号	名称	箱型	责任人	单箱数量	最大上线数量	单班上线次数
1	100	加速踏板	D	李四	27	81	3
2	200	左门玻璃下线条	H	王五	180	180	1
		侧护板挡块	H	张三	360	360	1
		支架	H	张三	200	200	1
		大卡螺栓	H	张三	180	180	1
3	200	左隔热垫	D	李四	20	40	5
		右隔热垫	D	李四	20	40	5
		进风口盖板	H	王五	80	80	3
		上送风腔	D	王五	40	80	3
4	200	左门线束	H	张三	60	60	3
		左限位器	D	张三	90 小箱	90	2
		前围左安装支架	D	张三	180	180	1
		销子	D	张三	360	360	1
5	200	右门线束	D	张三	60	60	3
		右限位器	D	张三	90 小箱	90	2
		前围右安装支架	B	张三	180	180	1
		前侧护板密封条	D	张三	180	180	1
		前侧护板前密封条	H	张三	360	360	1
		前侧护板后密封条	H	张三	360	360	1
6	300	转向管柱支架	H	张三	40	120	2
		离合器踏板支架垫块	B	张三	180	180	1
		油管橡胶护套	B	张三	100	200	1
		前围橡胶管护套	B	张三	100	200	1
		离合器出油管	D	张三	80	80	2
7	400	天线	F	王五	40	80	3
		左边板	H	王五	200	200	1
		右边板	H	王五	200	200	1
		右插片	H	王五	200 小箱	200	1
		左插片	H	王五	200 小箱	200	1
		电线夹支架	H	李四	100	100	2

（续）

序号	工位号	名称	箱型	责任人	单箱数量	最大上线数量	单班上线次数
8	500	左后视镜罩	D	王五	30	60	3
		右后视镜罩	D	王五	30	60	3
9	500	装饰板	H	张三	30	60	3
		洗涤器喷嘴总成	H	李四	200	200	2

图 3-6　定品种，定数量

2）定位置：旨在减少或消除作业人员因物料原因产生的不必要走动，进行线边物料布局改善。

现状布局问题：

①物料摆放地点只是规定了区域，但没有固定在相应区域的固定地点，因而存在许多不必要的走动。

②物料工位没有标准尺寸和形状，器具摆放起来比较凌乱，经常需要寻找物料或在投料时发生二次搬运。

③没有规定投料数量，造成物料过多或过少，有时发生缺料，影响生产，造成停线。

图 3-7 所示为改善前的平面布局图。

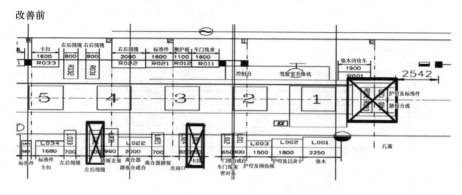

图 3-7　改善前的平面布局图

针对以上问题点，在此工序，重新进行了平面布局改善，固定了物料的摆放位置,如图 3-8 所示。

改善后

编号:		0	1	2	3	4			
(工序号)		000	200	300	400	500			
左侧定置	驾驶室支撑	驾驶室支撑	车门护帘	前围散热进风口盖板	左车门线束	左侧护板	10款倒车镜	转向管柱支架	离合器总成	左倒车镜	限位下级小件	标准件架
工序名称(流水线)	驾驶室存放	下载区	驾驶室本体上线	装车门线束	装油管离合器总成	装倒车镜
右侧定置	驾驶室支撑	加速踏板	车间护帘	下载机	右车门线束	右侧护板	10款倒车镜	下载小件	右倒车镜	限位器

图 3-8 改善后的平面布局图

同时,在各个物料工位器具放置的地方,画上黄线,固定位置,如图 3-9 所示。

图 3-9 定位置

3)定路线:规划物流路线改善。根据各个工位物料的需求,按时间、数量、顺序进行投料。这样就需要事先设计好投料路线,投料时按设计好的时间、品种、数量和投料路线,按工位顺序投料。如图 3-10 和图 3-11 所示。

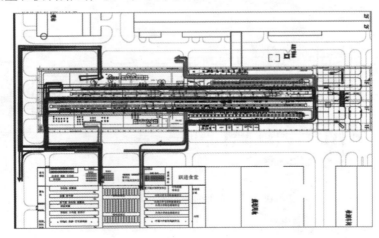

图 3-10 定路线

图 3-11　将料用小车运送至线边确定的位置

4）可视化改善。主要对物料进行可视化的改善，目的是实现物料的一目了然。具体内容包括通过颜色表示不同物料、在物料箱上设定标准的物料标签或物料流转卡。

同样的零件，在要区分左右的时候，可用颜色进行区分，非常直观，不容易拿错。如图 3-12 所示。

同时设计标准物料卡，并将其固定在物料箱上。标准物料卡结合定品种和定数量，在物料卡上标上确定的物料品种和数量，再加上其他的必要信息，如图 3-13 和图 3-14 所示。

图 3-12　标准化颜色：绿色为左装配物料，蓝色为右装配物料　　图 3-13　标准化物料单

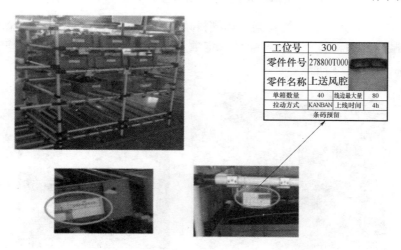

图 3-14　内部物流用的看板卡片系统

5）工位器具改善。结合线边物料的区域标准化和投料路径标准化，对物料的工位器具进行了改善。

① 工位器具直接上线。制作标准工位器具，物料和器具同时上线、摆放，减少了上线后的二次搬运，提高了投料效率，降低了磕碰风险。如图3-15和图3-16所示。

图3-15　工位器具直接上线-1

图3-16　工位器具直接上线-2

其中出油管及转向管柱支架器具物料减量，配料后拖运上线，减少搬运。

② 减少线边物料。结合定品种、定数量，根据实际使用情况，逐渐减少线边物料，如图3-17所示。

图3-17　减少线边物料

器具改善为流利架，料箱上线，减少线边物料数量，如图 3-18 所示。工位器具改制成流利架的物料架，既轻便也直观。同时今后也可根据不同的需求进行变更改制，线边货架整改如图 3-19 所示。

图 3-18　器具改善为流利架，料箱上线，减少线边物料数量

图 3-19　线边货架整改

③ 减少线边物料区域。在实施四定一可的同时，通过减少线边物料，合并线边物料器具，达到减少线边物料区域的目的，如图 3-20 所示。

④ 物料四定一可改善成果如图 3-21 所示。

a. 线边器具数量减少 16%。

b. 库存天数减少 58%。

(2) 物料排序上线改善方案和实施

1) JIS 供货排序。因采用混线生产方式，则不同的车型在同一条线上进行生产，所以每个节拍时间生产的产品将各有不同。这时也需要按混线生产的顺序，以 JIT 的方式进行投料。同时在物料架上也要根据不同的节拍生产的品种不同，按次顺序进行物料排放，如图 3-22 和图 3-23 所示。

2) 物料小车改善。针对 JIT 投料，首先在线边形成了配料区域，并在该区域内按顺序配料至物料小车里，然后按 JIT 的规定，用物料小车把一台车份的物料直接投到工位。其中物料小车配料单见表 3-3。

两个器具物料合并在一个流利架上，减少占地0.9m²。

图 3-20　减少线边物料区域

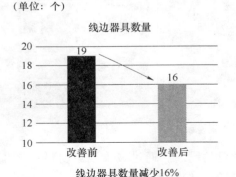
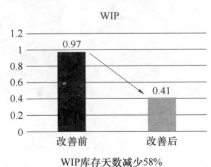

线边器具数量减少16%　　　　　WIP库存天数减少58%

图 3-21　物料四定—可改善成果

物料小车配料区布局如图 3-24 所示。

根据以上的平面布局，物料小车在区域内按箭头方向配货，然后排序上线。物料小车设计如图 3-25 所示。

3）排序上线改善成果。经过改善，改善成果如下：

① 完全消除了巡料。

② 物料小车上线方式从无到有，占比38%。

③ 配料区库存缓冲物料从 1.3 天降至 0.6 天。

④ 人员减少 2 人。

总体改善效果汇总见表 3-4、图 3-26 和图 3-27。

第3章 JIT物料上线管理和改善落地

打印时间：20**年0*月**日15:46:12　　配料人签字：＿＿＿＿　　领料人签字：＿＿＿＿

**汽车股份有限公司总装长日上线计划单

车间：右倒车镜/04　　上线日期：2012-03-15
班组：白班/甲组　　上线单号：L04-20120315-01　　第　稿　本班拉空线

序号	类型	上线	零件号	时间
1	NJ1038BED82****<NJ1038BED82(N10)>(A5 C72 ZY4 P1 H Y3)	5	8202Y 020A 0P 00	
2	NJ1038FDB***<NJ1038FDB>(A5 C07 TP F1 Q H)	5	8202NBR	
3	NJ1050MDCW+++<(Q-D6-N10)>(A5 C73 TP AS F10 GH HW)	5	8202Y020A0P40	
4	1042MDB3+<(Q-TP)>(A5 C03 X AS LT GH)	10	8202T01R	8:45
5	1042MDB3+<(Q-TP)>(A5 C07 AS F LT GH HW)	5	8202T01R	
6	NJ1038FDB****<(Q-N10)>(AS C72 X TP T H)	5	8202Y 020A 0P 00	
7	NJ1038FDB****<(Q-N10)>(AS C72 TP F1 T H)	4	8202Y 020A 0P 00	
8	NJ1038FDB3*<(YN-N10)>(A5 C72 ZY4 F1 T H)	4	8202Y 020A 0P 00	
9	NJ1038FDBW****<(Q-N10)>(A5 C72 ZY4 F1 T H)	7	8202Y 020A 0P 00	10:00
10	NJ1038FDBW3****<(Q-YN-N10)>(A5 C72 ZZY4 F1 T H)	5	8202Y 020A 0P 00	
11	NJ1042MDB3<(Q-N10)>(A5 C73 TP AS F GH HW)	6	8202Y 020A 0P 40	
12	NJ1042MDB3<(Q-N10)>(A5 C72 X TP AS GH)	5	8202Y 020A 0P 40	
13	NJ1042MDB3+<(Q-YZ-N10)>(A5 C73 ZY4 AS F GH HW)	10	8202Y 020A 0P 40	
14	NJ1042MDB3+<(Q-YZ-N10)>(A5 C72 X ZY4 AS GH)	5	8202Y 020A 0P 40	11:15
15	NJ1042MDB3+<(Q-YZ-N10)>(A5 C72 ZY4 AS F GH HW)	5	8202Y 020A 0P 40	
16	NJ1042MDBW3<(Q-N10)>(A5 C73 TP AS F GH HW)	2	8202Y 020A 0P 40	
17	NJ1042MDBW3<(Q-N10)>(A5 C72 TP AS F GH HW)	8	8202Y 020A 0P 40	
18	NJ1020DB1+**<(J100-T)>(A5 C03 X ZY8 H WD)	10	8202NBR	
19	NJ1020DB1+**<(J100-T)>(A5 C03 ZY8 FH H WD)	10	8202NBR	13:45
20	NJ1020DBS1+*<(J00)>(A5 C03 ZY8 FH H WD)	5	8202NBR	
21	NJ1020DB1+**<(J00-T)>(A5 C07 ZY8 FH H WD)	5	8202NBR	
22	NJ1020DBW1+**<(J00-T)>(A5 C03 ZY8 FH H WD)	10	8202NBR	
23	NJ1030BED8QU-CH<1030BED81U>(A5 C03 SKD X AS T H)	6		
24	NJ1050HDALS**<(B8-N10)>(A5 C73 ZY4 AS GX HW)	5	8202Y020A0P60	
25	NJ1050HDAW*<(N10)>(A5 C73 X ZY4 AS GX)	1	8202Y020A0P60	15:30
26	NJ1050MDC+++<(Q-D6-N10)>(A5 C73 TP AS GH HW)	6	8202Y020A0P40	
27	NJ1020FDJ****<NJ1020FDJ(N10)>(A5 C73 ZY8 T FH H HW)	1	8202Y020A0P00	
28	NJ1020FDJ****<NJ1020FDJ(N10)>(A5 C72 ZY8 P0 T FH H)	2	8202Y020A0P00	
29	NJ1020FDJS****<NJ1020FDJS(N10)>(A5 C21 ZY8 FH H)	5	8202Y020A0P00	
30	NJ1020FDJS****<NJ1020FDJS(N10)>(A5 C03 X ZY8 H)	1	8202Y020A0P00	
31	NJ1020FDJS****<NJ1020FDJS(N10)>(A5 C72 ZY8 FH H HW)	1	8202Y020A0P00	17:45
32	NJ1020FDJS****<NJ1020FDJS(N10)>(A5 C21 X ZY8 H)	1	8202Y020A0P00	
33	NJ1020FDJW****<NJ1020FDJW(N10)>(A5 C72 X ZY8 T H)	1	8202Y020A0P00	
34	NJ1020FDJW+**<(J00-T)>(A5 C03 X ZY8 H WD)	1	8202NBR	
35	NJ1038BED83**<(Q-N10)>(A5 C72 ZY4 F1P0 T H HW)	2	8202Y020A0P00	
36	NJ1038FD8**<NJ1038FDB>(A5 C03 TP Q H HW)	2	8202NBR	
37	NJ1038FDB****<(Q-N10)>(A5 C73 TP F1 T H HW)	4	8202Y020A0P00	19:00
合计	共37批次	175		

1	第1批	#Z-03	1 2 3	第2批	#Z-03	4 5
3	第3批	#Z-03	2 3	第4批	#Z-03	3 4
5	第5批	#Z-03	1 2 3 5	第6批	#Z-03	2 3 5
7	第7批	#Z-03	2 3	第8批	#Z-03	2 3
9	第9批	#Z-03	3	第10批	#Z-03	2 3 5
11	第11批	#Z-03	2 3 5	第12批	#Z-03	2 3 5
13	第13批	#Z-03	2 3	第14批	#Z-03	2 3 5
15	第15批	#Z-03	2 3 5	第16批	#Z-03	2 3

图 3-22　日生产计划按照生产序列（JIS）供货

图 3-23　前围的 JIT 排序供货与空调的 JIT 排序供货

表 3-3　物料小车配料单

*** 汽车有限公司总装场所　　***** 生产　第 12 批次

KIT 随行小车配料单

排产日期：20**-05-02　　　　文号：513006　　　　班组：丙组　第 1 页

PIC 项目号：1050HDA51300601	车型：1050HDA（AS-N10-F3+HW）		数量：5
物料编码	物料名称	工步	台份
180121500A	加速踏板总成（08 款）	N200-07	1
278800T000	上送风腔	N200-11	1
282060T001	天线总成	N600-06	1
3724L51	左车门线束	N300-01	1
3724R51	右车门线束	N300-05	1
4003Y101A0T61	主线束总成	N700-03	1
5402W51-011-PK81	右后侧内饰板	X500-10	1
5402W51-021-PK81	左后侧内饰板	X500-09	1
715431T600	前围右隔热层	N200-03	1
715440T600	前围左隔热层	N200-02	1
804300T000	前门限位器总成	N500-02	1
804300T000	前门限位器总成	N500-05	1
8202Y010A0P60	左后视镜总成	N500-01	1
8202Y020A0P60	右后视镜总成	X500-04	1

第3章 JIT物料上线管理和改善落地

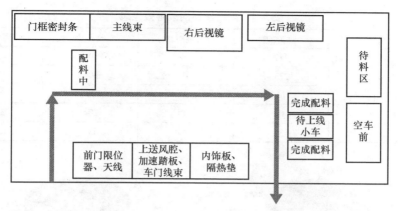

图 3-24 物料小车配料区布局

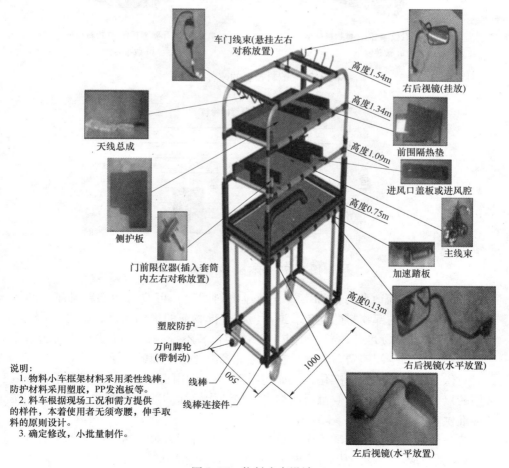

说明：
1. 物料小车框架材料采用柔性线棒，防护材料采用塑胶、PP发泡板等。
2. 料车根据现场工况和需方提供的样件，本着使用者无须弯腰、伸手取料的原则设计。
3. 确定修改，小批量制作。

图 3-25 物料小车设计

表 3-4 配料投料的改善效果表

补给系统	改善前	改善前（%）	改善后	改善后（%）
巡料次数	247	46	0	0
物料看板数量	273	51	300	56
排序零件数	14	3	30	6
物料小车	0	0	204	38
总计	534	100	534	100

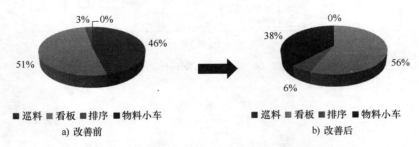

图 3-26 配料投料的改善效果图

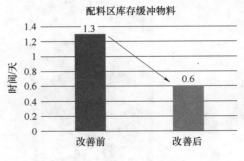

图 3-27 配料区库存下降

（3）外部物流改善方案和实施 通过物料四定一可改善和物料排序上线改善，基本实现了内部物料的优化。进而考虑外部物流的优化课题。

1）供方包装标准化改善。供应商的供货包装不统一，这样就会造成运输和存放的不标准和空间浪费。为此，首先考虑标准化供应商的包装。

对供方的包装进行标准化，比如塑料箱可以采用国际标准，铁箱采用行业内常用的尺寸等。适当的时候可以制作供方包装指导标准发放给供方，要求他们按照标准供货。如图 3-28～图 3-30 所示。

统一了供方的包装标准后，物流的运载效率得到大幅提高，也节省了器具。

2）循环取料改善。从分散集中取料方式改为循环取料方式，有效缩短了厂外物流的总路径。要合理安排配送间隔，与厂内物流做好衔接，如图 3-31 所示。

标准塑料箱尺寸表			
型号	外长/mm	外宽/mm	外高/mm	承重/kg
A	300	200	148	8
B	400	300	148	14
C	400	300	280	20
D	600	400	280	30
H	600	400	148	30
LA	300	200	128	
LB	400	300	128	
LD	600	400	128	
PA	800	500	280	
PB	1000	400	280	
PC	1200	500	280	

图 3-28 供方包装标准化改善（标准塑料箱）

标准铁箱尺寸表		
型号	外长/mm	外宽/mm	外高/mm
T1	1200	1000	425
T2	1200	1000	610
T3	1200	1000	800

图 3-29 供方包装标准化改善（标准铁箱）

标准尺寸器具		
外长/mm	外宽/mm	外高/mm
1200	1000	1175
1200	1000	800
1200	1000	610

图 3-30 供方包装标准化改善（标准尺寸器具）

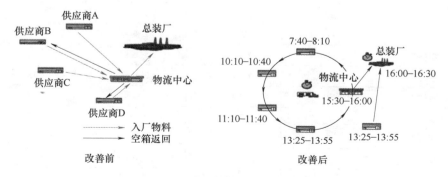

图 3-31 采用 Milkrun（循环取料）方式

3）混装料改善。在循环取料的基础上，采用混装料方式，提升运输装载率，降低运输成本，如图 3-32 所示。

图 3-32 混装料改善

4）直接上线。改善包装方式，省去拆包配料时间，做到来料直接上线，如图 3-33 所示。改善前需拆箱，改善后，放到器具箱内，直接运送上线。

图 3-33 直接上线

5）改善收益。经过以上步骤的改善，改善收益见表 3-5，这些收益和供应商共享。

表 3-5 改善收益

改善项目	件号数量	成本 B/千元	收益 C/千元	B/C
零件 1	12	￥7 ****	￥9 ****	1.32
零件 2	3	￥2 **	￥1 ****	44.93
零件 3	2	￥1 ****	￥8 ****	6.84
零件 4	4	￥3 ****	￥9 ****	3.13
零件 5	2	￥8 ****	￥2 ****	3.27
零件 6	2	￥2 ****	￥2 ****	9.79
零件 7	2	￥2 ****	￥3 ****	1.59
零件 8	8	￥3 ****	￥1 ****	5.1
零件 9	12	￥3 ****	￥3 ****	1
零件 10	3	￥5 ****	￥1 ****	2.25
零件 11	4	￥5 ****	￥1 ****	2.25

第3章　JIT物料上线管理和改善落地

（续）

改善项目	件号数量	成本 B/千元	收益 C/千元	B/C
零件12	2	￥1 ****	￥6 ****	4.12
零件13	3	￥1 ****	￥1 ****	8
零件14	105	￥7 ****	￥3 ****	5.43
合计	164	￥1 *****	￥5 *****	2.82

（4）多品种生产计划的改善

1）计划的多品种对应。由于市场需求的多样性，需要进行多品种、小批量的生产，通过协调生产与销售，保证均衡生产。表3-6 为年生产机种和数量分布。

表3-6　年生产机种和数量分布

机种	A	B	C	D	E	F	G	H	I	J	K	L	M	N
数量/台	12113	9890	9961	188	50	20	1357	15494	2929	11771	1276	35	2	213
比例	18.6%	15.1%	15.3%	0.3%	0.1%	0.0%	2.1%	23.7%	4.5%	18.0%	2.0%	0.1%	0.0%	0.3%

根据销售订单中的车型、数量、交货日期，推导出总装厂的排产日期。然后再细化分解为各个车型的各个生产批次，形成总装配计划。协调销售订单与总装配计划的关系，尽量平衡需求与生产，如图3-34 所示。

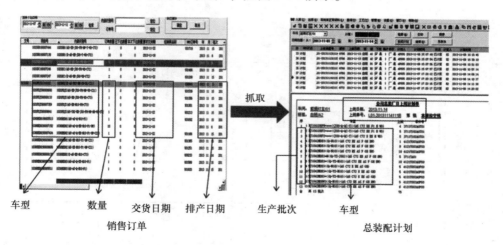

图3-34　平衡需求与生产

根据总装配计划分解出来的生产批次，倒推出每个零件的每日需求量，再减去当前实际库存量，制定出每个零件的运输计划，请供应商按计划执行，最终实

145

现订单均衡，如图 3-35 所示。

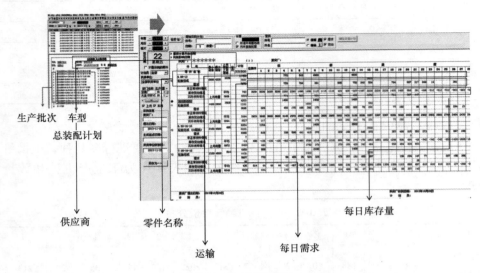

图 3-35 订单均衡

2）减少缓冲库存。通过 VSM（价值流管理）分析，利用 KPI 监控各环节 OTD（订单到配送，Order to Delivery），Lead Time 平均值减少 1.6 天，其中成品库房存放时间由 8.0 天减为 5.7 天，减少库存 736 台，如图 3-36 所示。

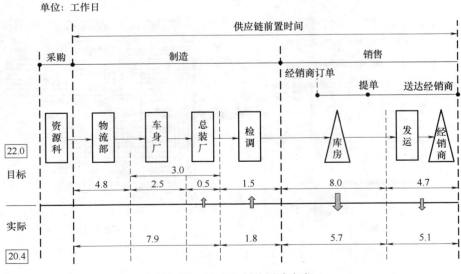

图 3-36 减少在制的缓冲库存

5. 改善成果和汇总

（1）改善成果

1）OTD 改善成果。如图 3-37 所示。

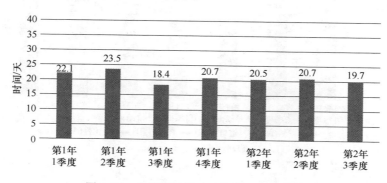

图 3-37　全流程时间（工作日）改善成果

全流程时间（工作日）指整车厂内部从生产计划批准实施到整车厂入库平均所需的天数（包括向供应商下达采购订单、供应商供货、整车生产制造、质量检验、入库所需全部时间）。统计销售公司资源部下达要货计划至经销商时间，从图 3-37 可以看出，改善前 OTD 大部分都在 20 天以上，最高 23.5 天；改善后，OTD 达到 18.4 天，第二年新车型复杂程度增加，但也保持在比较好的水平，最低为 19.7 天。

2）缺料改善成果。改善初始年缺料率为 1.41%，该比例处于比较高的水平，经过持续改善，降低到 0.98%，如图 3-38 所示。

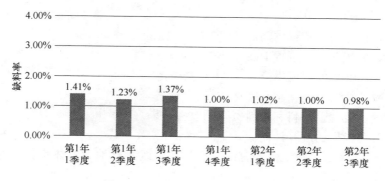

图 3-38　生产物料缺件率改善成果

3）库存物料资金改善成果。如图 3-39 所示。

（2）改善总结　企业物流一定要先从内部改善开始，从内部可以马上改善的内容入手。本改善案例是比较典型的定位现场物流工艺流程改善的案例，是从改善落地为出发点实施的改善，是实际改善的案例。具体步骤如下：

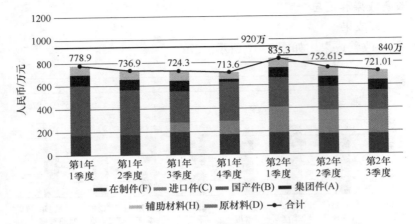

图 3-39 库存物料资金改善成果

1) 定义流程时间、缺料和物料资金的现状。
2) 寻找物流作业的浪费，确定改善样板区域。
3) 根据样板区域物料的基本信息，确定主要改善的物料工作。
4) 对以上物料进行四定一可基础改善（定品种、定数量、定位置、定路线、可视化）。
5) 同时进行工位器具的改善（减少、合并、改制）。
6) 进行物料排序上线改善。
7) 改善物料排序上线的物料小车，提高物料上线效率。
8) 标准化供方的物料包装标准。
9) 试行循环外部取料。
10) 试行混装料物料运输。
11) 部分物料实现直接上线。
12) 生产计划的混流生产。
13) 减少物料中间在制和缓冲物料。
14) 确认流程、缺料和物料资金的改善结果。
15) 改善成果的展开计划。

这 15 个步骤是实践工作的总结，也是物流改善落地的具体步骤，称作物流工艺流程改善落地关田法。

3.1.3 物料上线工艺流程优化汇总

1. 物流工艺流程问题的主要解决方向

厂内物流高效化主要有 5 个要点：保管方法、位置管理、分拣配料、JIT 上线、工作量和人员配置。

1) 保管方法。应考虑减少临时放置区域（同时也可以减少二次搬运），减少库存量、在制品量；考虑物料的先进先出、单位面积的物流管理效率（面积效率和高度效率）、库存区域的集中化。通过这些整理整顿，减少不必要的物品、物料，集中物料存储区域，提高仓库整体仓储效率。

2) 位置管理。首先要考虑优化的库位位置编号管理，这个类似小区的门牌号管理。使库房位置管理信息共享，信息可视化，这些通过5S的改善是可以实现的。在生产工序、物料的投放位置、生产完成后产品的放置位置等的定置管理和优化方面，实现可视化管理。在位置管理的同时，也要考虑区域管理。不同的区域放置不同的物料，避免物料的混放、错放。

3) 分拣配料。是为了向生产线投放必要的物料的事先准备工作，这个工作是保证生产效率的一个重要环节，所以一般都配有专门的物流人员。根据生产计划，按时、按品种、按数量及时投放到需要的工序。在库房内，需要根据上线物料的数量和次数不同，分配物料的存储区域。对于数量和次数多的物料，仓储区域应尽量靠近分拣配料区域，减少分拣配料的移动距离和次数。同时分拣配料的物流工具也需根据配料的大小等配置合理的搬运工具。

4) JIT上线。预测生产，在生产线边一定要保证及时的物料供应，同时还要注意物料不应长时间地放置在生产线边。例如每天生产结束前，应把第二天第一时间所需的物料送到线边指定位置，保证第二天的按时开线；生产开始后，按生产计划，分时段及时将物料供应到所需工序。所以需要专门的物料人员。

5) 工作量和人员配置。分析是否配置了与工作量相对应的人员。通过进行作业分析等，保管方法、分拣配料方法和路径的效率化、材料管理改善、信息检索的迅速化等进行改善，使物流人员最优化。由于厂内物流工作量的变化较多，所以往往会配置能对应高峰期的人员。因此，工作量少时的效率就会降低，而当工作量处于高峰时，就会出现延迟现象。这时就要考虑分析浪费，进行改善，提高人的物流效率。物流现场浪费的分析如图3-40所示。

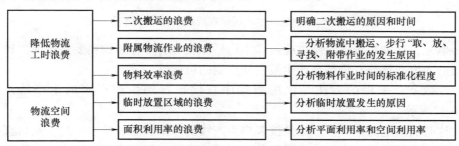

图3-40　物流现场浪费的分析

2. 物料 JIT 上线的分类和方法

物流改善的三大主要目的在于：

1）生产与销售同步以全面满足客户。在正确的时间生产出正确数量的正确产品。

2）减少库存以创造持续流动。持续减少库存。提高资金周转率，减少隐藏问题。

3）物料搬运最小化。物流的目的是配送物料尽可能靠近装配位置，使物料搬运费用最低。

通过 JIT 物料上线，既可以实现短时间的物料供应，也可以实现在线物料最少。这也是多品种、小批量混流生产的必经之路。

一个成品生产厂家一般都有许多供应商，少则几十家，多则几百家，甚至近千家。这时用统一的 JIT 物料上线方式就很难实施。因此需要根据不同的情况，不同的管理水平，设定适合、可操作的 JIT 上线方案和管理标准。

理想的 JIT 物流上线是根据生产的进度和品种，按时把需要的物料直接送到对应的工位。但在实际工作中，供应商很难做到直接上线。

在实际工作中，外部物流的供应商根据生产厂家的要货计划，将物料按时、按量地送到生产厂家的库房或在线物料超市，然后生产厂家的内部物流再根据当天的生产计划，按生产顺序和品种、数量、进行拣货，以 JIT 方式送到各个生产工位，如图 3-41 所示。

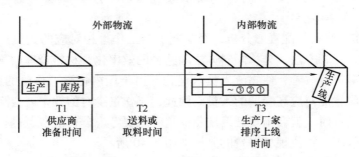

图 3-41　物料物流：生产厂家在线配料区排序直投上线

但是，这种物流方法使供应商和生产厂厂家均各有库存，物料要经过两次转运才能进入生产环节，仍然会产生浪费和出错的可能性。

少数企业采用的方法是供应商排序直接投料到生产厂家的生产线，如图 3-42 所示。

这时的供应商生产环节也是按客户生产线的节拍和品种排序生产，然后直投到客户生产厂家的生产线。这是最佳物料物流系统。但是这样的物流方式需要供应商与客户的生产厂家同步进行排序生产，然后直投客户生产线。这对供应商的

第3章 JIT物料上线管理和改善落地

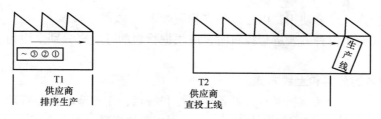

图 3-42 供应商生产线排序直投上线

要求极高。有部分企业或部分品种是这样实施的。

但是，作为一流的物流流程和一流的供应商，还可以通过以下物流方式直投客户的生产线边，如图 3-43 所示。

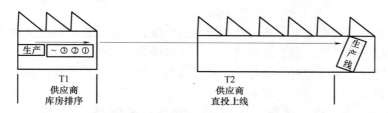

图 3-43 供应商库房排序直投上线

上述方式已经被越来越广泛地采用，并且在高效地实施。特别是汽车行业，有很多汽车零部件的厂家已实现了这种物流模式。与此同时，作为补充，也有在生产厂家生产区域设置供应商专用的物料超市的，供应商自己计划保证物料超市具有一定的在制物料，同时根据客户生产需求，在物料超市排序直接投放到客户的生产线。如图 3-44 所示。

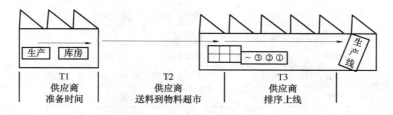

图 3-44 供应商物料超市排序直投上线

总结起来，共有 4 种基本物流模式：
1）生产厂家在线配料区排序直投上线。
2）供应商生产线排序直投上线。
3）供应商库房排序直投上线。
4）供应商物料超市排序直投上线。

在实际应用中，并不是单一模式的实施，是根据不同物料、不同生产环节和不同的供应商，综合使用，以达到最高物流效率。

在判断应用何种方式进行投料时，应根据物料的分类来分别采用相应的物流方式。

3. 物料的分类和上线方式

（1）物料的分类 物料有各种各样属性和特点，在实施改善和管理时应进行必要的分类，根据不同定位属性和特点，采用相应的物料处理方法和管理方法。

物料有大有小，重量和体积各有不同。例如货车的车架，长的可能达 10m，重量也很重；又如弹簧，比较小，也比较轻。

同一种物料，有些变化比较大，品种就会多。例如同样的物料，因颜色不一样、左右不一样、上下不一样，就会有很多变化。但是标准件却大都一样，变化也比较小。

物料的采购成本也不一样。汽车行业的纸板，垫片等相对费用比较低，但是有些物料却十分昂贵，例如发动机、某些进口件等。

对于这些不同的物料，就要考虑进行分类，并进行有效的管理和改善。分类标准一般为：

1）贵重、体积大、变化多的，作为重要管理物料，称作 A 类。
2）非标准件，体积中等或体积小的，作为普通管理物料，称作 B 类。
3）标准件，体积小，作为一般管理物料，称作 C 类。

表 3-7 为物料分类表。

表 3-7 物料分类表

类别	类型	分类	分组	举　　例
A	贵重	AA1	体积大且变化多	发动机、车桥、仪表板、变速箱
		AA2	体积大	侧壁、扰流板、催化转化器
		AA3	变化多	接线盒
		AA4	其他	导航系统
	体积大	AB1	变化多	车架、横梁、车轮、降噪板、油箱
		AB2	其他	进气管、门、水箱
	变化多	AC		发动机支架、软管、小管柱、后视镜
B	非标准件	B		灯、橡胶金属铰链
C	标准件	C		螺栓、螺母、垫片

如表中所述，即使是 A 类重要管理物料，也分为贵重，体积大，变化多的分类。总体物料可以分成以上九个类别。

（2）物料的上线方式见表 3-8。

表3-8 物料上线方式

类别	类型	分类	分组	举例	物料上线方式				
					排序上线				直投
					供应商生产线排序直投上线	供应商库房排序直投上线	供应商物料超市排序直投上线	生产厂家在线配料区排序直投上线	批量投料在线缓冲
					JIS1	JIS2	JIS3	JIS4	JIS5
A	贵重	AA1	体积大且变化多	发动机、仪表盘、挡泥板、轮胎	1	1	2	3	3
A	贵重	AA2	体积大	侧壁、横梁、管路	1	1	2	3	3
A	贵重	AA3	变化多	发动机启动装置	1	1	2	3	3
A	贵重	AA4	其他	支架、灯内饰、散热器、电子控制盒	1	1	2	3	3
A	体积大	AB1	变化多	门内饰、门玻璃、倾斜架	1	1	2	3	3
A	体积大	AB2	其他	后视镜、轮毂防护罩				1	1
A	变化多	AC		车灯、收音机天线	1		2	3	3
B	非标准件	B					2	3	1
C	标准件	C		螺栓、弹簧、螺钉					1

注：排序上线中，1是最佳选择，也是效率最高的物流选择，其次是2和3。

其中，有一些物料可以考虑特殊处理。例如标准件，使用的数量大，且变化比较小，就可以批量上线，在线边形成一定的缓冲物料。对于体积不是很大，但是变化比较大，且比较贵重的物料，可以考虑生产厂家自行管理和排序上线。

具体实施要根据实际情况，在可能的情况下，组合实施。同时要和供应商形成共赢的物料物流方式，只有共同的持续改善，才是形成长期可持续的物流方式。

4. 物料在线的人体工学

投料到线边后，操作人员通过使用物料进行生产。其中物料的取放占生产时间的很大一部分。所以如何使在线物料的取放更容易、更轻松，是物料系统的课题，同时也是优化线边物料空间的课题。

物料在线的人体工学主要应从两个方面考虑：

1）物料放置地点的人体工学。

2）物料放置高度的人体工学。

线边物料的放置方法要根据实际物料和现场的状况，尽量接近以上理想状态。虽然有很多理论的书籍和方法，但是还是要根据实际情况确定最佳的物料放置方法和位置。

5. 物料上线工艺流程优化的根本

以往的厂内物流只是库房送料到生产线，但是JIT的厂内物流要完全颠覆这一想法。要将物流视为生产线的第一道工序，这就要完全按生产计划、生产节拍，做好生产线第一道工序的工作。

这样的生产线的第一道工序，就是按生产计划拣货、配料、然后再按生产顺序传到（这里不是送到）第二个工序，如此进行连续生产。

因而也就没有什么线边投料、线边物料工位器具等。这就是JIT物流的理想追求。

实际上，有很多企业在一些生产中已经局部采取了这一方式。例如2.2节中的混流生产改善落地的物料投料系统，就是这种模式。所以，在考虑物料上线工艺时，要将其作为生产线第一道工序来考虑、来计划、来改善。改善的切入点就是：保证方法、位置管理、上线的分拣配料、JIT上线、以及物流人员的工作量和人员配置。

JIT上线物流的厂内物流上线是生产线的第一道工序。

3.2 在线物料管理和改善落地

3.2.1 在线物料管理的痛点

在生产企业的生产线边都会有一些物料。这些物料是生产必要物料，一般是由库房送料人员投料到生产线边的，有时也有供应商直接送货到生产线边的。这些线边物料带来了许多问题，见表3-9。

表3-9 线边物料带来的问题及造成原因

物料	问题		原因
多	堆满了生产区域的周围，操作工人取料时也会很不方便		物料投放过多
	取料时要走一些不必要的距离，有时要拆包装，有时要搬动工位器具		
乱	很多物料带着包装上线，甚至有些包装破损，在线边堆放		物料没有严格分类
	操作工作要拆除包装，然后才能进行生产		
	拆下来的包装也和物料同时放在线边，造成混乱		
	物料混放（不同的物料应该进行区分，分别摆放。如果没有区分摆放，就会造成混放的现象）；用料时要寻找物料；混放的物料会互相磕碰，造成物料的质量问题		
散	造成物料寻找和走动	物料的摆放地点有些没有具体规定，根据现场的情况，放置在不同的地方	物料没有具体的放置地点
		虽然规定了放置地点，但不够具体，有时在工位左边，有时在工位右边，等等	

物料的多、乱、散直接影响了现场的QCD管理，是很常见的现象。

笔者经历了300多家企业的诊断和改善指导，发现很多企业都有这些类似的物料现象。有些人说是物流硬件配置得不好，有些人说是物流人员不负责，有些人说生产区域场地紧张，这些都是借口而已。事实上这些问题都是管理问题。

物料的多、乱、散的改善，可能有一些理论方法和好的套路，但是还是要落实在实际的现场。所以，这节就围绕着物料多、乱、散的改善落地问题，进行案例分析。

3.2.2 在线物料管理改善案例分析

1. 背景

本案例为某汽车车身厂焊装车间在线物料改善项目。

该车身厂负责几十种车型上千个汽车零件的焊接，分别在两个焊接车间进行混流生产。

生产的物料大都是库房送料到现场，但由于车型、零件品种比较多，有时会有生产工人直接到库房取料的现象，久而久之，形成了一些不成文的标准，线边的物料分成：库房投料的物料和工人自行取料的物料。其结果是每天工作结束后，在线边剩余大量的物料。

同时线边的物料和物料工位器具数量比较多，摆放也很混乱，造成操作工过分的走动取料，影响了工作效率。工位器具常年失修，有些不是专用器具，搬运拿取存在很大安全隐患。

另外，由于零件品种繁多，缺乏物料的可视化，也经常出现拿错料等情况。对安全生产、产品质量的提升和生产效率的提高有很大影响。

所以工厂决定将线边物料改善作为现场改善的一个课题。

2. 改善目标和计划

对以上状况和市场需求，生产方面制定了以下改善目标：

1）减少线边物料50%以上。

2）减少取料移动距离50%以上。

3）消除工位自取物料现象。

4）重新布局铆焊现场区域，优化工位器具结构，提高场地利用率，减少长期占用30%，消除安全隐患。

5）制定车间班组上下道工序物料衔接方法，减少50%错装引起的物料等待时间。

6）制定外协车辆物流管理办法，合理优化上下料、转运、投料的时间及流程，使各方在不同时间工作，尽量减少互相干涉，提高物流效率。

为此，成立项目组，通过讨论，设定了项目的改善大计划，见表3-10。

目标：首先考虑在样板工序实施，在此基础上向所有生产线推广。样板线实施时间预计半年，同时在计划的各个环节设定输出内容，以确定实施的内容和阶段成果。

3. 线边物料调研

针对以上线边物料改善的目标，根据项目计划，首先对现场的现状进行调研分析。

（1）物料线边投料调查　工位物料主要是库房的投料，但在实际投料工作中，仍然存在一些问题，导致现场物料的堆积和无序。通过投料调查（见表3-11），分析投料过程的问题，以期改善。

（2）工位剩余物料调查（见表3-12）　每天生产结束后，在工位上仍然有剩余物料，有时数量比较多。这些物料不一定是第二天使用的物料，所以就会在线边堆积，造成浪费空间、物料区域不足。

（3）车间自取物料调查（见表3-13）　因各种原因，生产现场的人员会到库房自取一些物料使用。这样既浪费线上工人的时间，又打乱了投料的计划实施。

表 3-10 项目的改善大计划

20 ** 年现场物料改善项目

序号	项目名称	推进方式	是否是关键节点	责任单位	输出物	20 ** 年										20 ** 年 +1 年																																															
						10月	11月				12月					1月					2月				3月					4月				5月				6月				7月				8月				9月				10月				11月					12月				
						44W	45W	46W	47W	48W	49W	50W	51W	52W	53W	1W	2W	3W	4W	5W	6W	7W	8W	9W	10W	11W	12W	13W	14W	15W	16W	17W	18W	19W	20W	21W	22W	23W	24W	25W	26W	27W	28W	29W	30W	31W	32W	33W	34W	35W	36W	37W	38W	39W	40W	41W	42W	43W	44W	45W	46W	47W	48W	49W	50W	51W	52W
1	现状调研	现场调研，梳理出现场问题点，征集改善需求；制定改善目标计划，成立项目小组，细化项目分工	Y	车间、制造部	问题及需求报告																																																								
2	物流培训输入	结合改善需求及项目分工，针对性提出物流培训计划，分批次进行物流知识培训		车间、制造部	培训计划与报告																																																								
3	样板线启动	确定样板改善线，制定样板线详细改善措施方案及推进计划	Y	车间、制造部	样板线改善方案及计划																																																								
4	样板线计划跟踪	通过周例会和月例会的形式进行跟踪，推进计划并更新计划		车间、制造部	每周结果汇总																																																								

20**年现场物料改善项目（续）

序号	项目名称	推进方式	是否是关键节点	责任单位	输出物	20**年 11月-12月	20**年+1年 1月-12月
5	样板线经验总结	总结样板线推进过程中的经验与问题	Y	车间、制造部	样板线总结报告		4月
6	生产线拓展计划	结合样板线改善案例，制定生产线改善措施及推进计划	Y	车间、制造部	拓展计划及措施方案		4月
7	项目跟踪	分批次拓展推进，跟踪推进计划并更新计划（通过周例会和月会的形式进行跟踪）		车间、制造部	每周结果汇总		5月—9月
8	项目总结	总结整个项目所取得的改善成果	Y	车间、制造部	总结报告		10月

表3-11 投料调查

投料调查——实际投料次数，时间，数量，来源						
序号	时间	零件	数量	工位	投料方式	问题点
1						
2						
3						
4						
5						
6						
7						
8						

表3-12 工位剩余物料调查

每天剩余物料清单					
序号	零件	数量	工位	原因	问题点
1					
2					
3					
4					
5					
6					
7					
8					
9					
10					

表3-13 车间自取物料调查

车间自取零件现状清单（12个品种，占15%左右）						
序号	时间	零件	数量	工位	原因	问题点
1						
2						
3						
4						
5						
6						
7						
8						

（4）错装物料调查（见表3-14） 在实际工作中，错装会造成下道工序不能正常工作。错料的原因也有不同，通过次调查，分析原因，避免错装。

表3-14 错装物料调查

序号	日期	零件	工位	结果		原因（班组，生产信息，定置，其他）	问题点
				错装	等待（时间）		
1							
2							
3							
4							
5							
6							
7							
8							

（5）工位器具调查（见表3-15） 线边物料都放在工位器具中。工位器具的大小是否合适、形状是否适合该零件等？通过调查，分析问题，进行改善。

表3-15 工位器具调查

工位器具 现场物料，物品整理（平面利用改善）							
序号	名称	尺寸	重量	个数	每箱数量	每日需要数量	问题点
1							
2							
3							
4							
5							
6							
7							
8							
9							
10							

（6）工位工人移动距离调查（见表3-16） 因物料的位置、工位的位置、设备的位置等因素，工人将在工位和物料间进行走动，拿取物料，进行装配或焊接。这些走动是否合理，是否必要，通过调查，进行分析和改善。

表3-16 工位工人移动距离调查

序号	工位	移动距离（步，m）	次数/节拍	物料/工具/其他	问题点	其他
\multicolumn{7}{c}{工位工人工作移动距离}						
1						
2						
3						
4						
5						
6						
7						
8						

通过以上6个项目的调查，明确现状和问题点，并列出线边物料现状调查清单，见表3-17。

表3-17 线边物料现状调查清单

项目	一车间			二车间
	一组	二组	三组	
投料	***	***	***	***
剩余物料	***	***	***	***
自取统计	***	***	***	***
错装	***	***	***	***
平面现状布局图	***	***	***	***
工位走动	***	***	***	***
工位器具	***	***	***	***
设备夹具	***	***	***	***

4．线边物料问题分析

（1）投料现状问题分析　首先看投料的情况，对每个工位连续调查投料的时间和数量，表3-18为其中一个工位的调查数据。

表3-18 某工位投料现状调查数据

投料优化：半天投料，外协管理

序号	零件	单台用量	工位	投料方	内容	记录表					
						月日	**月**日	**月**日	**月**日	**月**日	**月**日
1	A	1	10	库房	数量	90		90	90	90	90
					时间	10:00		10:00	8:50	15:10	10:10

（续）

记录表

序号	零件	单台用量	工位	投料方	内容	**月**日	**月**日	**月**日	**月**日	**月**日	**月**日	**月**日
2	B	1	10	库房	数量	450				1000		
					时间	10:05				15:30		
3	C	1	10	库房	数量	400				1000		
					时间	10:10				15:30		
4	D	1	10	库房	数量	100	100	100	100	100	100	100
					时间	8:50	13:50	9:15	8:35	8:45	9:35	16:10
5	E	1	10	库房	数量	50	90	90	90	90		
					时间	8:58	9:00	12:48	9:10	10:30		
6	F	1	10	库房	数量	100	100	50	100			
					时间	9:45	14:00	9:45	9:40			
7	G	1	10	库房	数量	390		260		360		
					时间	9:50		8:50		11:00		
8	H	1	10	库房	数量	360		270		400		
					时间	13:30		8:55		13:30		
9	I	1	10	库房	数量	600						
					时间	10:00						
10	J	1	10	库房	数量	100						
					时间	15:00						
11	K	1	10	库房	数量	500		350		400	350	
					时间	14:30		9:05		10:15	13:20	
12	L	1	10	库房	数量		390					
					时间		9:30					
13	M	1	10	库房	数量		500			400	350	
					时间		14:00			10:10	10:10	
14	N	1	10	库房	数量		50					
					时间		9:30					
15	O	2	10	库房	数量		500					
					时间		9:00					
16	P	1	10	库房	数量		80			80		
					时间		10:30			14:20		

（续）

序号	零件	单台用量	工位	投料方	内容	记录表 ** 月 ** 日	** 月 ** 日	** 月 ** 日	** 月 ** 日	** 月 ** 日	** 月 ** 日	** 月 ** 日
17	Q	1	10	库房	数量				500			
					时间				10:10			
18	R	1	10	库房	数量				1200			
					时间				10:05			
19	S	1	10	库房	数量				450			
					时间				13:00			
20	T	1	10	库房	数量				450			
					时间				13:05			
21	U	1	10	库房	数量				450			
					时间				13:10			
22	V	1	10	库房	数量				100		90	
					时间				14:00		10:30	
23	W	1	10	库房	数量				200		978	
					时间				10:00		15:20	
24	Y	1	10	库房	数量				200		978	
					时间				10:00		15:20	
25	AA	2	10	库房	数量				500		400	
					时间				8:30		9:20	
26	AB	1	10	库房	数量					400		
					时间					8:50		
27	AC	1	10	库房	数量					400		
					时间					8:50		
28	AD	1	10	库房	数量					200	1000	
					时间					9:00	9:00	
29	AE	1	10	库房	数量					100		
					时间					9:30		
30	AF	1	10	库房	数量					400		
					时间					16:00		
31	AG	1	10	库房	数量					1000		
					时间					10:30		

（续）

序号	零件	单台用量	工位	投料方	内容	**月**日	**月**日	**月**日	**月**日	**月**日	**月**日	**月**日
32	AH	1	10	库房	数量					1000		
					时间					10:30		
33	AI	1	10	库房	数量						1000	
					时间						8:55	
34	AJ	1	10	库房	数量						200	
					时间						14:10	
35	AK	2	10	库房	数量						500	
					时间						14:50	
36	AL	1	10	库房	数量						400	
					时间						14:20	
37	AM	1	10	库房	数量						450	
					时间						14:30	
38	AN	1	10	库房	数量						500	
					时间						15:30	
39	AO	1	10	库房	数量						500	
					时间						15:30	
40	AP	1	10	库房	数量							90
					时间							11:10
41	AQ	1	10	库房	数量							320
					时间							9:10
42	AR	1	10	库房	数量							80
					时间							14:20
43	AS	1	10	库房	数量							800
					时间							8:45
44	AT	1	10	库房	数量							1000
					时间							9:55
45	AU	1	10	库房	数量							1400
					时间							10:05

对整体数据进行分析，结果如图3-45所示。

当天投料件数为3080件，其中10点集中投料为2030件，投料时间集中在上午10点左右，占整天投料量的65%，工作量极不平衡，造成人力资源紧张。

第3章 JIT物料上线管理和改善落地

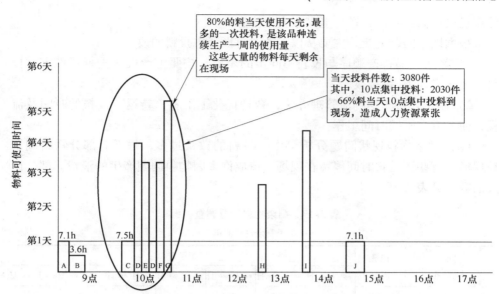

图 3-45 现场投料分析结果

不论现场需要多少零部件，都是一投一整箱，有时需要几周才能用完，占用场地，造成工人无效的行走，甚至需要的料无处摆放，操作工步行几十米自取。严重影响生产效率。

同时也分析了一次投料量的使用时间，如图3-46所示。

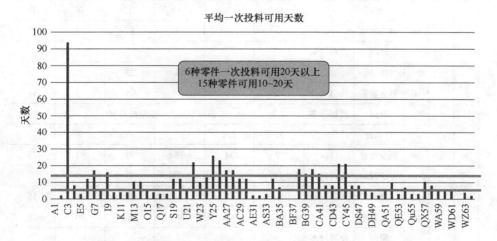

图 3-46 一次投料量的使用时间分析

零件一组投料品种共有64种，其中6种零件1次投料可用20天以上，15种零件一次投料可用10~20天，最多可使用3个月。不用的料筐占用现场场地，使现场操作面积缩小,还可能带来安全隐患。

根据以上问题分析,主要从以下两个方面考虑投料的改善:

1)解决产品排产顺序与投料不同步的矛盾,按照生产批次进行零件定时投料,逐步实现1h量投放。

2)制定外协车辆物流管理办法,合理优化上下料、转运、投料的时间及流程,使各方在不同时间工作。

(2)剩余物料现状问题分析　由于投料的数量过多,每天有部分物料剩余在现场,有些还是长时间停留在现场,造成许多因物料问题产生的浪费。部分调查的数据见表3-19。

表3-19　剩余物料部分调查数据

每天剩余物料清单

序号	零件	单台用量	工位	记录内容	记录表						
					月日	**月**日	**月**日	**月**日	**月**日	**月**日	**月**日
1	A	1	10	日消耗		2	10	18	0	0	1
				剩余数量	70	68	58	40	40	40	39
				原因	投料过多						
2	B	1	10	日消耗		82	112	30	77	157	137
				剩余数量	18	6	76	99	42	105	
				原因	投料过多	新增投料100	新增投料100	新增投料100	新增投料100	新增投料100	新增投料200
3	C	1	10	日消耗		0	0	5	1	0	0
				剩余数量	23	23	23	18	17	17	17
				原因	投料过多						
4	D	1	10	日消耗		0	10	18	22	0	4
				剩余数量	45	45	35	17	95	95	91
				原因	投料过多				新增投料100		
5	E	1	10	日消耗		59	118	46	47	0	13
				剩余数量	11	52	34	38	91	91	78
				原因	投料过多	新增投料100	新增投料100	新增投料50	新增投料100		
6	F	1	10	日消耗		6	0	5	16	0	15
				剩余数量	67	61	61	56	40	40	25
				原因	投料过多						
7	G	1	10	日消耗		2	0	0	2	0	4
				剩余数量	2	100	100	100	98	98	94
				原因	投料过多	新增投料100					

（续）

序号	零件	单台用量	工位	记录内容	记录表					
					月日	**月**日	**月**日	**月**日	**月**日	**月**日
8	H	1	10	日消耗		0	0	0	13	0	13
				剩余数量	46	46	46	46	33	33	20
				原因	投料过多						
9	I	1	10	日消耗		0	16	0	7	0	3
				剩余数量	13	13	47	47	40	40	37
				原因	投料过多		新增投料50				
10	J	1	10	日消耗		11	25	30	25	43	33
				剩余数量	91	80	55	25	0	157	124
				原因	投料过多					新增投料200	
11	K	1	10	日消耗		172	186	254	178	172	198
				剩余数量	615	443	257	1203	1025	853	655
				原因	投料过多			新增投料1200			
12	L	1	10	日消耗		172	186	254	178	172	198
				剩余数量	1275	1103	917	663	485	313	915
				原因	投料过多						新增投料800
13	M	1	10	日消耗		58	104	0	89	0	33
				剩余数量	180	122	18	18	329	329	296
				原因	投料过多				新增投料400		
14	N	1	10	日消耗		58	82	0	89	0	33
				剩余数量	140	82	0	0	311	311	278
				原因	投料过多				新增投料400		
15	O	1	10	日消耗		152	186	220	145	169	195
				剩余数量	769	617	431	211	66	897	702
				原因	投料过多					新增投料1000	
16	P	1	10	日消耗		152	186	220	145	169	195
				剩余数量	609	457	271	51	106	937	742
				原因	投料过多			新增投料200		新增投料1000	
17	Q	1	10	日消耗		172	186	254	178	172	198
				剩余数量	300	128	442	188	10	238	390
				原因	投料过多		新增投料500		新增投料400		新增投料350

（续）

序号	零件	单台用量	工位	记录内容	记录表					
					月日	**月**日	**月**日	**月**日	**月**日	**月**日
18	R	1	10	日消耗		172	186	254	178	172	198
				剩余数量	54	382	201	297	119	347	499
				原因	投料过多	新增投料500		新增投料350		新增投料400	新增投料350
19	S	1	10	日消耗		2	10	18	22	0	8
				剩余数量	133	131	121	103	81	81	73
				原因	投料过多						
20	T	1	10	日消耗		2	10	18	22	0	8
				剩余数量	130	128	118	100	78	78	70
				原因	投料过多						
21	U	1	10	日消耗		107	112	61	129	157	163
				剩余数量	644	537	425	364	235	78	915
				原因	投料过多					新增投料1000	
22	W	1	10	日消耗		58	118	46	76	15	34
				剩余数量	501	443	325	279	203	188	1554
				原因	投料过多					新增投料1400	
23	X	1	10	日消耗		17	0	10	23	0	26
				剩余数量	210	193	193	183	160	160	134
				原因	投料过多						
24	Y	1	10	日消耗		35	96	112	36	0	9
				剩余数量	279	244	148	36	400	400	391
				原因	投料过多			新增投料400			
25	Z	1	10	日消耗		6	35	20	13	0	7
				剩余数量	58	52	407	387	374	374	367
				原因	投料过多		新增投料390				
26	AA	1	10	日消耗		2	10	18	22	0	8
				剩余数量	200	198	188	170	148	148	140
				原因	投料过多						
27	AB	1	10	日消耗		25	0	23	29	0	26
				剩余数量	863	838	838	815	786	786	760
				原因	投料过多						

第3章　JIT物料上线管理和改善落地

（续）

序号	零件	单台用量	工位	记录内容	记录表						
					月日	**月**日	**月**日	**月**日	**月**日	**月**日	**月**日
28	AC	1	10	日消耗		25	0	23	29	0	26
				剩余数量	673	648	648	625	596	596	570
				原因	投料过多						
29	AD	1	10	日消耗		58	186	46	54	15	16
				剩余数量	641	583	397	351	297	282	266
				原因	投料过多						
30	AE	1	10	日消耗		58	186	46	54	15	16
				剩余数量	41	583	397	351	297	282	266
				原因	投料过多	新增投料600					
31	AF	1	10	日消耗		172	215	240	174	172	198
				剩余数量	283	501	286	306	132	320	122
				原因	投料过多	新增投料390		新增投料260		新增投料360	
32	AG	1	10	日消耗		172	215	240	174	172	198
				剩余数量	203	391	176	206	32	260	62
				原因	投料过多	新增投料360		新增投料270		新增投料400	
33	AH	1	30	日消耗		11	25	30	25	43	33
				剩余数量	21	10	65	35	10	47	14
				原因	投料过多		新增投料80			新增投料80	
34	AI	1	30	日消耗		10	0	13	6	0	0
				剩余数量	33	23	23	10	4	4	84
				原因	投料过多					新增投料800	
35	AJ	2	10	日消耗		42	50	86	50	86	66
				剩余数量	232	190	140	54	4	418	352
				原因	投料过多				新增投料500		
36	AK	1	10	日消耗		21	25	43	25	43	33
				剩余数量	1166	1145	1120	1077	1052	1009	976
				原因	投料过多						
37	AL	1	10	日消耗		21	25	43	25	43	33
				剩余数量	1166	1144	1119	1076	1051	1008	975
				原因	投料过多						

（续）

序号	零件	单台用量	工位	记录内容	记录表					
					月日	**月**日	**月**日	**月**日	**月**日	**月**日
38	AM	1	10	日消耗	21	25	43	70	43	33
				剩余数量	86	65	40	197	127	1062	1029
				原因	投料过多			新增投料200		新增投料978	
39	AN	1	10	日消耗	21	25	43	70	43	33
				剩余数量	196	175	150	107	37	494	461
				原因	投料过多					新增投料500	
40	AO	1	10	日消耗	21	25	43	70	43	33
				剩余数量	66	45	20	177	102	1037	1009
				原因	投料过多			新增投料200		新增投料978	
41	AP	1	10	日消耗	21	25	43	70	43	33
				剩余数量	201	180	155	112	42	499	466
				原因	投料过多					新增投料500	
42	AQ	1	10	日消耗		13	0	46	8	0	4
				剩余数量	81	68	68	22	14	14	10
				原因	投料过多						
43	AR	1	10	日消耗		13	0	46	8	0	4
				剩余数量	81	68	68	22	14	14	10
				原因							
44	AS	1	20	日消耗		58	186	46	54	15	16
				剩余数量	389	331	145	99	45	1030	1014
				原因	新增投料450				新增投料1000		
45	AT	1	20	日消耗		58	186	46	54	15	16
				剩余数量	411	353	167	121	67	1052	1036
				原因	新增投料400				新增投料1000		
46	AU	1	20	日消耗		107	112	43	107	157	163
				剩余数量	274	167	55	12	905	748	585
				原因	投料过多				新增投料1000		
47	AV	1	20	日消耗		107	112	43	107	157	163
				剩余数量	274	167	55	12	905	748	585
				原因	投料过多				新增投料1000		

第3章 JIT物料上线管理和改善落地

（续）

序号	零件	单台用量	工位	记录内容	记录表					
					月日	**月**日	**月**日	**月**日	**月**日	**月**日
48	AW	1	10	日消耗	58	186	64	78	15	24
				剩余数量	753	695	509	445	367	352	328
				原因	投料过多						
49	AX	1	10	日消耗		58	186	64	78	15	24
				剩余数量	433	375	189	125	47	32	328
				原因	投料过多					新增投料320	
50	AY	1	10	日消耗		58	186	76	58	0	16
				剩余数量	28	20	14	110	52	52	36
				原因	投料过多	新增投料50	新增投料180	新增投料180			
51	BA	1	10	日消耗		2	10	18	22	0	8
				剩余数量	80	78	68	50	28	28	20
				原因	投料过多						
52	BB	1	10	日消耗		10	0	23	30	0	26
				剩余数量	211	201	201	178	148	148	122
				原因	投料过多						
53	BC	1	10	日消耗		17	0	10	27	0	28
				剩余数量	75	58	58	48	21	21	83
				原因	投料过多					新增投料90	
54	BD	1	10	日消耗		82	112	30	77	60	104
				剩余数量	291	209	97	517	440	380	276
				原因	投料过多			新增投料450			
55	BE	1	10	日消耗		42	25	86	172	314	274
				剩余数量	262	220	195	109	339	425	151
				原因	投料过多					新增投料400	
56	BF	2	10	日消耗		77	186	148	184	30	70
				剩余数量	271	194	8	360	176	546	476
				原因	投料过多			新增投料500		新增投料400	
57	BG	2	10	日消耗		20	40	68	20	6	6
				剩余数量	139	119	79	511	491	485	479
				原因	投料过多			新增投料500			

（续）

序号	零件	单台用量	工位	记录内容	记录表						
					月**日	**月****日	**月****日	**月****日	**月****日	**月****日	**月****日
58	BH	2	10	日消耗		0	80	68	20	6	6
				剩余数量	258	258	178	110	90	84	78
				原因	投料过多						
59	BI	1	10	日消耗		21	25	43	9	157	170
				剩余数量	274	253	228	185	176	469	299
				原因	投料过多					新增投料450	
60	BJ	1	10	日消耗		77	186	64	92	15	51
				剩余数量	371	294	108	494	402	387	336
				原因	投料过多			新增投料450			
61	BK	1	10	日消耗		77	186	64	92	15	51
				剩余数量	299	222	108	494	402	387	336
				原因	投料过多			新增投料450			
62	BL	1	10	日消耗		60	186	64	76	15	24
				剩余数量	1721	1661	1475	1411	1335	1320	1296
				原因	投料过多						
63	BM	1	10	日消耗		11	25	30	16	42	33
				剩余数量	41	30	5	75	59	17	74
				原因	投料过多			新增投料100			新增投料90
64	BN	1	10	日消耗		71	17	0	61	114	104
				剩余数量	88	17	0	90	29	95	81
				原因	新增投料90			新增投料90		新增投料180	新增投料90

针对上述每天线边剩余物料统计数据进行分析，如图3-47所示。

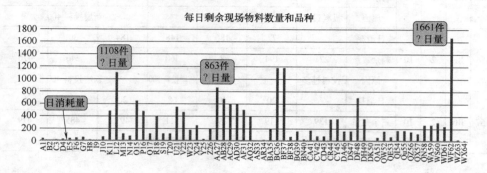

图3-47 每天线边剩余物料分析

80%的料当天使用不完，最多可使用 3 个月。这些大量的物料每天剩余在现场，说明没有按照生产计划投料。即使现场有大量的物料，还继续在投料（原因见表 3-20），现场有哪些物料，管理人员和仓库均不清楚。

表 3-20　每天线边剩余物料原因

零件	单台用量/个	工位	前日剩余物料量/件	当日投料量/件	当日消耗量/件	当日剩余物料量/件
AA	1	10	41	600	58	583
AB	1	10	283	390	172	501
AC	1	10	203	360	172	391

针对以上的数据分析，结合投料的改善，逐渐减少每天线边剩余和投料数量。

（3）工人自取物料现状问题分析　工人有去库房自行取物料的现象，部分调查数据见表 3-21。

根据以上数据进行分析：

1）取料的次数和时间。11 月 28 日取料 15 次，12 月 1 日取料 36 次，平均每日取料 25 次。如果每次取料时间约为 20min，平均每日取料 25 次 × 20min/次 = 500min 约 8.3h。总体取料时间分布如图 3-48 所示。既浪费了许多线上工作的时间，也影响了生产线的生产进度。

2）投料和取料的情况。

自行取料 58 种，投料 8 种。品种自取占比：[58/(58 + 8)]% = 88%。

自行取料 1028 件，投料 2140 件。件数自取占比：1028/(1028 + 2140)% = 32%。

3）取料和投料同时进行。右纵梁加强板，当日投料 500 件，取料 20 件。但是当日 500 件是可以满足生产的，然而现场仍然自行取料。是没有找到线边的物料，还是投错了物料。

现场操作工人是焊工，不是搬运工，焊接是创造价值的工作，搬运是不创造价值。焊接工的价值体现在在一定时间内焊接更多的产品，创造更多的价值。通过改善，取消现场自行取料工作。

（4）物料错装现状问题分析　对因为物料等问题造成错装的现象，在现场进行调查分析，见表 3-22。

1）物料的摆放没有定置，混放，造成用错物料，停线返修。例如，左右件比较相似。

2）物料本身存在质量问题，但是在物流环节和生产环节都没有控制住，最后造成了返修。

表 3-21 车间自取零件现状部分调查数据

车间自取零件现状清单

记录表

序号	零件	工位	原因	记录内容	**月**日	**月**日	**月**日	**月**日	**月**日	**月**日	**月**日	**月**日	**月**日	**月**日
1	A	10	约定	数量	25	24	25	25	30	30	30	30	30	30
				时间	8:45	13:30	8:50	10:00	8:45	13:00	10:30	11:20	9:50	11:20
			自取	数量	25	24	25	25	30	30	30	30	30	30
				时间	8:45	13:30	8:50	10:00	8:45	13:00	15:20	14:10	15:30	
2	B	10	约定	数量	25	24	25	25	30	30	30	30	30	30
				时间	8:45	13:30	8:50	10:00	8:45	13:00	10:30	11:20	9:50	11:20
			自取	数量	25	24	25	25	30	30	30	30	30	30
				时间	8:45	13:30	8:50	10:00	8:45	13:00	15:20	14:10	15:30	
3	C	10	约定	数量	27		11		25		30		25	33
				时间	8:45		13:30		8:45		8:40		14:20	8:35
			自取	数量										
				时间										
4	D	10	约定	数量	27		11		25		30		25	33
				时间	8:50		13:30		8:45		8:40		14:20	8:35
			自取	数量										
				时间										
5	E	10	约定	数量			82		30	30	40		40	40
				时间			8:50		9:50	14:30	8:35		9:35	8:35
			自取	数量									36	
				时间									10:50	
6	F	10	约定	数量			80		30		40		40	70
				时间			10:00		9:50		8:35		9:35	8:30
			自取	数量									36	70
				时间									10:50	14:20
7	G	10	约定	数量	7		10		13		80		14:10	
				时间	8:50		11:00		9:00		9:25		6	
			自取	数量									9:40	
				时间										
8	H	10	约定	数量	7		10		13		90		50	50
				时间	8:50		13:30		9:00		9:10		14:10	9:40
			自取	数量									6	50
				时间									9:40	10:00
9	I	10	约定	数量	80	76	68	50	50	90	90	60	70	50
				时间	10:30	11:30	8:50	13:30	9:00	14:00	9:10	14:20	11:10	8:40
			自取	数量									23	33
				时间									11:10	14:10
10	J	10	约定	数量			21		25		43		20	33
				时间			13:30		10:30		10:30		9:20	9:10
			自取	数量									23	33
				时间									11:10	
11	K	10	约定	数量			21	50	25		43		25	
				时间			10:20	10:00	10:30		10:30		9:45	13:40
			自取	数量				50						32
				时间				10:20						
12	L	10	约定	数量			50	46	90	90	59		53	16
				时间			8:45	14:00	10:00	15:00	10:30		10:00	15:20
			自取	数量										
				时间										

第3章　JIT物料上线管理和改善落地

序号	物料	约定	自取	数量	时间	数量	时间	数量	时间	数量	时间	数量	时间	数量	时间
13	M	10	自取	2	14:30	20	14:10	18	9:45	22	15:30			8	15:30
14	N	10	自取	2	14:30	20	14:10	18	9:45	22	15:30			8	15:30
15	O	10	自取	11	14:30	20	15:20	34	13:40	10	9:30	3	15:30	3	15:20
16	P	10	自取	11	14:30	20	15:20	34	13:40	10	9:30	3	15:30	3	15:20
17	Q	10	自取	11	14:30	20	15:20	34	13:40	10	9:30	3	15:30	3	15:20
18	R	10	自取	11	14:30	20	15:20	34	13:40	10	9:30	3	15:30	3	15:20
19	S	10	自取			10	15:00	13	14:15	10	9:30			2	15:00
20	T	10	自取			10	15:00	13	14:20	10	9:30			2	15:00
21	U	10	自取			1	14:00			3	11:00	25	10:00		
22	V	10	自取			1	14:00			3	11:00				
23	W	10	自取			20	15:00	34	11:00	20	9:50	3	11:20	3	15:10
24	X	10	自取			20	15:00	34	11:00	20	9:50	3	11:20	3	15:10
25	Y	10	自取			42	10:00	33	11:30	20	10:20	86	10:25	66	10:20

（续）

记录表

序号	零件	工位	原因	记录内容		**月**日	**月**日	**月**日	**月**日	**月**日	**月**日
26	AA	10	约定	数量		80	130	100	50	20	
			自取	时间		13:30	10:40	10:30	11:20	10:20	
27	AB	10	约定	数量			10		6		
			自取	时间			14:00		9:00		
28	AC	10	约定	数量			11		6	20	33
			自取	时间			14:00		9:00	10:10 / 13:40	10:25
29	AD	10	约定	数量			10		25		
			自取	时间			14:30		9:40		
30	AE	10	约定	数量			11		25	20	33
			自取	时间			14:30		9:40	10:10 / 13:40	10:25
31	AF	10	约定	数量			58		90	15	16
			自取	时间			13:00		11:00	14:35	15:00
32	AG	10	约定	数量					30	90	90 / 47
			自取	时间					8:45 / 11:20	8:35 / 15:40	8:35 / 14:30
33	AH	10	约定	数量					23	20	26
			自取	时间					8:30	11:20	15:10
34	AI	10	约定	数量					9:30	20 / 14:30	16
			自取	时间					10:00	13:30 / 15:20	15:50
35	AJ	10	约定	数量					18	3	8
			自取	时间					14:00	13:10	16:30
36	AK	10	约定	数量					6	12	
			自取	时间					14:00	15:20	

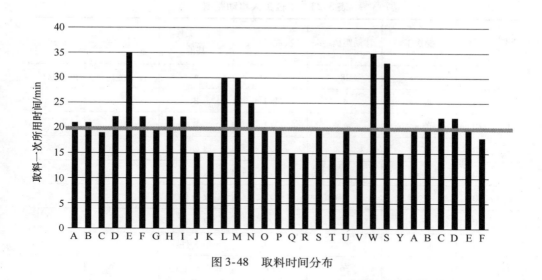

图 3-48 取料时间分布

表 3-22 物料错装问题分析

序号	日期	零件	工位	结果				原因（班组，生产信息，定置，目视化，其他）
				错装数量	返修时间	本班组影响时间	下道等待时间	
1	11.18	A	10	1	15min			上道混放无标识，本道自检不力
2	11.20	D	10	2	32min			上道混放无标识，本道自检不力
3	11.28	H	10	1	15min		15min	生产件不合格，孔偏

改善车间班组上下道工序物料衔接方法，减少错装概率和物料等待时间50%

3）上下道班组之间沟通不及时，当在制品种多时会出现错装零部件和生产过程中缺料等待现象。

4）当生产特殊和改制品种时，因投料没有定置，则在生产过程会出现混装和错装现象。

对以上问题的改善主要从物料的四定一可（定品种、定位置、定数量、可视化）方面进行。

（5）工位工人移动距离现状问题分析 表 3-23 为工位工人移动距离。

表 3-23 工位工人移动距离

序号	工位	操作工	移动距离/步	次数/节拍	物料/工具/其他	问题点	备注
1	10	贝**	28	1/40	A		吊运取料
2	10	贝**	4	1/1	B		
3	10	芮**	4	1/1	B		
4	20	赵**	2	1/1	取C件		
5	20	赵**	8	1/1	取B件		
6	20	张**	4	1/1	取D件		
7	20	于**	4	1/1	取D件		
8	20	向**	2	1/1	取F件		
9	20	赵**	36	1/70	推料车上料		
10	20	向**	56	1/70	推料车上料		
11	20	于**	4	1/70	推料车上料		
12	20	张**	8	1/70	推料车上料		
13	40	蒋**	2	1/1	E		
14	40	蒋**	2	1/1	F		
15	40	蒋**	2	1/1	G		
16	40	蒋**	4	1/10	H		
17	40	蒋**	4	1/10	I		
18	40	祈**	2	1/1	J		
19	40	祈**	2	1/10	K		
20	40	祈**	2	1/1	L		
21	40	陈**	2	1/1	M		
22	40	陈**	2	1/1	N		
23	40	陈**	2	1/1	O		
24	40	陈**	4	1/10	P		
25	40	陈**	4	1/10	QQ		
26	40	袁**	2	1/1	QW		

（续）

序号	工位	操作工	移动距离/步	次数/节拍	物料/工具/其他	问题点	备注
27	40	袁**	4	1/1	QAZ		
28	50	张**	4	1/1	WSX		
29	60	李**	2	1/1	EDC		
30	60	李**	4	1/1	RRF		
31	60	李**	2	1/1	RFV		
32	60	洪**	2	1/1	TGB		
33	60	洪**	4	1/1	QWE		
34	60	洪**	2	1/1	ASD		
35	80	许**	4	1/1	ZXC		
36	80	许**	4	1/1	WER		
37	80	许**	2	1/1	SDF		
38	80	马**	4	1/1	XCV		
39	80	马**	4	1/1	ERT		
40	80	马**	2	1/1	DFG		
41	80	邵**	2	1/1	CVB		
42	80	古**	2	1/1	GHJ		
43	80	古**	2	1/1	IUY		
44	90	万**	6	1/1	KJH		

问题点：

最远行走56步，说明物料的摆放位置和方法存在问题。但这样的走动并不是每个节拍都发生的。

根据以上问题点指定有关标准进行改善。首先考虑物料管理改善步行距离和次数：

1）确定物品定位标准，标识标准。

2）确定上下道物品物流交接标准。

3）确定工序的调整。

4）确定工位器具的标准数量，摆放位置。

5）确定工位器具内物料的摆放方法等。

5. 改善案主体和内容

根据以上现场线边物料现状分析，制定以下改善方案：

（1）投料部门对策制定

1）分时投料对策计划：根据生产计划进度，按照一天、半天、2h、1h 的时间间隔进行投料。

2）减少一次投料数量：确定每次投料的数量，以及每天投料的总量标准。

3）投料与剩余物料：确认标准，剩余物料的处理流程。

4）自取物料转投料计划：确认投料的品种与数量。

5）确定工位器具数量，实现位置标准化。

6）确定投料方法，实现拖车等标准化。

7）明确必要改善条件及改善时间表。

（2）生产车间物料管理对策制定

1）确定物品定位标准和标识标准。

2）确定上下道物品物流交接标准。

3）执行下道工序的3N标准，控制物料的错误流出。

4）现状工位器具数量减少。

5）确定物品的定位和标识标准。

6）明确工序的调整。

7）明确工位器具的标准数量及其摆放。

8）明确工位器具内物料的摆放方法。

线边物料改善方案和计划见表3-24。

6. 改善案的实施

（1）投料改善　根据现状投料时间、数量和次数，分析其不合理问题，设定新的投料时间、数量和次数，减少线边物料。具体见表3-25。

（2）工位改善

1）目的　减少人员的不必要走动。

2）目标：五步之内处理物料工作。

工位走动数据见表3-26。

1）分析工位操作内容和步骤。分析每个操作步骤所需物料品种、数量、大小、重量。

2）设计每个操作步骤的物料的摆放地点和摆放方法。

3）设计整体步骤的走动路线图。

图3-49和图3-50所示分别为工位设计和工位走动设计改善成果。表3-27和表3-28分别为改善后工位移动距离和改善后工位移动改善成本成果。

表 3-24 线边物料改善方案和计划

序号	改善方案内容	目标	责任人	协助人
1	确定线边物料最低标准	及时修正、检验	陈**	周**、张**
2	投料篮量改善方案指定和实施	定量现场零件，规范空件摆放数量，按照项目现化要求张贴零件标识	梁**	周**、张**
3	投料地点及发放方法研究和方案实施	优化现场布局，排序件，减少走动距离	梁**	周**、张**
4	零件类任别人、转运小车及工位器具配置完成	定人定量、规范摆放	梁**	周**、张**
5	总成及W地板改善区域持续保持	常态化管理	李**	陈**
6	合并料架摆放	减少生产区域不必要的数量样品	李**	焊装车间冲压、车间制边器、生产计划
7	焊线物流改善	借鉴总成物料改善的方法开始对线边多余物料及工位器具进行清理	李**	梁**
8	总焊线优化线操作器径中取料的抽排件	通过不定定要减少单台驾驶更人员的走动步数	李**	梁**
9	定置总焊线边工位器具，依图标示	实现项目现化管理	李**	梁**
10	总焊线定人定置标准化	定人定量、规范摆放	李**	梁**
11	小卡总焊线物流改善	借鉴总成物料改善的方法开始对线边多余物料及工位器具进行清理	李**	梁**
12	小卡总焊线优化线操作器径中取料的抽排件	通过不定定要减少单台驾驶更人员的走动步数	李**	梁**
13	定置小卡总焊线边工位器具，依图标示完成目现化管理	实现项目现化管理	李**	梁**
14	小卡总焊线定人定置标准化	定人定量、规范摆放	李**	梁**
15	零件二组、车门钣件改善	借鉴前期现经验对线改善的方法开始对线边多余物料及工位器具进行清理	侯** 李**	尹**

（续）

序号	改善方案内容	目标	责任人	协助人		20**年 11月 12月	20**年+1年 1月 2月 3月 4月 5月 6月 7月 8月 9月 10月
16	改善现场工位，清理多余料架	减少零件占地面积	侯**、李**	尹**、祝**	计划 实际		
17	合并相关区域，减少徒步等损失	减少徒步损失	侯**、李**	尹**、祝**	计划 实际		
18	提出工位器具需求，制作合适料架	规范零件摆放	侯**、李**	尹**、祝**	计划 实际		
19	定置线边工位器具，依照标准定置	实现目视化管理	侯**、李**	尹**、祝**	计划 实际		
20	整改组物料改善	借鉴新项目组物流改善的方法开始对整条线边物料及工位器具进行改善	赵**	尹**、祝**	计划 实际		
21	清理现场无关工位器具	减少生产区域不必要的超值料架	赵**	尹**、祝**	计划 实际		
22	整条线优化使操作员在取料时的操作动作最少	通过合理定置减少停台架性人员的走动步数	赵**	尹**、祝**	计划 实际		
23	定置整条线边工位器具，完善目视化标示	实现目视化管理	赵**	尹**、祝**	计划 实际		
24	整条线定人定置标准化	定人定置，规范摆放	赵**	尹**、祝**	计划 实际		
25	制定厂调相关整理规程，巩固改善效果	巩固持续	陈**	黄**/尹**/祝**	计划 实际		
26	通过厂调例会形式进行跟踪改进计划，验证持续改善实施效果，适时进行指导	确认、小结	陈**	制造部	计划 实际		

表 3-25 投料改善表

序号	零件名称	类别	单台用量	工位	工位器具尺寸(L×W×H)	工位器具个数	工位器具最大储量	大小件类别	投料方	分时段投料时间段	改善前单次投料量	改善后单次投料量	改善前单次投料量/(h/次)	改善后单次投料量/(h/次)
1	AAA	通用	1	30	*×*×*	1	100	大件	库房	*点*分	100	40	6.72	2.50
2	BBB	通用	1	30	*×*×*	1	60	大件	库房	*点*分	60	25	4.03	1.56
3	CCC	通用	1	30	*×*×*	1	80	大件	库房	*点*分	80	40	5.38	2.50
4	DDD	通用	1	30	*×*×*	1	150	小件	库房	*点*分	150	60	10.09	3.75
5	EEE	通用	1	30	*×*×*	1	150	小件	库房	*点*分	150	60	10.09	3.75
6	FFF	通用	1	30	*×*×*	1	80	大件	库房	*点*分	80	40	5.38	2.50
7	GGG	专用	1	30	*×*×*	1	100	大件	库房	*点*分	100	40	6.72	2.50
8	HHH	通用	1	30	*×*×*	1	100	大件	库房	*点*分	100	40	6.72	2.50
9	III	通用	1	30	*×*×*	1	60	大件	库房	*点*分	60	25	4.03	1.56
10	JJJ	通用	1	30	*×*×*	1	150	小件	库房	*点*分	150	60	10.09	3.75
11	KKK	通用	1	30	*×*×*	1	100	小件	库房	*点*分	100	50	6.72	3.13
12	LLL	通用	1	30	*×*×*	1	500	大件	库房	*点*分	500	100	33.62	6.25
13	MMM	通用	1	40	*×*×*	1	300	小件	库房	*点*分	300	100	20.17	6.25
14	NNN	专用	1	40	*×*×*	1	300	小件	库房	*点*分	300	100	20.17	6.25
15	OOO	通用	1	40	*×*×*	1	300	小件	库房	*点*分	300	100	20.17	6.25
16	PPP	通用	1	40	*×*×*	1	300	小件	库房	*点*分	300	100	20.17	6.25
17	QQQ	通用	1	40	*×*×*	1	300	小件	库房	*点*分	300	100	20.17	6.25
18	RRR	专用	1	40	*×*×*	1	300	小件	库房	*点*分	300	100	20.17	6.25
19	SSS	通用	1	40	*×*×*	2	100	小件	库房	*点*分	100	50	6.72	3.13
20	TTT	专用	1	40	*×*×*	1	50	小件	库房	*点*分	50	25	3.36	1.56
21	UUU	专用	1	40	*×*×*	1	50	小件	库房	*点*分	50	25	3.36	1.56

（续）

序号	零件名称	类别	单台用量	工位	工位器具尺寸(L×W×H)	工位器具个数	工位器具最大储量	大小件类别	投料方	分时段投料时间段	改善前单次投料量	改善后单次投料量	改善前单次投料量/(h/次)	改善后单次投料量/(h/次)
22	VVV	通用	1	50	*×*×*	1	300	小件	库房	*点*分	200	100	13.45	6.25
23	WWW	通用	1	50	*×*×*	1	80	大件	库房	*点*分	80	40	5.38	2.50
24	XXX	通用	1	50	*×*×*	1	80	大件	库房	*点*分	80	40	5.38	2.50
25	YYY	通用	1	60	*×*×*	1	1000	小件	库房	*点*分	1000	150	67.25	9.38
26	ZZZ	通用	1	60	*×*×*	1	900	小件	库房	*点*分	500	150	33.62	9.38
27	ABC	通用	1	60	*×*×*	1	300	小件	库房	*点*分	300	75	20.17	4.69
28	DEF	通用	1	60	*×*×*	1	300	小件	库房	*点*分	300	75	20.17	4.69
29	GHI	通用	1	60	*×*×*	1	300	小件	库房	*点*分	300	75	20.17	4.69
30	JKL	通用	1	60	*×*×*	1	1000	小件	库房	*点*分	1000	150	67.25	9.38
31	MNO	通用	1	60	*×*×*	1	900	小件	库房	*点*分	500	150	33.62	9.38
32	PQR	通用	1	70	*×*×*	1	200	小件	库房	*点*分	200	50	13.45	3.13
33	STU	专用	1	70	*×*×*	1	200	小件	库房	*点*分	200	50	13.45	3.13
34	VWX	通用	1	70	*×*×*	1	200	小件	库房	*点*分	200	50	13.45	3.13
35	QWE	专用	1	80	*×*×*	1	500	小件	库房	*点*分	400	200	13.45	6.25
36	ASD	通用	2	80	*×*×*	1	30	大件	库房	*点*分	30	15	2.02	0.94
37	ZXC	通用	1	80	*×*×*	1	30	大件	库房	*点*分	30	15	2.02	0.94
38	TYU	专用	1	90	*×*×*	1	300	小件	库房	*点*分	300	100	20.17	6.25
39	GHJ	通用	1											
40	BNM	通用	1											
合计						39	10650	大件 12 小件 28		*点*分 *点*分	9750	2890	16.06	4.36

184

表 3-26 工位走动数据表

人员	工作内容	基础数据				距离（单位：步）			动作定义		取件类别	
		步数/步	台份	单台平均步数/步	单人单台平均步数合计/步	≥5	2~5	0-2	操作	转运	取料	大件	小件
10-A	移动至XX库取XX	14	40	0.35	6.70			1		1	1	
10-A	吊运XX至10工位工装	14	40	0.35				1		1	1	
10-A	取XX加固板	2	1	2.00				1		1	1	
10-A	返回装配加固板	2	1	2.00				1		1	1	
10-A	转运XX至20工位	20	20	1.00				1		1		
10-A	返回	20	20	1.00				1		1		
10-B	取XX加固板	2	1	2.00	4.00			1		1	1	
10-B	返回装配加固板	2	1	2.00				1		1	1	
20-A	搬取YY加固板并返回	8	5	1.60	29.40			1		1		1
20-A	搬YY支架并返回	8	10	0.80				1		1		1
20-A	移动XX至30工位工装	12	1	12.00		1				1		
20-A	返回至20工位工装搬抬纵XX	13	1	13.00		1			1			
20-A	返回ZZ踏板	2	1	2.00				1	1			
20-B	推小车至预装工位上料并返回	36	70	0.51	25.51			1		1		1
20-B	取后CCC并返回	2	1	2.00				1		1		1
20-B	移动XX至30工位工装	7	1	7.00		1				1		
20-B	返回至20工位工装搬抬XX	11	1	11.00		1			1			
20-B	返回工位操作	5	1	5.00		1			1			

(续)

工位走动数据分析表

人员	工作内容	基础数据				距离（单位：步）			动作定义			取件类别	
		步数/步	台份	单台平均步数/步	单人单台平均步数合计/步	≥5	2~5	0-2	操作	转运	取料	大件	小件
20-C	搬取CCC支架并返回	24	10	2.40	30.60		1				1		1
20-C	搬取前后ZZZ加固板并返回	6	5	1.20				1			1		1
20-C	移动XXX至30工位工装	12	1	12.00		1				1			
20-C	返回至20工位工装搬抬XXX	13	1	13.00		1			1				

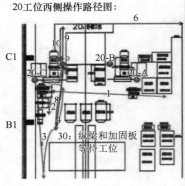

20工位西侧操作路径图：

人员	序号	工作内容	步数/步	次数/节拍
20-C	1	搬取XXX支架并返回	24	1/10
20-C	2	搬取前后YYY板并返回	6	1/5
20-C	3	移动纵梁至30工位工装	12	1/1
20-C	4	返回至20工位工装搬抬纵梁	13	1/1
20-C	5	返回Z机踏板	2	1/1
		单台移动步数合计	27	
20-D	6	推小车至预装工位上料并返回	56	1/70
20-D	7	取XXX支架并返回	2	1/1
20-D	8	移动纵梁至30工位工装	7	1/1
20-D	9	返回至20工位工装搬抬纵梁	11	1/1
20-D	10	返回工位操作	5	1/1
		单台移动步数合计	25	

图3-49 工位设计

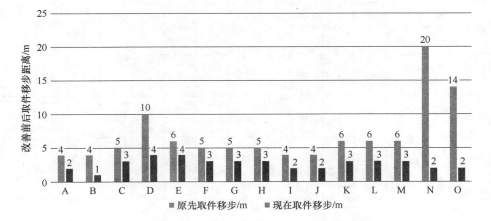

图3-50 工位走动设计改善成果

表 3-27 改善后工位移动距离

序号	零件类别	班组	取料班组	取料距离/m
1	XX 类	第一组	零件二组	2~3
2	XX 类	第一组	零件二组	2~3
3	XX 类	第一组	零件二组	2~3
4	XX 类	第一组	零件二组	2~3
5	XX 类	第二组	零件一组	3~4
6	XX 类	第二组	零件一组	3~4
7	XX 类	第二组	零件一组	3~4
8	XX 类	第二组	零件一组	1~3

表 3-28 改善后工位移动改善成本成果

生产线	改善前取件总距离/m	改善后取件总距离/m	年度产量/台	改善效果/h	节约成本/元
XXX 线	48	18	12000	100	3100
YYY 线	36	16	28000	155.5	4822
ZZZ 线	110	45	40000	722	22389

按年度生产 40000 台计算（XXX 线 12000 台，YYY 线 28000 台），此项改善对劳动生产率贡献为：XXX 线：0.24%，YYY 线：0.375%，ZZZ 线：1.74%。通过减少线边物料，使线边的物料管理和工人的无效走动作业等都得到了大幅度的改善。代表事例如图 3-51~图 3-54 所示。

a) 改善前：库存料架空间利用不足　　b) 改善后：清理库内料架、无用零件清空场地 28m²

图 3-51　长时间不用物料的清理

以上改善的成果见表 3-29，各线线边物料改善变化如图 3-55 所示。

a) 改善前：现场无序，凌乱　　b) 改善后：清理无用零件，增加22m²存放车辆

图 3-52　物料摆放方法的标准化

a) 改善前：料架物料过多，取料距离长　　b) 改善后：取消无用物料，空间增加20m²

图 3-53　减少物料和工位器具

a) 改善前：物料种类较多，工位器具不统一　　b) 改善后：安装边板库房护栏54m，开辟8条通道

图 3-54　统一工位器具

表 3-29　改善成果

生产区域名称	改善前工位器具总数/部	减少工位器具/部	减少零件/种	减少零件数量/件	增加面积/m²	维修改造工位器具/部	出新工位器具/部	备注
A线	50	6	5	3300	25	18	35	
A线边库房	89	12	31	6509	50	8	23	

(续)

生产区域名称	改善前工位器具总数/部	减少工位器具/部	减少零件/种	减少零件数量/件	增加面积/m²	维修改造工位器具/部	出新工位器具/部	备注
B线	38	11	7	1710	20	8	25	
B线边库房	79	9	10	2631	28	2	0	
C线	21	1	2	3000	8	1	15	
C线边库房	73	15	16	7040	53.6	0	0	
D线	40	0	0	4870	0	12	24	
E区域	25	1	12	1735	0	4	15	
合计	415	55	83	30795	184.6	53	137	

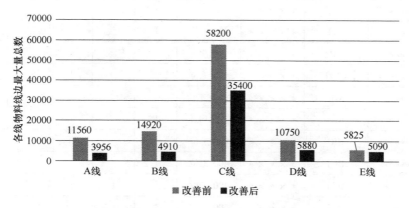

图3-55 各线线边物料改善变化

(3) 工位器具改善 对现有工位器具进行梳理和改善，确定必要工位器具的数量，以及需要维修、改制、配置标签的工位器具，见表3-30。

表3-30 工位器具改善表

序号	器具编号	零件名称	长×宽×高	区域位置	完好可出新	需修补	铭牌缺失	需改造	数量不足
1	********	XXX	*×*×*	库房		1			
2	********	XXX	*×*×*	800工位		1	1		
3	********	XXX	*×*×*	库房		1			
4	********	XXX	*×*×*	库房	1				
5	********	YYY	*×*×*	库房	1				

（续）

序号	器具编号	零件名称	长×宽×高	区域位置	完好可出新	需修补	铭牌缺失	需改造	数量不足
6	********	YYY	*×*×*	A300工位		1			
7	********	ZZZ	*×*×*	200工位	1			1	
8	********	ZZZ	*×*×*	200工位	1			1	
9	********	XYZ	*×*×*	200工位	1			1	
10	********	XYZ	*×*×*	200工位	1			1	
11	********	ASD	*×*×*	200工位	1				
12	********	ASD	*×*×*	200工位	1				
13	********	QWE	*×*×*	库房	1		1		
14	********	QWE	*×*×*	库房	1				
15	********	QWE	*×*×*	400工位	1				
16	********	GHH	*×*×*	库房	1				
17	********	GHH	*×*×*	400工位			1		
18	********	KIU	*×*×*	A400工位	1				
19	********	KIU	*×*×*	库房	1				
20	********	UIO	*×*×*	800工位	1				
21	********	DGJ	*×*×*	400工位	1			1	
22	********	DGJ	*×*×*	400工位		1	1		
23	********	DGJ	*×*×*	400工位	1				
24	********	DGJ	*×*×*	400工位			1		
25	********	LOI	*×*×*	400工位	1		1		
26	********	LOI	*×*×*	400工位	1				
27	********	NJI	*×*×*	400工位	1				
28	********	MHT	*×*×*	600工位	1				
29	********	VGY	*×*×*	600工位	1				
30	********	VDR	*×*×*	600工位	1		1		
31	********	XDR	*×*×*	800工位	1				
32	********	XDR	*×*×*	800工位	1				
33	********	MKQ	*×*×*	800工位	1				
34	********	XOI	*×*×*	600工位	1			1	

（续）

序号	器具编号	零件名称	长×宽×高	区域位置	完好可出新	需修补	铭牌缺失	需改造	数量不足
35	********	XOI	*×*×*	600工位	1			1	
36	********	FTR	*×*×*	铆钉预装	1				
37	********	DRM	*×*×*	铆钉预装	1				
38	********	MFQ	*×*×*	铆钉预装	1				
39	********	MFQ	*×*×*	铆钉预装	1				
40	********	MFQ	*×*×*	铆钉预装	1				
41	********	ALO	*×*×*	400工位	1				
42	********	ALO	*×*×*	400工位	1				
43	********	ALO	*×*×*	400工位	1	1			
44	********	ALO	*×*×*	400工位	1				
45	********	ALO	*×*×*	400工位	1	1			
46	********	ALO	*×*×*	400工位	1				
47	********	ALO	*×*×*	400工位	1				
48	********	CVM	*×*×*	800工位	1			1	1
49	********	CVM	*×*×*	800工位	1			1	1
50	********	CVM	*×*×*	800工位	1				
51	********	MZY	*×*×*	800工位	1			1	1
52	********	MZY	*×*×*	800工位	1			1	1
53	********	标准件	*×*×*	800工位	1				
54	********	标准件	*×*×*	800工位	1				
55	********	VGT	*×*×*	100工位	1		1		
56	********	VGT	*×*×*	100工位	1		1		
57	********	MZT	*×*×*	100工位	1				
58	********	MZT	*×*×*	100工位	1		1		
59	********	SDP	*×*×*	200工位					
60	********	SDP	*×*×*	200工位	1				
61	********	NZQ	*×*×*	200工位		1			
62	********	NZQ	*×*×*	200工位		1		1	
63	********	MBE	*×*×*	60工位	1		1		

工位器具等的减少和改善直接影响了线上的工作效率,表3-31和表3-32分别为B线改善前后操作时间分布。

表3-31 B线改善前操作时间分布

操作人数	工位	工人操作时间/s	吊运时间/s	等待时间/s	节拍/s
4	10	234	38	0	272
4	20	200	38	34	272
4	30	215	38	19	272
2	40	195	38	39	272
4	50	225	38	9	272
3	70	172	82	18	272

改善后B线工位10的料架减少了10部料架,取料距离减少,单台工时减少5s并减员1人,在班产不变的情况下,劳动生产率提升了5.2%。

表3-32 B线改善后操作时间分布

操作人数	工位	工人操作时间/s	吊运时间/s	等待时间/s	节拍/s
4	10	229	38	0	267
4	20	200	38	29	267
4	30	215	38	14	267
2	40	195	38	34	267
3	50	221	38	8	267
3	70	172	82	13	267

(4)物料可视化改善 制定物料可视化标准,见表3-33、表3-34及图3-56。

表3-33 物料管理标准

第X章 料箱/料架/物流的目视化管理标准 ....
X.1 定义 ....
X.2 目的 ....
X.3 规定 ....
X.3.1 料箱/料架/物流的目视化管理内容 ....
X.3.2 料箱/料架/物流的目视化管理原则 ....
X.3.2.1 生产线/作业区料箱,料架(属于车间)
X.3.2.2 生产线/作业区料箱,料架(属于配套厂)
X.3.2.3 报料箱/待处理料箱的目视化管理
X.3.3 料箱/料架/物流的目视化管理的实施 ....
X.3.3.1 管理者责任

（续）

X.3.3.2 实施标准
第 Y 章　通道/导向/警告的目视化管理标准
Y.1　定义
Y.2　目的
Y.3　规定
Y.3.1　通道/导向/警告的目视化管理的内容
Y.3.2　通道/导向/警告的目视化管理的原则
Y.3.3　通道/导向/警告的目视化管理的实施
Y.3.3.1　管理者责任
Y.3.3.2　实施标准

表 3-34　物料管理标准图册

目录
前 X 类
前 XX 横梁
前 XX 板
前 XX 板（中体）
前保险杠
顶 X 类
顶 X（AAA）
顶 X（BBB）
顶 X（CCC）
地板类
地板 XX
地板 YY
地板 ZZ
侧门类
AAA
BBB
CCC
DDD
EEE
后 X 类
后 X 支撑
后 XX 板
后 XY 板
后 XZ 板

制作工位器具物料标准可视化标签，如图 3-57 所示。

7. 整体改善成果汇总

通过为期一年的现场物流改善，全厂的在线物料得到了大幅度减少。

1）在线线边物料：主力生产线 XX 线降低了 65.8%，YY 线降低了 67.1%，整体降低了 54.6%。

2）取料走动距离：工人处理物料走动的距离也得到了大幅度降低，总体走动距离减少了 61.5%。其中一个工位原来取料距离为 20 步，改善后取料距离为 2 步。

3）物料目视化率超过 97%。

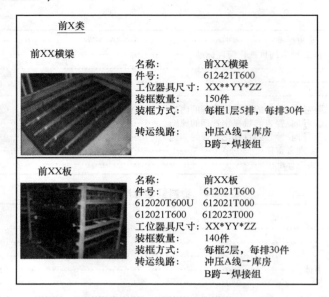

前X类

前XX横梁

名称：　前XX横梁
件号：　612421T600
工位器具尺寸：XX**YY*ZZ
装框数量：　150件
装框方式：　每框1层5排，每排30件
转运线路：　冲压A线→库房
B跨→焊接组

前XX板

名称：　前XX板
件号：　612021T600
612020T600U　612021T000
612021T600　612023T000
工位器具尺寸：XX*YY*ZZ
装框数量：　140件
装框方式：　每框2层，每排30件
转运线路：　冲压A线→库房
B跨→焊接组

图 3-56　物料管理标准图册式样

工位号	40		
零件件号	2800N2A1-297J		
零件名称	XX支架		
单箱数量	40	线边最大量	40
拉动方式		上线时间	

工位号	80		
零件件号	2806Y001A0P00		
零件名称	YY支架		
单箱数量	40	线边最大量	40
拉动方式		上线时间	

图 3-57　工位器具物料标准可视化标签

4）减少了混装和错装，全年未再出现一起混装和错装现象。

5）消除瓶颈工序，平均提高生产效率3%以上。

6）对不合理区域重新布局，减少员工生产中的走动浪费和提高场地利用率，消除安全隐患。

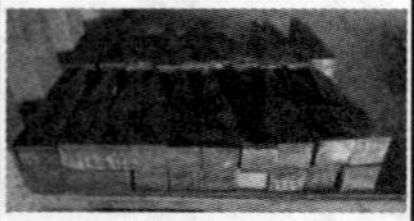

7）零部件安排专人配送到现场，完全消除车间自取。符合4h投料的零件占一半以上，部分品种实现2h投料。

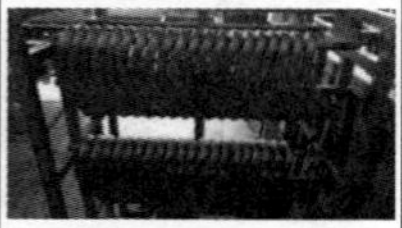

通过以上改善，解决了大部分物料多、物料乱、物料散的现场问题。

3.2.3　在线物料管理和改善总结

在线物料管理和改善的切入点是非常重要的。上述案例的切入点是：

1）投料调查：要看投料的数量、时间、地点是否存在问题。

2）剩余物料：每天生产结束后，通过看剩余物料的所在工位及品种数量，寻找解决方法。

3）工位自取：这是一个特别的问题，在实际调查中发现有这种现象，感觉比较不正常，所以增加了这个调查。主要是看为什么要自取，自取的物料是什么。正常情况是不应该发生这种现象的。

4）错装物料：主要是看投料、放置、可视化等情况和问题。

5）工位器具：看其是否适合物料的放置和运送，明确工位器具的装载数量和装载方法。

6）工人走动：分析是否由于物料的摆放位置和方法不当造成了不合理走动。

以上六个切入点既有共性，也有个性，是线边物料分析的重点切入点。可以参考进行自己企业的改善工作。

生产量、时期、方法、顺序和物料的搬运量、搬运时期、搬运地点、放置场所、搬运工具，容器这些管理是线边物料管理的基本要素。

线边物料管理和改善的落地就是针对这些要素，进行不间断的管理改善！

3.3 现场物流空间改善落地

3.3.1 物流的"亩产值"

农业中经常应用到亩产量的概念。在企业，很多人会提到工厂投资多少、占地多少、人员多少、产量多少，等等，但是我要看，企业的"亩产值"。

所谓"亩产值"，对于企业来讲就是单位面积的产值，或单位面积的产量，再进一步讲就是单位面积的附加价值产出。这也是精益生产所追求的一个生产效率的指标和目标。

1）单位面积产值＝总产值/总占地面积。

2）单位面积产量＝总产量/总占地面积。

3）单位面积附加价值＝总附加价值/总占地面积。

我们这里谈的是工厂内物流的空间利用率的课题，所以，这就要应用到物流单位面积产量，即：

$$单位物流面积产量＝产量/物流面积。$$

当然也有物流人员效率的评估方式，即：

$$物流人员劳动生产率＝产量/物流人员数。$$

JIT 物流当然更要追求物流亩产值。

3.3.2 物流空间利用的实际课题

实际生产中，我们经常会感觉到现场的空间越来越不够用。新的工厂开始的时候会感觉到空间比较大，足够用，但是使用一段时间使用后，就会感觉生产空间、物流空间不够。其中有很多原因是我们管理上的问题造成了生产空间或物流空间越来越狭小：

1）在制品的现场停留。
2）工序布置的变更。
3）生产计划（品种等）的变更。
4）物料的现场堆积。

上述第 4 个问题是厂内物流的标准和管理课题，也是很多企业的现实问题，是本节讨论的重点。

造成物料现场堆积的主要原因有：

1）物料投料的数量和时间的管理没有形成标准化，加工无序的物料投放，造成了物料堆积。

2）在多品种小批量的生产体制下，如果不按 JIT 的方式进行不同品种的现场物料投放，有时就会造成非常多的物料堆积在现场。

3）物流系统和物料投放方法等没有及时随生产工艺与生产流程的变化而变化，造成物料在现场的过分投入。

以上原因造成了现场空间不足，单位物流面积产量低下。

目前有很多书和文章介绍物流的改善，但是对于解决现场物流空间的问题、提高单位物流面积产量的内容却十分少。企业即使按照一些标准的方法进行改善，也很难取得比较有效单位成果。

精益改善落地，物流改善落地，关键是结合实际问题加以解决。单纯地追求理想的物流，追求理想的 JIT，结果可能不但解决不了问题，反而造成更多的浪费。

有关单位物流面积产量的改善也是如此，应结合本企业，立足自己企业现场的实际，做一些力所能及的实际物流改善，取得在现场看得见的成果。单位物流面积产量的改善效果，就是在现场看到物料的堆积减少了，空间增大了。这就是落地。

3.3.3 现场物流空间改善落地的重点

我们在现场工作时间比较长，看得到的问题也会比较多，也比较清楚问题发生的原因所在。但是一旦进行改善，就会感觉到比较困难，即使进行了一些改善，有时也很难取得理想的效果。问题的关键在哪里？

我觉得，改善的切入点是一个关键所在！每个企业的情况不一样，每个现场的情况也不一样，每个人都工作经验更不一样，所以，在本节谈到物流空间改善落地，切入点也会各有关不同，所以切入点是物流空间改善落地的重点。

在基于现状，立足自我现场的前提下，明确可行的切入点，同时将改善的核心放在管理上，不花钱，少花钱，办大事才是精益落地之道。

3.3.4 现场物流空间改善案例分析研究

1. 案例背景

某企业近几年来随着产量和品种的增加，生产场地的物料和生产环节也在不断地增加，造成生产场地空间逐渐变得拥挤，整个生产场地的空间利用有很多不合理和没有充分利用的现象。在不增加生产场地的情况下，提高场地生产效率，对应今后增加的市场，企业将从省空间、提高单位面积利用率、缩短生产周期等方面着手，开展改善活动。改善活动命名为：提高生产空间利用率活动。

2. 提高生产空间利用率活动计划

某企业的现场空间不足，希望通过改善，提高生产空间（面积）的利用效率。使用5W1H的工具展开活动计划（见表3-35）。

3. 生产空间利用状况调查分析

为进行有效的改善，首先明确现状课题和问题。

（1）工艺流程布局调查分析

1）首先通过工艺流程调查分析平面布局和工艺流程的现状。共有3个车间，A车间为前道准备车间，B车间为焊接车间，C车间为装配车间。其平面布局如图3-58所示。

2）再调查分析库房与生产区域的关系，如图3-59所示。

生产物流周期时间分布图如图3-60所示。

通过以上现状调查分析，可以发现几个问题：

1）部品仓库分成两个级别，造成物流时间较长（4天），同时造成物品的多次搬运。

2）前道工序的生产和物流时间长于后道工序，因此会造成前道工序物料堵塞，后道工序生产等待。

3）总体的生产物流周期时间为10.5天，有待进一步优化。

（2）物流空间生产效率调查分析

1）物流面积生产效率调查分析（见表3-36）。通过该分析，可以看出各个生产环节单位物流面积的产出。

表 3-35 提高生产空间利用率活动计划

(5W1H方式)　　计划：□ 实际：■ 延续：　　△

WHY 步骤	WHAT 课题	WHERE 地点	WHEN 1月 第1周	1月 第2周	1月 第3周	1月 第4周	2月 第1周	2月 第2周	2月 第3周	2月 第4周	3月 第1周	3月 第2周	3月 第3周	3月 第4周	担当	WHO 确认	参加人员	HOW 方法
1.小组成立	成立体制创新小组	食堂	□■												—	—	参加人员	动员大会
2.日程制作	评估标准确认、制作小日程计划	第二会议室		□ ■	□ ■										—	—	小组全体成员	讨论形式
3.现状情况调查	A.部品放置空间的再确认	部品管理课				□ ■									许XX	徐XX	各相关人员	实际测量
	B.成品放置空间的再确认	生产管理课				□ ■									薛XX	赵XX	各相关人员	实际测量
	C.生产车间分布及材料部品放置空间的再确认	AIM、PCB、FA车间				□ ■									陈X、徐XX	许XX	各相关人员	实际测量
	D.办公区的再确认	办公区				□ ■									赵XX	薛XX	各相关人员	实际测量
4.现状情况分析	问题点罗列及汇总	第二会议室						休息日	□ ■	△ ■					杨XX	陈X	小组全体成员	讨论形式
5.现状情况分析	制作物流程图 单位物流面积测算	第二会议室									徐XX	陈X	小组全体成员	小组讨论
6.原因分析	搬运次数的测定 生产周期的测定	现场										□ ■			全体	陈X	小组全体成员	小组讨论
7.制定目标	各部门制定省间优化的目标值	第二会议室											■		全体	陈X	小组全体成员	小组讨论
8.中间发布成果准备	中间成果鉴定 幻灯片制作	各自办公区											□		杨XX	陈X	小组全体成员	打印
9.中间成果报告	报告成果演讲	第一会议室												□	陈X	总经理	小组全体成员	发表

第3章 JIT物料上线管理和改善落地

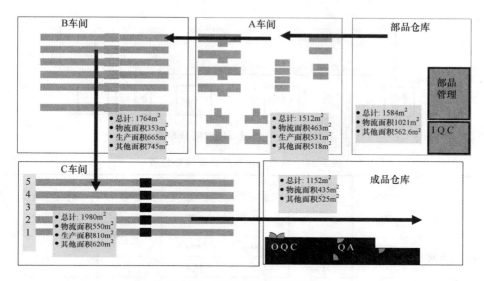

图3-58 现状工艺流程布局图

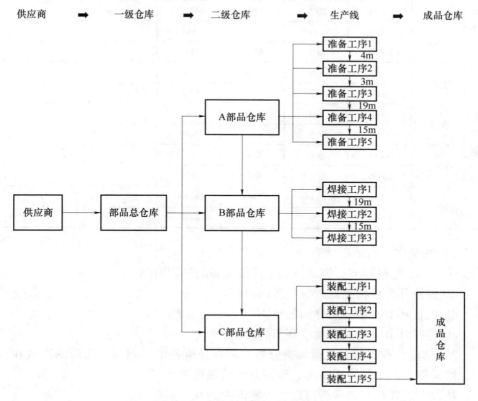

图3-59 库房与生产区域关系图

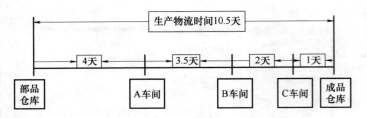

图 3-60　生产物流周期时间分布图

表 3-36　物流面积生产效率调查分析

面积 部门		总面积 /m²	物流面积 /m²	生产面积 /m²	其他面积 /m²	产量 /(台/月)	单位物流面积 产量/(台/m²)
生产空间	A 车间	**** 100%	*** 31%	*** 35%	*** 34%	*****	67
	B 车间	**** 100%	*** 20%	*** 38%	*** 42%	*****	88
	C 车间	**** 100%	*** 28%	*** 41%	*** 31%	*****	56
事务空间	仓库	**** 100%	*** 47%	*** 0%	*** 53%	*****	56
	部品	**** 100%	*** 64%	0.0 0%	*** 36%	*****	30
	办公室	**** 100%	0.0 0%	0.0 0%	*** 100%	—	—
合计		**** 100%	**** 33%	**** 23%	**** 44%	*****	11

2）物流作业有效率调查分析（见图3-61）。

① 加工/配料环节：物品被加工或被准备的过程时间。

② 停滞环节：物品被放置等待的时间。

③ 搬运环节：物品从移动的时间。

④ 检验环节：物品在检验环节的时间。

3）物流作业次数和数量调查分析。调查分析各个车间每日物流的次数和数量，以及物流的工具使用情况，调查分析结果见表3-37。

从以上的现状调查分析可以发现物流中的几个问题：

生产区域	总体时间/h	加工/组装配料	停滞	搬运	检验/品质数量	总体时间构成
A车间	84.0	70.0	7.0	1.5	5.5	
	100%	83%	8%	2%	7%	
B车间	48.0	10.1	32.0	1.0	5.0	
	100%	21%	67%	2%	10%	
C车间	24.0	4.2	16.0	0.7	3.1	
	100%	18%	67%	3%	13%	
部品	96.0	16.0	68.0	8.0	4.0	
	100%	17%	71%	8%	4%	
合计	252.0	100.3	123.0	11.2	17.5	
	100%	40%	49%	4%	7%	

图 3-61 物流作业有效率调查分析

表 3-37 物流作业次数和数量分布调查

生产区域	搬运手段	搬运量/次（箱）	总体搬运次数	搬运数量/日
A 车间	液压车	18	27	481
	推车	4	241	962
	徒手	1	1439	1439
	合计	23	1707	2882
B 车间	液压车	18	20	360
	推车	0	0	0
	徒手	1	538	538
	合计	19	558	898
C 车间	液压车	32	27	864
	推车	12	200	2400
	徒手	1	6060	6060
	合计	45	6287	9324
部品	液压车	30	160	4800
	推车	0	0	0
	叉车	35	8	280
	徒手	1	6800	6800
	合计	66	6968	11880

(续)

生产区域	搬运手段	搬运量/次（箱）	总体搬运次数	搬运数量/日
合计	液压车	98	234	6505
	推车	16	441	3362
	叉车	35	8	280
	徒手	4	14299	14837
	合计	153	14982	24984

1）物流单位面积产量差距比较大，最大值为 88 台，最小值为 55 台。55 台是最后一道工序：C 车间组装工序的单位物流面积产量，有待进一步提高。

2）同时从物流作业效率上分析，总体 40% 的时间在进行加工或准备，但是物品停滞的时间占了 49%，也就是说在 10.5 天的生产物流期间内，几乎有一半的时间消耗于物品在工序间停留，这样就使大量的物品占用了物流空间，同时也拉长了生产物流时间。

3）生产环节的搬运主要依靠推车和人的搬运，这样就造成了人的物流时间占比增加，也增加了人的劳动强度。

4）一些物料堆放场地和堆放方法不合理，造成了物流空间的浪费。

4. 现状问题原因分析和改善方案

利用鱼骨图，从场地分配、部品管理、布局问题、标准管理和人员管理五个方面进行生产物流效率问题关联原因分析，如图 3-62 所示。

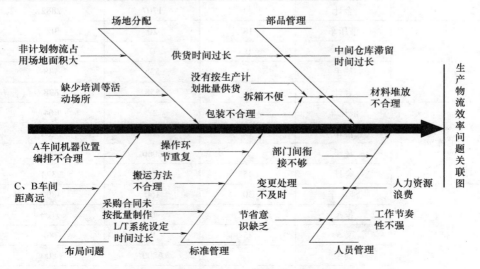

图 3-62　生产物流效率问题关联原因分析

结合以往物流、物料的基本信息,发现其中影响生产物流效率的主要因素有:①供货时间过长;②操作环节重复;③拆箱工作复杂。

1)供货问题原因分析,如图3-63所示。

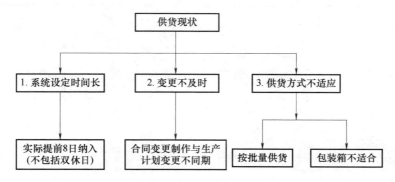

图3-63 供货问题原因分析

2)操作环节重复问题原因分析,如图3-64所示。

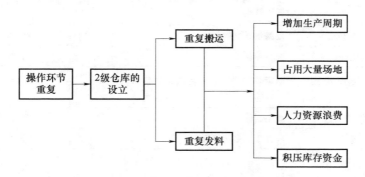

图3-64 操作环节重复问题原因分析

3)拆箱不便问题原因分析,如图3-65所示。

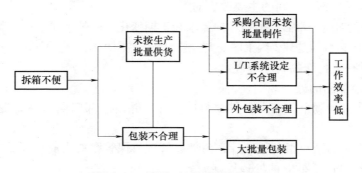

图3-65 拆箱不便问题原因分析

5. 改善对策和实施

根据以上的原因分析制定了以下 13 项改善对策，见表 3-38。

表 3-38 改善对策一览表

	改善对策	改善内容	难易度			责任部门
			难	中	易	
1	撤销二级仓库	物流流程上撤销二级仓库，并且对现有仓库物流流程和物料摆放进行改善	☆			资材部、IQC 课
2 3	部品纳期减半（RMB 结算）	1. 大物提前 1 天纳入 2. 小物提前 4 天纳入	☆			资材部、IQC 课
4	部品包装方式变更	包装箱改成运转箱		☆		资材部、IQC 课
5 6	供货方式的变更	结构类部品的供货数量按生产 LOT 数量纳入（B、C 车间）	☆			资材业务
7	生产计划与纳期同期化	生产计划变更时，部品纳入合同及时变更管理		☆		资材业务
8	发料指导书	发料指导书的制作		☆		技术部
9	工序变更确认	变更确认操作规程制作			☆	省空间项目组
10	物料处理规则制定	制定剩余物料、工艺改善后物料变更等管理规定				
11	1 级发料规则	规则制作			☆	省空间项目组
12	资源配置	添置 2 辆多功能推车		☆		技术部
13	成品入库方式改变	C 车间生产的成品由成品仓库负责搬运		☆		生产管理课

其中撤销二级仓库、缩短纳入时间、生产计划与交期同期化三大对策是提高物流效率，减少物流空间的主要改善对策。

同时，为对应经常需要根据客户需求和工期变化进行的工序变更，制定了标准工序变更程序，目的是减少因工序变更引起的现场物料堆积，流程如图 3-66 所示。

制定了有关特殊物料处理规定：

1）多余部品的处理规则。

① 生产来料剩余部品由各科领料员统计，并由该部门向部品管理科开出退料单。

② 半成品的余料由各科统计，由部品管理科保管存放半成品部品。

2）机插件改手插时的处理规则。

① 临时变更由 B 车间领料员向 A 车间领取该部品。

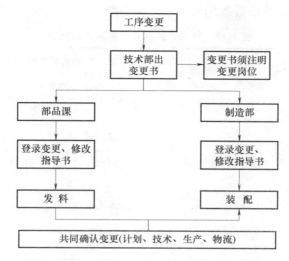

图 3-66 工序变更标准流程

② 永久变更时,部品管理科发往 B 车间生产线。

3) 由于 1 级仓库直接向生产车间发料,原部品出库条形码取消;为确保生产,部品科须有 1.5 天的制造提前量。

对以上改善方案,通过现场共同努力,进行了三个月的实施改善。

6. 改善成果

1) 省空间效果对比,节省中间环节物流仓库空间,改善前:1366m², 改善后:996m², 节省空间:370m², 其中, A 车间部品区域 50m², B 车间部品区域 150m², C 车间部品区域 170m²。

2) 提高单位物流面积产量。图 3-67 所示为改善前后单位物流面积产量变化。

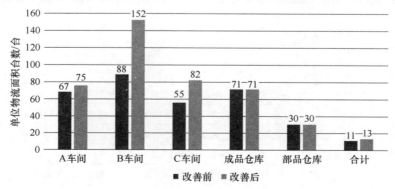

图 3-67 改善前后单位物流面积产量变化

注:此处的单位物流面积产量=月生产量/物流面积/(台/m²)

3）部品包装形式改善效果对比，见表3-39

表3-39　部品包装形式改善效果对比表

包装类别 内容（现调）	未按批量包装占用的配料工时现状		改善后按批量包装供货后的配料工时	
	甲产品（工时）/h	乙产品（工时）/h	HOME（工时）/h	CAR（工时）/h
结构、电子、印刷包装	38	6	30	5
工时合计	44		35	

对31个供应商进行了改善，供应商按计划批量送货，可提高工作效率20%左右。

4）生产物流周期时间的改善效果，见图3-68。

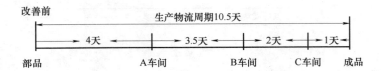

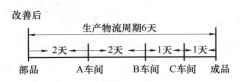

图3-68　生产物流周期时间的改善效果

5）整体改善的经济效益，见表3-40。

表3-40　整体改善经济效益表

项目	内　　容
省空间	节省空间370m²
	折合资金（1年）：0.55×370×30×12＝73260元
人员减少	减少人员8人
	1）2级仓库改成1级仓库。在2级发料员9人的基础上减少5人，占55%
	2）部品包装改善。在部品科22名发料员的基础上可减少2人，占10%
	3）成品仓库改变入库方式。减少C车间入库员1人
	折合资金（1年）：8×1000×12＝96000元
资源添置	为提高发料效率，添置2辆带有托盘的手推车，合计费用：2000元
合计	年节约资金：73260＋96000－2000＝167260元/年

（续）

项目	内　　容
库存资金减少	现调部品 8 天的量减至 4 天的量 折合资金（以 1～3 月的平均库存量为例）： 532.44/2 = 266.22 万元（每月）
合计	平均每月降低库存资金：267.53 万元

同时利用节省的生产物流空间增设专业培训学习等活动场所，如图 3-69 所示。

7. 持续改善

随着改善的实施和扩大，物流管理和生产管理发生了很大的变化，同时与供应商的合作也发生了变化，需要一些适应时期。为此，内部管理对有可能发生的一些生产物流问题，事先研究预备方案，制定对策，作为持续改善的内容，不断改善，不断标准化。见表 3-41。

图 3-69　培训学习等活动场所

表 3-41　持续改善内容

项　　目	持续改善内容	对　　策	担　　当
生产计划紧急变更	1）分供方缺货对策	在 1.5 天前发出变更通知	生产管理部
	2）部品科配料对策		资材部
生产计划调整、延期、增大生产量	部品仓库空间调整	合同及时变更	生产管理部
		临时借用内部空余场地	相关部门
计划外停产	1）外购材料脱期对策	材料纳期遵守率的保证	资材部
	2）生产设备发生故障	生产设备定期保养	制造部
	3）停线返工	设计质量保证	技术部
		工艺纪律有效实施	制造部
		部品质量确保	QC 部
生产信息收集、传递	生产线转型、补料、计划变更等	发料员及时跟踪生产情况	资材部
		生产线及时反馈	制造部

8. 现场物流空间改善案例分析研究小结

需求产生课题，课题带动改善。但是在实际工作中，物流的管理非标准的情况比较多，问题也会比较多，当然需求也会不断发生。自己考虑问题，自己创造需求是物流空间改善的要点。物流空间改善的需求，就是要明确改善的切入点。这点要充分理解和认识。

案例中现状的分析是重点。要明确到底要分析什么。围绕单位物流面积的产量，看各个区域的情况，看区域间的差别在哪里，原因是什么。围绕物流流动的方法，看物流搬运、停留、工作、检查的比例如何，等等。这些都是物流空间改善的原始出发点。正确地站在出发点，就能知道到达某个目标的距离长度、途径路线，自己的体力分配。

物流空间问题的原因分析要从主要原因点入手，例如：供货问题原因分析；操作环节重复问题原因分析；拆箱不便问题原因分析等，以便围绕这些去改善。

改善的对策首先要考虑管理上的对策，例如本案例的13个对策，大都是管理对策。最后要看实际的效果，实际的效益。

案例是其他企业的改善案例，不是你的企业改善标准。参考他人方法，考虑自己的改善之路，才是行之有效的物流空间改善。

3.3.5 现场物流存储空间改善落地

以上主要讨论线边物流区域的单位"亩产量"的改善。

在生产现场，除线边的物流区域以外，还有一些其他物料等储存区域，对于不是直接在线边的储存区域的改善重点和方法如下：

1. 物流存储空间改善重点

提高物流存储空间生产效率要综合考虑以下8个方面，如图3-70所示。

1）降低库存量，就可消除不必要的物流空间，这是提高物流空间效率的最佳手段，也是物料改善的持续课题。

2）及时清理不需要的物料。和5S一样，制定制度和标准，及时清理不需要和不常用的物料，保证物料空间的有效利用。

3）与生产对应的配置方法。主要从两个方面进行考虑：一是按生产计划连续投料，二是排序投料。保证线边的物料最小化。

4）选择合适的物料器具。例如物料箱、物料小车、物料架等，使这些器具能有最大的利用空间。

5）选择对应设备。确定物流设备的品种和数量，减少物料堆积，减轻物流劳动强度。

6）取消临时区域。临时区域的使用是最大的物流空间浪费。因为有临时区

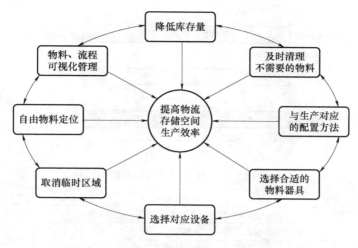

图 3-70　物流存储空间改善

域,就隐藏了许多物流问题。取消临时区域,暴露问题,解决问题,可提高物流空间利用率。

7) 自由物料定位。因为生产和物料投放的变动,有时固定的物料区域得不到充分的利用,造成浪费。采用合理的自由物料定位,就可以最大限度地解决这个问题,但是对管理提出了更高的要求。实际生产中,可以采用固定区域和自由区域相结合的方法。

8) 物料、流程可视化管理。目的是消除寻找的浪费,共享物料、物流信息。

针对以上 8 个方面,结合自己的现场,进行分析和逐步改善。

2. 物流存储空间现状的分析工具

1) 仓库内空间占有比率(见图 3-71)。

改善首先考虑要消除临时存放区域,减少不必要的物料和二次搬运。

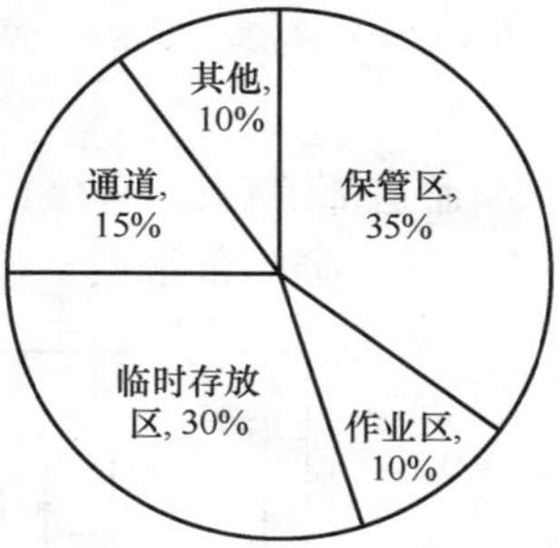

2) 库存品的内容分析(见图 3-72)。

物品分类:A:经常用,高价;B:经常用,低价;C:不经常用,低价;D:不用,低价。

根据使用的频率考虑储存的地点和方法;根据物料的金额大小,设定有效的安全库存。

3) 保管区的容积效率分析(见图 3-73)。

① 高度浪费计算法(见图 3-74)。

$$高度浪费 = (建筑物高度 - 货架高度) \times 保管场所面积$$

图 3-71　仓库内空间占有比率

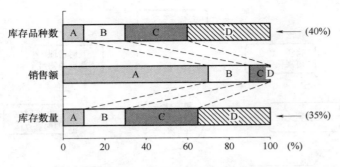

图 3-72 库存品的内容分析

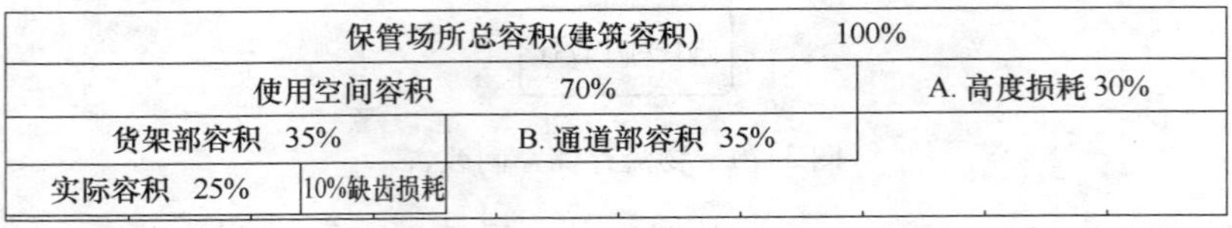

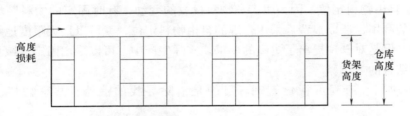

图 3-73 保管区的容积效率分析

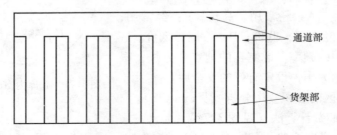

图 3-74 高度浪费分析

注：1. 图中仓库高度是指保管区域的有效梁下高度。
2. 货架高度是指从所存放的物品可能的最上层的高度算出的。

② 通道部浪费计算法（见图 3-75）。

通道部浪费 =（保管场面积 − 货架部面积）× 货架高度

图 3-75 通道部浪费分析

③ 空位浪费计算法（见图3-76）。

空位浪费=（货架1格的容积－实际保管容积）的平均值

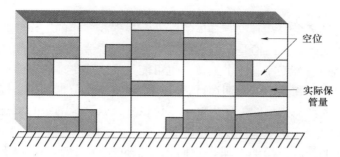

图3-76 货架空位情况

注：空位浪费是指观察全货架的各段，通过目视概算出"空容积"。

4）通过分析进行判定的方法（关于保管区域的判定）。保管区域的优劣必须要通过对进出货的作业性做出综合判定才能判断，以下仅仅为空间效率的判断事例。见表3-42。

表3-42 保管区域的判定

判定	①高度效率 货架高×保管场所面积 保管场所总面积	②货架部面积比率 货架部面积 使用空间面积	③格内实际保管率 实际保管容积 每格总容积
A（应有姿态）	90%以上	55%以上	60%以上
B（还差一步）	70%以上	40%以上	30%以上
C（这可不行）	70%以下	40%以下	30%以下

以上的判定是针对可以用托盘（或可叠放的）保存的商品，不适用于特殊形状商品。通过以上方法确认物流存储空间的问题点，同时在日常管理工作中，按此方法持续管理，以保证和优化物流存储空间的效率。

3.3.6 物流空间改善落地总结

空间的有效利用也是物流效率的主要考虑范围，所以我们称之为物流空间。

我们经常会说生产效率，特别是劳动生产率、设备开动率、产品合格率，等等，都是必要的管理指标。从物流这个视角来考虑，同样也有效率的问题，这里主要谈的是物流空间效率的问题。

物流空间效率主要从单位面积产量、单位面积产值、单位面积附加价值几个方面进行考虑。这里的面积也可换算成立方米（空间），这个在有必要和有可能的时候进行考虑，一般我们是以单位面积物流生产效率进行考虑的。

最理想的物流空间是零。就像零库存一样，零物流空间是我们的追求。但是在实际生产中，适量的物流空间还是必需的，就像我们用于生产的工位、工序，都是所必需的空间。

那么适量是多少呢？有没有具体的标准？根据我多年的工作经验，我觉得尚无一个非常明确的标准，但是从理想状态来考虑，物流也是整个生产链中的一个环节，或者说是一个工序、一个工位，也可能是几个或更多的工序或工位。只要这些工序或工位能和生产线同期运行，也就是说物流环节也是一个按一定节拍运行的环节，那么这些物流的工序也好，工位也好，其适量的空间就是一个产品所需要的物理空间。这就是JIT物流的思维。

但是实际上是做不到的。那么我们就要根据实际情况，设定必要的物流空间。在日常工作中，我们要做的工作重点就是如何提高这些已经有的物流空间的生产效率。这是我们这一节讨论的主要问题。

每个企业不同，每个产品不同，不需要过分考虑绝对值如何，立足现状的改善是最落地的改善。为此，首先要明确现状，明确你现在所在的位置。这个现状就是你当下的物流面积和单位物流面积产量，这是你的立足点。基于此分析、明确现状的课题和问题，并从中梳理出可以逐步解决的课题和问题，持续改善，就可以逐步获得你所处环境中的比较理想的物流空间和效率。

这一节介绍了一些进行物流空间改善的思维和方法，结合你自己的现状，加以参考和借鉴，明确目标，就会取得看得见的物流空间改善效率。

物理空间是有限的，改善思维是无限的，看你怎么想，怎么看，怎么做！

3.4 厂内物流 QCD 诊断分析

3.4.1 厂内物流 QCD

1. 厂内物流的管理重点

厂内物流指的是从工厂库房到生产线边的物料入库、保管、配货、送货上线的一系列物流工作。厂内物流的效率、质量和成本直接关系到生产的效率、质量和成本，也关系着商品的效率、质量和成本。这个质量、效率和成本我们称之为QCD。

厂内物流QCD的改善目的就是通过消除浪费，保证质量，进而提高企业效益，满足顾客需求。厂内物流的QCD落实到实际工作中去，就要考虑物流的正确、高效、迅速（见图3-77）。

1）正确（Quality），站在顾客立场，保证完美物流质量。

2）高效（Cost），企业的收益改革，减低物流成本。

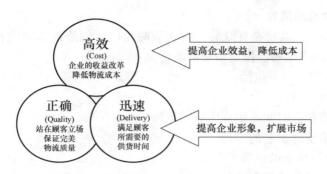

图 3-77　厂内物流的高效、正确、迅速

3）迅速（Delivery），满足顾客所需要的供货时间。

2. 厂内物流的正确

正确（Quality），就是站在顾客立场，保证完美物流质量。从物流质量的角度，应预防和改善以下质量问题。

1）品种错误：不需要的物品，特别是非常类似的物品错误地投放，造成生产的错误。

2）数量错误：虽然是需要的物品，但是数量不对，特别是缺少的数量，会造成生产的停止。

3）时间错误：没有按时配送必要的物品到生产环节，延误生产。

4）加工错误：因物流环节进行的前期装配、加工等错误，造成生产的问题。

5）先进先出错误：没有严格执行先进先出，造成物品的投放停止缺失。

6）污损浪费：因物品的保管造成的污染或者破损等质量问题。

7）非计划物流浪费：无计划的物流工作。

8）盘点损耗：盘点的盈亏对物料数量质量的影响。

以上是厂内物流从质量角度的管理重点和改善重点，汇总如图 3-78 所示。

图 3-78　厂内物流品质课题

3. 厂内物流的高效

高效（Cost），就是在有效的厂内物流时间内，创造最高效的物流工作。这里要从几个方面考虑物流作业浪费的改善。

（1）等待的浪费　包括：

1）订单的等待。

2）各环节作业时间不平衡引起的等待。

3）业务量变动引起的等待。

（2）作业不均衡的浪费　包括：

1）作业期间的停顿和确认。

2）非标准作业。

3）对作业的内容和标准不熟悉。

（3）非价值作业的浪费　包括：

1）寻找。

2）步行、运送。

3）装、卸。

（4）方法的浪费　包括：

1）完全依赖人手的作业方式。

2）过度的作业分工。

汇总如图3-79所示。

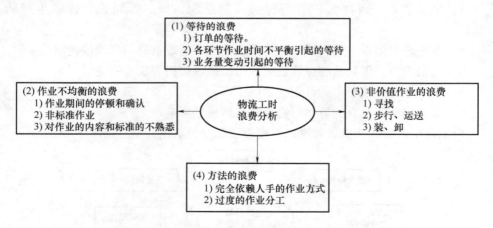

图3-79　厂内物流高效的管理课题

4. 厂内物流的迅速

迅速（Delivery），即满足顾客所需要的供货时间，从迅速的角度，厂内物流有四个方面的课题。

1）客户计划需求变动产生的浪费。
2）生产计划变更产生的浪费。
3）物流各个环节作业的不匹配产生的浪费。
4）仓储区域空间的不合理产生的浪费。

汇总如图 3-80 所示。

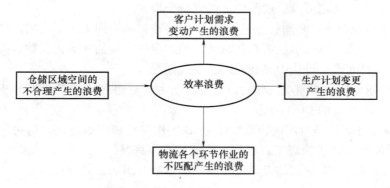

图 3-80　物流效率浪费内容

从管理的角度就要针对以上四个方面减少或避免相应浪费的发生。

客户计划需求变动产生的浪费，需要在物流和生产环节，形成柔性的管理机制以应对动态客户的临时需求，减少或消除浪费。

生产计划变更产生的浪费有两个方面，一是客户的变动造成的，可按照上述方法进行管理。二是内部的因素造成的变更，这就要从生产计划、物流计划进行综合的计划和实施，以减少或避免因内部因素造成生产变更。

物流各个环节作业的不匹配产生的浪费，是厂内物流影响效率的主要因素，特别是在物流高峰期，会产生各种各样的问题。

仓储区域空间的不合理产生的浪费，会造成过分的寻找，使物流周期时间变长等问题。

5. 厂内物流 QCD 的课题分析

针对以上厂内物流 QCD 的课题分析，可借用以下框架来考虑，如图 3-81 所示。

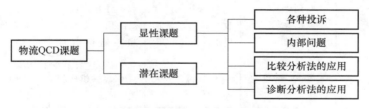

图 3-81　物流的 QCD 课题

物流的 QCD 课题可以分成显性课题和潜在课题。

显性课题就是可以直接看得到、接触得到、日常发生的 QCD 问题，例如客户、上道工序对物流 QCD 问题的投诉，等等。对于这些问题，需要及时采取对策，及时应对。

潜在课题与显性课题不同，它们并不是直接发生的问题，有时甚至是感觉不到的问题。潜在课题可以通过两种方法进行分析：

1）比较分析法。和同行业进行 QCD 的比较，和不同生产形态的厂内物流进行比较分析。例如库房单位面积物流处理量、单位产量的物流人员数、类似产品的物流周期时间等，可从中寻找差距，发现问题。

2）诊断分析法。使用一些物流管理分析的工具进行定量的诊断分析，从中发现一些厂内物流的 QCD 问题。

厂内物流分析法是对厂内物流整体 QCD 工作进行梳理的方法。通过厂内物流 QCD 的诊断分析，也梳理了自己厂内物流的工作状况。

下面通过具体案例，重点讲述厂内物流诊断分析法及其应用。

3.4.2　厂内物流 QCD 诊断分析案例研究

1. 诊断分析概要

（1）目的　诊断分析物料仓库管理、物料配料（A 产品、B 产品）的物流业务流程和现场，明确提高效率、降低成本的改善与改革的可能性，并讨论形成诊断实施改善方案计划。

（2）诊断分析计划　见表 3-43。

表 3-43　诊断分析计划

星期一	星期二	星期三	星期四	星期五
9：00—10：00	9：00—12：00	9：00—12：00	9：00—12：00	9：00—12：00
① 调查的事前会议	① 物料存储区域零件仓库的时间研究（录像摄影）	① 工厂仓库（A 产品）配料的时间研究（录像摄影）	① 数据资料解析	① 改善假设方案的意见听取
• 确认调查对象	• 到货 • 检查 • 入库	• 到货品的接收、拆包、条形码检查	• 物料存储区域零件仓库库存品的出入库频率和存储位置的分析	• 物料存储仓库
• 确认调查目的	② 空置货架调查	• 分拣、放入配料台车	• 零件供应相关的成本	• 工厂仓库（A 产品）

第3章 JIT物料上线管理和改善落地

（续）

星期一	星期二	星期三	星期四	星期五
• 调整实施计划	• 重型货架		• 每个岗位的工时绩效和工作量	
10：00—12：00 ② 调整调查实施内容 • 调查内容说明 • 资料数据收集委托 注：基本上，准备能够立刻收集到的数据。	13：00—16：00 ③ 物料存储零件仓库的时间研究（录像摄影） • 分拣，检查产品 • 出货物品暂放区的搬运 ④ 空置货架的调查 • 中轻型货架	13：00—14：00 ② 时间研究的内容确认 • 对录像中不清楚的作业进行确认 14：00—16：00 ③ 确认数据收集情况 ④ 进行现场观测数据解析	13：00—16：00 ② 现状调查追加实施 （注：必要时进行） • 时间研究 • 布局图 ③ 改善假定方案探讨 • 零件仓库 • 工厂仓库（A产品）	13：00—16：00 ② 改善效果预估和所需要素信息收集 • 空间成本 • 人员成本 ③ 制作报告书
13：00—17：00 ③ 工厂仓库（A产品）配料现场参观 ④ 现场调查准备 • 制作零件仓库的布局图 • 确认业务流程 • 确认信息系统 • 确认货架空置的原因	16：00—17：00 ⑤ 时间研究的内容确认 • 对录像中不明白的作业进行确认 ⑥ 第二天准备工作	16：00—17：00 ⑤ 第二天的准备工作	16：00—17：00 ④ 第二天的准备工作	16：00—17：00 ④ 召开关于调查报告的会议

(3) 诊断分析团队

1) 国际团队：由国际咨询公司、物流公司等若干人组成。

2) 企业团队：由 A 产品、B 产品的厂家管理人员等若干人组成。

2. 诊断分析总体

(1) 现状的物流和配料系统　如图 3-82 所示，其中共有三个大的区域：

1) A 产品区域，包括生产区域、配料区域、零件和资材仓库，有物流人员 150 人。

2) 物料仓库区域，存放 A 产品和 B 产品的生产物料。包括零件仓库和成品仓库，有物流人员 100 人。

3) B 产品区域，包括生产区域、配料区域、零件和材料仓库，有物流人员 150 人。

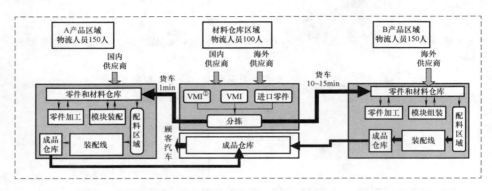

图 3-82　现状的物流和配料系统
①VMI：供应商库房。

(2) 现状的物流和配料系统业务流程

1) 物料仓库。

① 货车卸货。供货商根据零件入库计划需求，送货、卸货到物料仓库。

② 入库检查。对供应商送来的零件进行入库检查，数量要全数检查，质量要进行抽检。

③ 物料入库。检查合格品，入库，上架保管。

④ 检货分拣。根据生产计划的时间和数量，进行检货和分拣，准备生产必需的零件。

⑤ 临时放置。将分拣后的零件临时放置在规定的准备场所。

⑥ 物料装车。将从临时区域分拣后的零件装入搬运车。

⑦ 工厂运输。把生产需要的零件运送到生产区域（A 产品或 B 产品）。

2) A 产品、B 产品仓库与配料。

① 零件仓库入库、出库。

② 配料仓库入库。

③ 配料（检货、装箱、放至台车、运到交接处）。

3）物料仓库人员。物料仓库有 100 人、A 产品和 B 产品的区域各有 150 人，合计约 400 人从事零件物流工作。

4）前一日把一天生产的零件从物料仓库运输到工厂仓库（A 产品、B 产品）。

5）物料仓库入库的零件包装有纸箱和塑料周转箱，塑料周转箱用后返回供应商。

6）今后，随产量的增加，考虑通过改善库房作业效率，优化库存空间和人员，降低成本。

(3) 现状系统的问题整理和改善课题

1）现状问题点。大部分的零件和资材都是从供应商处首先进入物料仓库，然后从物料仓库再进入工厂（A 产品、B 产品）仓库，进行配料，造成了零件的多次入库、上架、出库、搬运等物流作业，效率低下，成本增加。在物料仓库以及工厂（A 产品、B 产品）的配料作业中，也存在着许多影响生产（物流）效率的浪费，包括：

① 管理浪费（等待、配合浪费）。

② 物流作业方法浪费（不合理的搬运距离、无效的作业、非标准的作业）。

③ 作业人员的熟练程度浪费。

2）改善课题。包括：

① 整体物流构造（构造，流程）改革。

② 现场作业改善（个别作业改善）。

a. 消除周转箱零件的换箱作业（与供应商联动）。

b. 周转箱零件换箱作业的高效化。

c. 储存空间的优化（自由库位系统）。

d. 缺货入库出库流程优化（需系统的改善对应）。

e. 废除检货手工记录库存清单。

f. 作业实际时间和劳动生产率的管理实施。

g. 现场可视化及安全管理的改善。

h. 平面布置的优化。

3. 物流现场改善方案

(1) 物料仓库改善方案

1）物料仓库作业分析和改善方案。物流仓库的物料流程和操作的改善从以下三个方面进行。

① 工作方法的改善，以提高工作效率。
② 物流硬件的改善，以提高物流工作效率。
③ 物流布局的优化改善，以提高物流空间面积物流效率。

具体见表3-44。

表3-44 物料仓库作业分析和改善方案

问题点	原因	改善方案
① 货架货物存储率很低、大货架有大约30%、小货架有大约50%的空间存在浪费	• 出入库的信息系统使用的是固定库位系统，库位是以最大空间来设定的，所以库位的空间太大	① 为了缩减大货架和中小货架空库位，采用自由库位系统
② 缺货的情况很多，做不到收货后立即出货，存在搬运、低效率的检货等作业浪费	• 没有进行电子零部件、中小货架等库位的区分，都集中存放在保管区的分类区域	② 缺货入库立即出库的系统（需要系统的支持）
③ 检货时，需要手工记录出入库和库存，还需要用计算器计算，非常浪费时间 注：记录库存卡和库存数量存在误差的情况也时常发生	• 库存清单是为了正确管理、把握库存数量和确认出入库的情况 • 库存管理清单是以件为单位记录的，必须用计算器计算，不但作业时间增加了，误差也增加了	③ 废除检货手工记录库存清单 注：库存的记录，需要购买几台拥有打印功能的条形码机
④ 作业区分过细，空闲的时间短，没有相互的作业调配，产生劳动力的浪费	• 根据货架类别划分作业内容 • 没有作业生产率的管理	④ 贯彻作业绩效时间和生产率管理
⑤ 库位的标识、作业区、暂放区等区域的标识太小	• 需要更大的库位标识，能看得更清楚	⑤ 贯彻实行现场标识的改善 • 安全管理活动
⑥ 叉车的通道太窄，容易发生事故	• 安全意识差，仓库的布局没有考虑安全性	⑥ 重新优化布局

2）物料仓库存储空间分析和改善方案。物料仓库存储空间从以下三个方面进行分析改善：

① 通过一定的自由仓位调整，消除部分空仓位。
② 通过功能的合并和调整，取消一部分功能区域。
③ 改变工作方式和方法，减少一部分物流区域。

具体见表3-45。

表 3-45　物料仓库存储空间分析和改善方案

产品存储	现有面积		分为 3 个区域时必要的空间				库存空间改善实施策略
	现有面积/m²	压缩率	A 产品共同分配 70%	B 产品共同分配 30%	物料仓库剩余面积/m²	合计面积/m²	
A 产品电子零部件	930	50%	465			465	库存整理、缩小空间
A 产品 电子零部件 作业区	342	100%	0			0	撤去
A 产品 中小货架	529	50%	265			265	减少空库位
A 产品大货架	660	33%	442			442	减少空库位
A 产品 PL 直送放置区	306		306			306	
A 产品 部件零件	494		494			494	
B 产品 中小货架	253	33%		170		170	减少空库位
B 产品 大货架	671	33%		450		450	减少空库位
剩余品、不良品保管区	593				593	593	库存清理
收货暂放区	424	50%	148	64		212	改善收货、检收方法
待检区	480	50%	168	72		240	缩短检查时间
质量检查室	169	100%	0	0		0	工厂内部吸收
出货暂放区	362	100%	0	0		0	撤去
通道其他	595		417	179		595	
办公室其他	392	100%	0	0		0	工厂内部吸收
合计	7200		2705	933	593	4231	

（2）A 产品仓库作业方法分析和改善方案　A 产品仓库作业改善主要从作业标准化和作业方法上进行分析和改善，具体见表 3-46。

表 3-46　A 产品仓库作业方法分析和改善方案

问题点	原因	改善方案
① 大多在重复换箱（把供应商的箱子替换为工厂的箱子）这种无效率的作业 • 长距离的检货搬运非常吃力，效率也低	• 作业区以及货架的布局很差 • 没有实行标准化的作业，作业人员根据经验作业	① 重新设定作业方法，作业布局
② 作业划分过细，空闲的时间段中没有相互的作业调配，产生人力的浪费	• 实行生产线线别的作业编制 • 没有进行作业生产率管理	② 贯彻实行作业绩效时间和生产率的管理
③ 有些物流作业需要比较高的熟练度，因而不同人员的作业时间和效率不同，产生作业总时间差异 注：电路板、PU 这类的作业很多	• 没有设定作业标准	③ 根据设定的标准时间进行个人工作能力管理

（3）整体物流构造（构造、流程）改善案

流程构造改善方案：整体物流在从供应商送货入厂，到入库，然后配料上线的一系列流程中，存在着许多不合理和浪费的地方，对此进行整体的流程构造改善，这里考虑两个改善方案。

1）改善案 1 如图 3-83 所示。

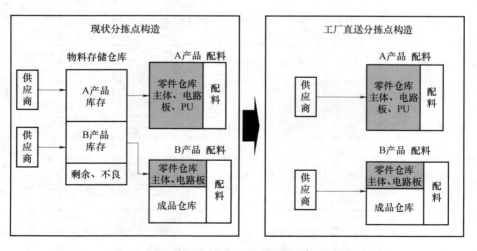

图 3-83　整体物流构造（构造，流程）改善案 1

现状的流程构造是供应商送货到达物流存储仓库,然后经过检查后,分别入库到 A 产品和 B 产品库房。然后再经过配料,最后送到生产线。流程过程中发生多次的搬运入库,出库工作,同时物流时间也比较长。

① 改善方案考虑消除物流仓库环节,供应商送货直接进入配料区域,进行配料后,投入生产。这时要考虑以下三个方面的改善课题:

a. 供应商物料的质量保证,如果发生质量问题,就会直接影响配料和上线。

b. 供应商的物料送货计划和配料计划的联动,保证物料不产生堆积。

c. 对现在的配料区域进行改造,重新进行布局改善,对应供应商直接投料的流程。

② 这个方案的实施条件有:

a. 改善方向:取消物料仓库,让供应商直接把货物送进 A 产品和 B 产品所在工厂。

b. 实施条件:全部库存移至 A 产品和 B 产品区域,两区域将分别需要扩建 3000m² 和 1000m²。

c. 该构思的实施需要一定的资金和时间,可以作为长线改善方案。

2)改善案 2 如图 3-84 所示。

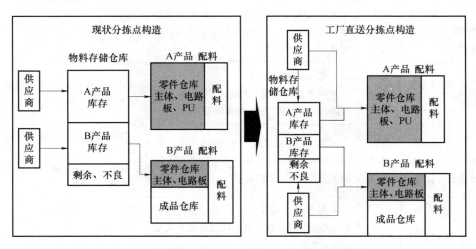

图 3-84　整体物流构造(构造、流程)改善案 2

① 改善方向将货物分成两个部分。直接送到生产区域和先行送到物料仓库。

② 直接入库到 A 产品、B 产品区域的物料首先从每天 1 次进出的物料开始,逐渐扩展到其他的物料。

③ 整体个别作业改善。

配合以上流程构造改善，对整体个别作业进行分析和制定改善方案，见表3-47。

表3-47 整体个别作业分析和改善方案

改善方案	对象	改善概要	期待效果
① 消除周转箱零件的换箱作业	配料	• 供应商供货货箱和配料货箱通用化，从而消除周转箱零件的换箱作业 • 这个需要供应商以及P公司的生产部门的协助，实行这一本质上的改善	由于换箱作业大幅度减少，可以降低很大一部分的配料工时
② 研究高效率的实施换箱作业方法	配料	• 周转箱装载数量标准化，集中准备换箱作业，从而提高作业效率 • 重新计划配料作业，进行班组作业分工，开展作业高峰时间带的互相支援管理	配料作业的不均衡浪费约为30% 为此会降低配料作业成本25%
③ 压缩空货位，提高空间利用率	物料存储区域	• 在物料存储区域设置自由货区，缩小大型货架和中轻型货架的空间，减少货位空间	• 大约实现1200m² 的面积压缩 • 一年成本：1200m² × 216元/(年·m²) = 259200元/年
④ 缺货补货后即刻出库系统	物料存储区域	• 缺货补货入库时，直接进入配货区域，进行区分后直接出库（需要系统改善支援）	可以降低物料存储区域的出入库业务工时5%
⑤ 取消标签记录	物料存储区域	• 取消标签记录 • 用条形码进行出入库，导入多台便携可以打印出记录功能的终端设备	可以降低物料存储区域的出入库业务工时5%
⑥ 作业实际时间的生产效率的有效管理	物料存储区域	• 在物料存储区域，进行作业实际时间和工作量管理，同时形成各个作业班组间的工作调整和配合体制	物料存储区域的等待浪费为15% 因此可以降低出入库作业工时10%
⑦ 贯彻实行现场标识改善、安全管理	物料存储区域 & 配料	• 以多能工化为前提，货架库位的标识、作业区和放置区域的标识能够让人很容易看见并且容易理解 • 为了确保作业人员的安全，要明确叉车的行走道路，为防患于未然需要重新布局并且贯彻安全规则	• 以作业效率的改善为前提 • 事故率降为0
⑧ 物料区域布局优化	物料存储区域	• 重新制定作业方法、变更布局 • 重新布局，确定每天进货物品、流动物品、新产品等物品的放置区域	可降低物料存储区域的进出货业务工时约5%

通过以上个别作业改善，保证了流程构造改善的成功实施。

4. 改善成果汇总

（1）整体个别作业改善降低成本效果　见表3-48。

表3-48　整体个别作业改善降低成本效果

改善方案	对象	降低率	对象年度成本/(元/年)	年度成本降低额/(元/年)
① 配料业务效率化	A产品　主体 B产品　电路板	25%	4578840	1144710
② 空库位的空间压缩带来的空间的削减	物料仓库	16.70%	1555200	259200
③ 缺货入库立即出货系统	物料仓库	5%	2302560	115128
④ 废弃标签记录	物料仓库	5%		115128
⑤ 贯彻作业绩效时间和生产率管理	物料仓库	15%		345384
⑥ 重新布局	物料仓库	5%		115128
⑦ 贯彻现场标识的改善、安全管理	物料仓库、配料	事故率降为0		
合计			8436600	2094678

（2）持续改善的年度计划　见表3-49。

表3-49　持续改善的年度计划

对象	改善内容/时间计划	活动项目	体制	201*			201*+1			
				10	11	12	1~3	4~6	7~9	10~12
物料仓库	现场改善	改善实施	***	⇒⇒⇒⇒	⇒⇒⇒⇒	⇒⇒⇒⇒				
	IT改善	改善实施	***							
A产品配料	组装	改善实施	***	⇒⇒⇒⇒	⇒⇒⇒⇒	⇒⇒⇒⇒				
	电路板、PU	改善实施	***							
B产品配料	资材仓库	改善实施	***				⇒⇒⇒			
	组装	改善实施	***				⇒⇒⇒			
	基板	改善实施	***				⇒⇒⇒			
整体	分拣点流程构造改善	增加直送物品	***	⇒⇒⇒	⇒⇒⇒	⇒⇒⇒	⇒⇒⇒			
		根本性的构造改善	***				⇒⇒⇒	⇒⇒⇒	⇒⇒⇒	⇒⇒⇒
			***				探讨	探讨	实施	实施

5. 诊断分析资料

在整个诊断分析过程中，进行了大量的数据调查和分析，这里作为参考，罗列了本次诊断分析的主要资料。

(1) 零件物流成本

1) 整体成本见表3-50。

表3-50　整体成本

项目	物料仓库成本/元		A产品配料成本/元			B产品配料成本/元		合计/元	百分比
	零件	成品	主体	电路板	PU（推定）	主体（推定）	电路板（推定）		
直接作业人员费用/元	2302560	1151280	786240	3792600	450000	1512000	2761000	12755680	74.40%
间接作业人员费用/元	589680		58968	286200	33750	113400	207075	1289073	7.50%
场地费用/元	1555200	699840						2255040	13.20%
设备费用/元	0								0.00%
运输费用/元	240000							240000	1.40%
其他费用/元	600000							600000	3.50%
合计	5287440	1851120	845208	4078800	483750	1625400	2968075	17139793	100.00%

2) 成本区分见表3-51。

表3-51　成本区分

项　目	物料仓库零件仓库	产品仓库	工厂仓库（A产品）	工厂仓库（B产品）
① 装卸人员费用支出	*****	*****	*****	*****
② 管理人员费用支出	*****	*****	*****	*****
③ 其他人员费用支出	*****	*****	*****	*****
④ 仓库借用费用	*****	*****	*****	*****
⑤ 货架保管设备	*****	*****	*****	*****
⑥ 叉车等其他的装卸设备	*****	*****	*****	*****
合计	*****	*****	*****	*****

(2) 仓库人员成本调查分析资料　见表3-52。

表3-52 仓库人员成本调查分析资料

项目	班组	人员	工作日/天	每天工时/(人·h)	月度工时/(人·h)	平均时薪/((推定)元/h)	月度人件费/(元/月)	年度人件费/(元/年)
负责入库	3*2	**	**	**	***	**	*****	******
负责入库检查	5*2	**	**	**	***	**	*****	******
负责出入库叉车	0	**	**	**	***	**	*****	******
负责出库配料	5*2	**	**	**	***	**	*****	******
负责事务（班组长）	3*2	**	**	**	***	**	*****	******
其他：用手放的零件	10*1	**	**	**	***	**	*****	******
剩余材料检查	5*2	**	**	**	***	**	*****	******
装枪	4*2	**	**	**	***	**	*****	******
拆枪	3*2	**	**	**	***	**	*****	******
LCR	2*2	**	**	**	***	**	*****	******
盖章	3*2	**	**	**	***	**	*****	******
受理	5*1	**	**	**	***	**	*****	******
打条形码	3*2	**	**	**	***	**	*****	******
ROM烧入	4*2	**	**	**	***	**	*****	******
不良损失输入	3*1	**	**	**	***	**	*****	******
IC拼盘	1*2	**	**	**	***	**	*****	******
机动	3*2	**	**	**	***	**	*****	******
零件分割	1*2	**	**	**	***	**	*****	******
合计		****	****	****	*****		*****	*********

(3) 上线人员成本调查分析资料　见表3-53。

表3-53 上线人员成本调查分析资料

项目	人员	时间/h	工作日/天	工时/天/(人·h)	月度工时/(人·h)	供给台车数/(台/月)	生产效率/(人/台)	平均时薪/(元/h)	月度人件费/(元/月)	年度人件费/(元/年)
ML1A	*	*	**	24	***	***	**	**	****	*****
ML1B	*	*	**	**	***	***	**	**	****	*****
MH3/6A	*	*	**	**	***	***	**	**	****	*****
MH3/6B	*	*	**	**	***	***	**	**	****	*****

（续）

项目	人员	时间/h	工作日/天	工时/天/(人·h)	月度工时/(人/h)	供给台车数/(台/月)	生产效率/(人/台)	平均时薪/(元/h)	月度人件费/(元/月)	年度人件费/(元/年)
包装材料成品 A	*	*	**	**	***	***	**	**	****	*****
包装材料成品 B	*	*	**	**	***	***	**	**	****	*****
包装材料成品日班	*	*	**	**	***	***	**	**	****	*****
MG1 A	*	*	**	**	***	***	**	**	****	*****
MG1 B	*	*	**	**	***	***	**	**	****	*****
MF4 其他	*	*	**	**	***	***	**	**	****	*****
MT4 其他	*	*	**	**	***	***	**	**	****	*****
MH9	*	*	**	**	***	***	**	**	****	*****
MH2A 其他	*	*	**	**	***	***	**	**	****	*****
MH2B 其他	*	*	**	**	***	***	**	**	****	*****
MLG1 其他	*	*	**	**	***	***	**	**	****	*****
US 其他	*	*	**	**	***	***	**	**	****	*****
合计	**	***			***	****	*****	**	**	*****	******

（4）工作量调查分析　见表3-54。

表3-54　工作量调查分析

项目	①人员	②月度工时/(人·h)	③每月工作量	④每月员工费用	⑤每年人员费用	⑥生产率(②÷③×60)每人/工作量	工作基准说明
受理	****	****	****	****	****	****	订单总量(约为收货总数量)
出入库	****	****	****	****	****	****	出货总数
运输	****	****	****	****	****	****	出货总数
库存管理	****	****	****	****	****	****	出入货总数
支援系统相关事务	****	****	****	****	****	****	
成品仓库	****	****	****	****	****	****	成品出货总数
事务	****	****	****	****	****	****	
合计	****	****	****	****	****	****	

（5）人员工作量　见表3-55。

表3-55 人员工作量

项目	一班（时段）			
	人员	工时/(人·h)	工作量	工作量具体项目
负责进货	***	***	***	月度到货总件数
负责进货质量检查	***	***	***	月度质量检查总件数
负责出货叉车	***	***	***	月度出货总件数
负责出货	***	***	***	月度出货总件数
负责事务	***	***	***	月度出货总件数
其他（ ）	***	***	***	
合计	***	***	***	

（6）货物进出调查分析　见表3-56。

表3-56 货物进出调查分析

零件编号	放置位置序号	出货数量	出货次数	平均出货数/次	进货数量	出货次数	平均到货数/次	库存数量

（7）零件仓库平面布置分析资料　如图3-85所示。

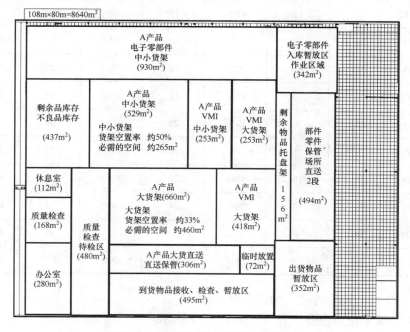

图3-85　零件仓库平面布置分析资料

(8) 空库位调查资料　见表3-57。

表3-57　空库位调查资料

序号	库位	可收容数/家	空库位数/个	空置率	使用数	备用率	必要库位数/个	必要存储空间率
1	T01	60	25	42%	35	100%	35	58%
2	T02	60	26	43%	34	100%	34	57%
3	T03	60	27	45%	33	100%	33	55%
4	T04	60	25	42%	35	100%	35	58%
5	T05	36	9	25%	27	100%	27	75%
6	T06	36	10	28%	26	100%	26	72%
7	T07	36	12	33%	24	100%	24	67%
8	C05	36	4	11%	32	100%	32	89%
9	C04	36	4	11%	32	100%	32	89%
10	F10	36	17	47%	19	100%	19	53%
11	F9	36	13	36%	23	100%	23	64%
12	F8	36	14	39%	22	100%	22	61%
13	F7	36	19	53%	17	100%	17	47%
14	F6	36	7	19%	29	100%	29	81%
15	F5	36	15	42%	21	100%	21	58%
16	F4	36	16	44%	20	100%	20	56%
17	F3	36	12	33%	24	100%	24	67%
18	C06	36	4	11%	32	100%	32	89%
合计		780	268	34%	512	100%	512	66%

(9) 空库位调查方法　如图3-86所示。

(10) 空库位调查分析方法　如图3-87所示。

第3章 JIT物料上线管理和改善落地

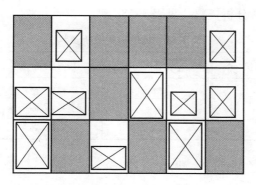

图3-86 空库位调查方法

No	空库位 (最终出货 日期)	最终出货日期距 离当天的时间 (以工作日计算)	评价
1	20**年**月**日	0	当天出货物品?
2	20**年**月**日	0	当天出货物品?
3	20**年**月**日	0	当天出货物品?
4	20**年**月**日	0	当天出货物品?
5	20**年**月**日	0	当天出货物品?
6	20**年**月**日	1	流动物品
7	20**年**月**日	1	流动物品
8	20**年**月**日	2	流动物品
9	20**年**月**日	2	流动物品
10	20**年**月**日	2	流动物品
11	20**年**月**日	2	流动物品
12	20**年**月**日	4	流动物品
13	20**年**月**日	4	流动物品
14	20**年**月**日	7	流动物品
15	20**年**月**日	20	流动缓慢物品
16	20**年**月**日	25	流动缓慢物品
17	20**年**月**日	31	流动缓慢物品
18	20**年**月**日	58	流动缓慢物品

1~5：这些零部件很有可能是当天入库当天出货的。因此，将此类物品直送工厂效率会有所提高。特别是缺货率较高的物品更加应当直送工厂

6~14：在这些物品中，很大一部分可能是每天入库的物品。在这种情况下，体积较小的物品可直送工厂保管从而提高效率

15~18：这些零件的相当一部分可能是大批量进货或者是新机种。流动周期缓慢的物品应当和流动物品区分开

图3-87 空库位调查分析方法

231

(11) 场地租赁分析资料　见表3-58。

表3-58　场地租赁分析资料

库别	租赁场地面积/m²	单价/[元/(天·m²)]	每月租金/元	每年租金/元
零件仓库	****	**	*******	*********
成品仓库	****	**	*******	*********
合计	****	**	*******	*********

(12) 库房面积分析资料　见表3-59。

表3-59　库房面积分析资料

区域	现有面积/m²	压缩率	A产品共同分配70%	PEG共同分配30%	FDC剩余面积/m²	合计面积/m²	压缩空间的实施策略
A产品电子零部件存放区	930	50%	465			465	※库存整理、缩小空间
A产品电子零部件 作业区	342	100%	0			0	※撤去
A产品中小货架	529	50%	265			265	压缩空库位
A产品大货架	660	33%	442			442	压缩空库位
A产品PL直送放置区	306		306			306	
A产品部件零件	494		494			494	
B产品中小货架	253	33%		170		170	压缩空库位
B产品大货架	671	33%		450		450	压缩空库位
剩余、不良品保管区	593				593	593	※库存清理
收货暂放区	424	50%	148	64		212	※改善收货·检收方法
待检区	480	50%	168	72		240	※缩短检查时间
质量检查室	169	100%	0	0		0	※工厂内部吸收

（续）

区域	现有面积/m²	压缩率	分为3个区域时必要的空间			合计面积/m²	压缩空间的实施策略
			A产品共同分配70%	PEG共同分配30%	FDC剩余面积/m²		
出货暂放区	362	100%	0	0		0	※撤去
通道其他	595		417	179		595	
办公室其他	392	100%	0	0		0	※工厂内部吸收
合计	7200		2705	933	593	4231	

（13）诊断分析流程和方法　如图3-88所示。

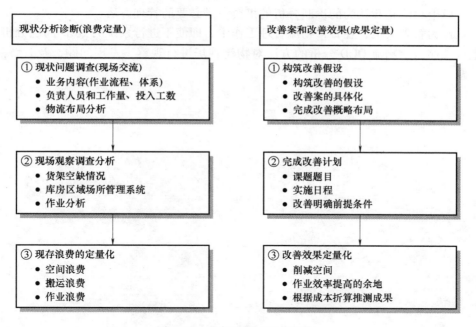

图3-88　诊断分析流程和方法

3.4.3　厂内物流QCD诊断分析汇总

工厂内是以生产为主，厂内物流是辅助系统。俗话说，巧妇难为无米之炊。同样，生产的效率、质量和成本大多是由厂内物流所决定的。所以厂内物流的内容是非常重要的。去参观一个工厂，看似在看生产，但是实际上是在看厂内物流。

厂内物流QCD问题的显在性和潜在性。实际上，有很多问题大都是可以看得见的，但是时间长了，就会见怪不怪，就会听之任之。这是大多现场的实际情况。解决问题要有一个理由。这个理由就是诊断分析。

所以从这个角度上来看，诊断分析有以下两个大的作用：

1）能够定量地发现和分析出一些问题点。这是一个重要的目的，但是不是全部。

2）可以更加深刻地感觉到厂内物流日常发生的一些问题的原因，发生的区域和种类。同时，在诊断分析过程中，也是在不断地思考，从而能够思考出一些解决问题的思路和方法。

我认为，第二个更重要！工作中，不但要有常态化的改善，常态化的管理，同时也需要在整个过程中不断寻找一些机会，集中发现一些问题，解决一些问题。

以上想法是我认为的诊断分析的机会，是必要的管理方法。

作为管理人员，在日常物流管理工作中，即使不进行系统的 QCD 问题分析，也可参照以上物流 QCD 分析的方法对物流现场进行观察，发现问题，及时解决问题。

第 4 章

JIT库房管理和改善落地

4.1 库房作业分析和改善落地

4.1.1 物流库房作业的实际问题

库房,一般的理解是储存物品的地方,对于生产企业,库房是供应商和生产线之间物料中间储存的地方,是生产企业的重要场所,更是厂内物流的原点。这里的库房主要是指生产入口的零件库房和生产出口的成品库房。

精益生产追求的是零库存,这是理想的追求。实际上,如何保证库存的合理化和最佳化才是精益生产实际要追求的目标。库房并不是一个堆积物品的地方,要把库房也看作整个生产链的一个环节。和生产环节一样,针对库房也有如何减少搬运,如何提高入出库效率,如何合理地利用有限的库房空间,如何合理地放置物料等管理重点。

但是,库房毕竟不是生产线,具有很多与生产线不同的性质。

1)库房有调整变化的功能。例如,库房的物料数量不是一个固定的数量,随供应商的进货、物料的上线、季节的变化、生产的调整等,库房的物料会随时变动。

2)库房的分区摆放。例如,库房作为物料放置场所不像生产线那样一个工位接着一个工位。库房的物流是根据品种分区摆放的,所以相互的关联就不是很强。

3)库房的按时间、分批处理物料功能。例如,库房的操作也不是像生产一样有严格的节拍时间。库房的作业大都是批量的操作。虽然我们希望这个批量越小越好,但是现实做不到像生产这样的节拍操作,小批量操作。

基于库房的这些特性,就需要在库房的作业中考虑相应的操作方法和标准。

然而,在库房作业的这个环节,被忽视或不被重视的情况非常多。大多企业都注重库房的在库资金、物料流转周期等事项。当然,这些事项是非常重要的事项，但是不充分。库房管理在这些基础上，更要充分考虑库房作业的科学化、高效化和标准化。

4.1.2 物流库房作业问题的分析和改善

物流库房作业的科学化、高效化和标准化是库房管理的关键所在。根据库房的特性和实际情况，采取必要的管理和改善，才是物流库房每日工作要重点考虑的事项。

在管理上，首先要明确管理什么？当然是对重点进行管理，对经常发生问题、容易发生问题、可能发生问题的地方进行重点管理。那么如何看，如何分析是重点，在这一节里给出了物流库房分析的七个工具。在日常的物流库房管理中，应主要围绕这7个工具，审视当前的物流工作，分析物流的问题或课题所在，进行及时管理和改善。

在管理过程中，持续改善非常重要。不断改善、不断提高、不断设定新的标准，是JIT的基础。所以，在本节中也给出了物流库房改善的20个要点。

七个物流库房操作现场分析工具和20个改善的重点，是在实际工作中总结出来的物流库房作业改善落地的方法论，是行之有效的库房管理和改善工具。

在物流库房管理工作中利用这些工具，结合自己库房的实际情况，实施管理，推进改善，从物料的源头逐步实现JIT的目标。

4.1.3 物流库房作业分析的七个工具

物流库房的作业内容非常多，也很难定量。工作看起来都很多，但是哪些工作是必要的，哪些是不必要的；哪些是创造价值的，哪些是非价值的。所以对于物流库房操作的分析，应首先从减少非价值工时开始。

另外，物流库房堆积、混乱，其中有些是因为没有及时处理而造成的，所以物流库房作业的速度也是管理、分析的一个要点，还应从作业的快速化着手来分析物流库房的作业。

和生产现场一样，如何有效地利用有限的物流库房空间也是非常重要的课题，所以从物流空间的有效利用，即优化方面进行分析也是必不可少的。

因而，从减少非价值工时、作业的快速化、物流的空间优化三个角度，设定了七个分析工具，具体如图4-1所示。

1. 工具1：接触次数分析

1）库房操作水平可以从物品的取与放（人手或设备操作）接触次数进行分析和评估。

2）取、放是物流的基本操作，这种操作通过人手或设备来接触零件产品。

3）记录这样的接触次数，进行定量分析关注以下事项：

第4章 JIT库房管理和改善落地

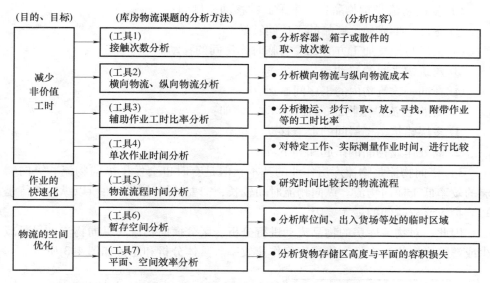

图 4-1　物流库房作业分析的七个工具

① 对象物，例如货箱，物品等，在物料箱子存放和出货时，在库房内的被接触次数。

② 进货品由司机从托盘上取下。

③ 移动空箱到货物边（装入货物）。

④ 移动装有货物的箱子，放到保管处。

⑤ 根据出货指令，取出货箱，放到传送带。

⑥ 从传送带取下货箱，放到送货小车边。

⑦ 送货人验收货箱个数，装货到送货车。

对于这一类工作，分析各种状态下的取或放接触物品的次数。思考这些接触的必要性，是否可以减少接触，是否可以同时处理多件物品等。整体分析和问题思考如图 4-2 所示。

图 4-2　接触次数问题分析和思考

2. 工具 2：横向物流、纵向物流分析

物流库房的物品流动可以分成横向物流和纵向物流。

1）横向物流是指物品在一个平面的移动，例如：
① 零件、半成品、产品的工厂间转送。
② 工厂与外发加工方、工厂与临时库房间的移动。
③ 建筑物之间的移动。
④ 在同一建筑物内的工序间搬运。
2）纵向物流是指物品的上下移动，例如：
① 多层建筑、楼层间的上下移动。
② 高处作业物品的举起和卸下等。
3）横向物流是物流库房作业的基本，但是有时也会发生纵向物流。纵向物流的效率低于横向物流。纵向物流时间较长，需要的场地较多，所以纵向等待是影响物流流程时间的最大要因。

因此，对物流库房的物品流动进行分析，区分横向物流和纵向物流，尽量减少或消除纵向物流，提高物流库房作业效率。具体分析和思考如图4-3所示。

	在1F进出货的零件	1F进出货 2F存放零件
横向物流次数	3次	5次
纵向物流次数	—	2次

问题思考 →
- 纵向物流占总体物流时间多少
- 纵向物流的设备利用率如何
- 横向物流的路径是否最佳
- 横向物流的方法，时机是否最佳

目标：减少或消除纵向物流

图4-3　横向物流与纵向物流分析和思考

3. 工具3：辅助作业工时比率分析

物流库房的每个作业都由三种作业组成：主体作业、辅助作用、其他作业。

1）主体作业：主要创造物流价值的作业，例如：搬运、包装、预装等。

2）辅助作业：在物流业务流程中，为创造附加价值（产生价值）所产生的辅助性物流作业。例如移动、空搬运、停滞（存放、停滞）。

3）其他作业：除以上之外的其他工作，例如确认、休息、重复等。

在分析中，首先要分析三种作业所占的比例，如图4-4所示。其中，辅助作业与其他作业的比例越少越好，最终希望提高主体作业的比例和效率。

可以利用现场作业的抽样调查，分析出三类作业的比例。图4-5所示是关于零件分拣（产品整备）作业，通过工作抽样分析观测统计案例。从结果来看，合计移动的工时比率为48%，是要重点解决课题。

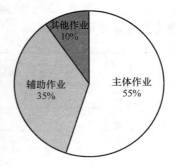

图4-4　辅助作业比率

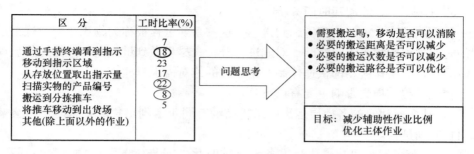

图4-5 分拣作业的工时比率分析示例

4. 工具4：单次作业时间分析

物流库房的作业标准化程度没有生产线水准，例如在时间上，作业标准时间也比较难于设定。但是可以对实际作业时间进行分析，确定在整个作业时间内是否有无效作业，每次的作业时间是否一致或者离散，如果时间离散，就要分析离散的原因等。以这个视角对单次实际作业进行分析，例如：分析1次（1件）的实绩时间、单次作业时间长短，离散程度等；又如，用叉车取托盘（3层）上的货箱。见表4-1，从最下一层开始取时平均1件的实际时间为20s，从第3层开始为75s，有将近4倍的时间差。

表4-1 通过叉车分拣箱子的实绩时间

	平均1件实绩时间	离　　散
从第3层托盘开始取货	75s/件＝（上下小移动）14s＋（取托盘、返回）55s＋（取箱子）6s	MAX：102　MIN：45
从最下层托盘开始取	20s/件＝（上下小移动）14s＋（取箱子）6s	MAX：32　MIN：11

物流管理：

1）出货指示范围：出货指示范围不同，物流作业的时间也会不同。

2）小零件的取货方法不同，物流作业时间也会不同。例如整箱取、从箱内散取、散件散取，都存在物流时间的差异。图4-6所示为单次作业时间分析和思考。

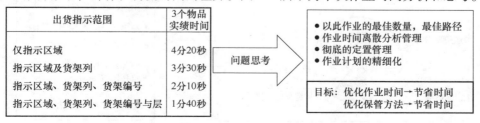

图4-6 单次作业时间分析和思考

5. 工具5：物流流程时间分析

物品从进库、上架、配货，到送达，这一系列过程被称为物流流程，这个过程的时间被称为物流流程时间。对此进行分析，尽量做到最大限度地缩短物流周期时间，建立快速流动的快速体制。是今后的绝对需求！

物流流程的损失影响主要有以下几点：

1）从多层建筑的各楼层运出的出货品没有同步送到出货场，暂时停留会造成出货时间延长。

2）货车出发时间与出货品准备没有准时化、同步化，引起物流区域混乱，造成流程损失。具体的分析和思考如图4-7所示。

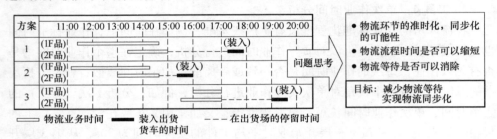

图4-7 物流业务与装入出货货车的物流流程分析

6. 工具6：暂存空间分析

和生产物流空间一样，物流库房会有很多，特别是临时的或者长时间供存放的暂存空间。在不同的作业间及进出货场，暂存空间品占了相当多的空间。这通常是如下因素造成的：

1）定过程的处理能力存在瓶颈。

2）作业流程没有形成准时化机制。

3）进出货场在不同日，不同时间，存在大量的业务量高峰。

对此进行分析，思考暂存空间的必要性，是否可以减少，是否可以提高利用率，同时思考形成暂存空间等原因。如图4-8所示，是在物流中心内，从各功能空间占有比率来认识暂存空间课题的分析和思考示例。

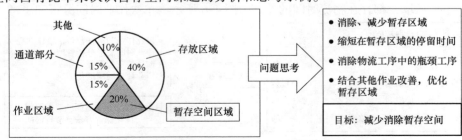

图4-8 物流中心内空间占有比率示例

第4章 JIT库房管理和改善落地

7. 工具7：平面、空间效率分析

在物流中心等以库存区为主体的地方，考虑与进出货作业效率的权衡，并希望尽可能优化物流空间。

1）高度效率（空间物流生产率）。每种不同的存货方法，所必要的空间和空间周边的必要条件将有所不同（托盘货架、叠高托盘、地面平置托盘、箱子等）。

生产场所的高度包括必要的防火高度、设备的工作高度、硬件的承载高度、物流流动或物理尺寸造成的空架（位）等。

空间物流生产率 = 实际存放数 ÷ 最大存放数，可据此进行分析和评估。

2）平面效率（平面物流生产率）。同样的思路，通过以下公式来进行评估：图 4-9 所示为物流库房空间效率分析和思考。

$$平面物流生产率 = 存放部分面积 ÷ 建筑物面积$$

区域	区域品种数量		高度效率			平面效率
	存放方式	物品品种数	最大存放数	实际存放数	高度效率	
A	托盘货架3层	240	573	229	40%	40%
B	托盘直接装载3层	50	279	199	71%	50%

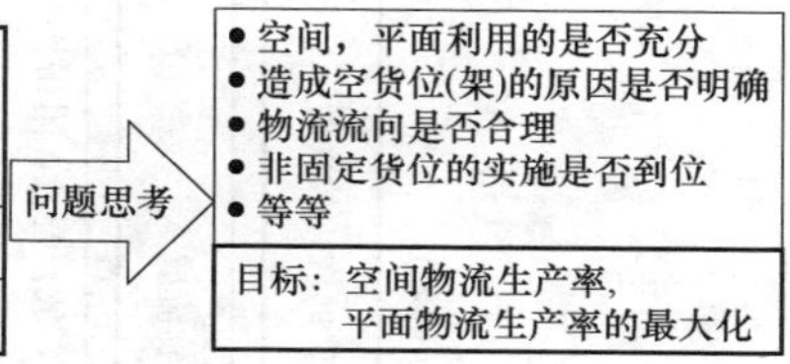

问题思考：
- 空间，平面利用的是否充分
- 造成空货位(架)的原因是否明确
- 物流流向是否合理
- 非固定货位的实施是否到位
- 等等

目标：空间物流生产率，平面物流生产率的最大化

图 4-9　物流库房空间效率分析和思考

8. 物流库房作业分析的七个工具小结

以上介绍了物流库房作业分析的七个工具。

在日常的管理工作中，并不是面面俱到地应用这些工具。这些工具实际上是给出各位在物流库房管理中的视角。实际应用中，要充分结合物流库房的特点，同时主要解决的问题目标是什么？结合这些内容，选择和活用这些工具，分析和思考你所管理的物流库房。如图 4-10 所示。

分析不是目的，是手段。分析是为了明确现状，寻找问题，是实施改善的出发点。为此，下面将针对通过这七个分析工具发现的问题，进行改善。

4.1.4　物流库房问题解决二十个要点

通过分析，可以发现或者思考出一些改善的课题。围绕接触次数、物流搬运、空搬运、移动、快速化、空间优化的改善内容，我总结了二十个改革、改善要点，如图 4-11 所示。

【要点1】　减少物品接触次数。

接触一个物品的次数越多，所用的工时越多，物流时间越长。可以从一次接触物品的数量上考虑改善。例如：

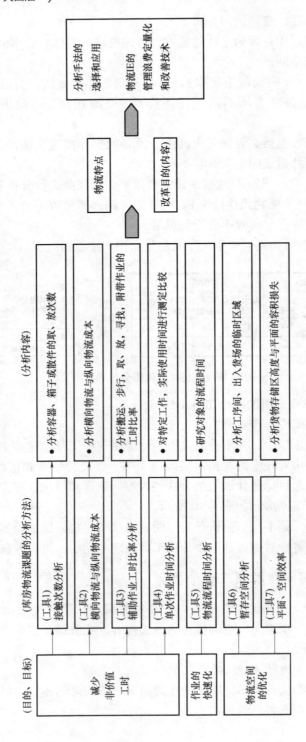

图4-10　物流库房作业分析的七个工具活用

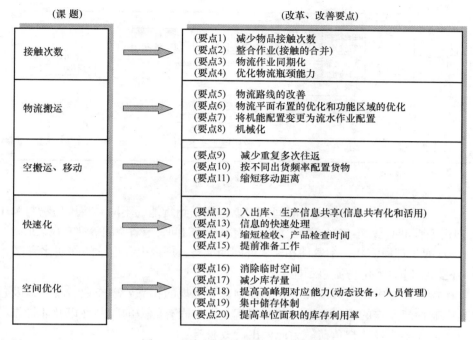

图 4-11 不同课题的改革、改善要点

1）探讨双手同时动作，一次多取或者放同样物品的可能性。

2）减少对于预装货物、产品的最小接触次数，考虑一次接触就可完成全部物流工作。

3）在采购或者在 OEM（原始设备制造商，Original Equipment Manufacture）的情况下，不入库，直接按 JIT 上线。

4）内部生产的物品，尽量少入库、不入库，排序直接上线，生产之后立即出货。

【要点2】 整合作业。

1）分工过细是接触次数增加的原因。

2）区域以及作业统一（多能工化），使操作步骤减少，也减少了接触次数以及工序之间的临时放置空间。

3）图 4-12 所示为整合作业，是将物流中心业务中散装货物 5 个步骤改善为 3 个步骤的案例。

这里的重点：

① 减少临时放置过程。

② 将几个工作合并处理。

【要点3】 物流作业同期化。

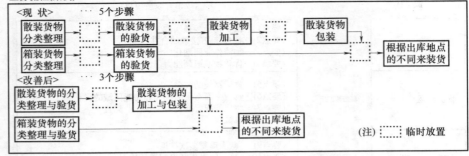

图 4-12 整合作业

1) 在物流业务中,以出货时间为起点,根据到货地的不同,将库房物料和生产工序流程同期化,不仅对接触次数,对缩短准备时间、节省空间等都有很大成效。

2) 对生产所需物件中散件和模块件同期准备,规范上线连续的同期化流程。

【要点4】 优化物流瓶颈能力。

在物流业务中,多数情况下,非计划、非常规的物品处理作业、检查以及包装是影响物流操作的主要问题。其原因就是操作固有能力的限制性以及非计划的操作,造成某个环节超负荷。为此做出的改善有:

1) 优化作业环节,缩短标准作业周期时间,通过改善来提高能力。

2) 根据流通量的时间段不同进行分配管理。

3) 对于作业的多功能化,人员应根据物流操作的要求以柔性的方式进行处理。

【要点5】 物流路线的改善。

1) 工厂与工厂之间、工厂各厂房之间、楼层之间、工序之间的搬运是物流路线优化的对象。

2) 改善外协加工的多次进出库物流路线。

3) 改善采购品入库后再向生产线投料的路线。

4) 改善物品入库、检验后再向生产线投料的路线。

可以通过对这些物流路线的改善,消除浪费,如图 4-13 所示。

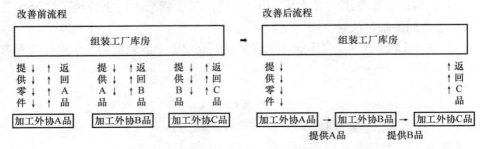

图 4-13 物流路线的变更

【要点6】 物流平面布置和功能区域的优化。

物流库房的平面布置基本都是按物品分类进行分区摆放的。但是，各个区域相互的位置、大小和流向却影响着库房的物流作业效率。本要点在按品种分类分区摆放的基础上，进一步考虑出货频率的影响，综合进行平面布置的优化。下面以不同品种配置变更为不同出货频率配置改善为例：

1）各栋、各楼层使用功能（配置）的理想状态是决定有无搬运的要因。

2）以尽量减少搬运为目的，设定品种分类，相似品种的分类，通过加权获得其使用频率来区分物品。

3）图4-14和图4-15所示分别为不同品种配置和不同出货频率配置，从左图按品种配置向右图按使用频率大小进行配置的改变。

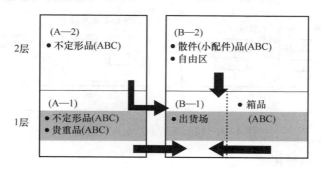

图4-14 不同品种配置

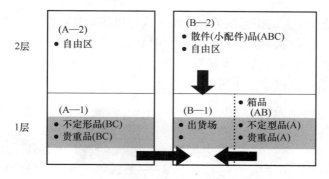

图4-15 不同出货频率配置

4）在该例中，由不同品种配置根据出货频率的ABC分析变更为不同出货频率配置，得到如下效果。

① 相比A栋，到B栋出货场的栋间移动量减少。

② 在A栋2层与1层间没有了纵向物流。

③ 不同出货频率的区域配置使在分拣作业的移动、步行时间减少了。

④ A、B 栋合计工作人员数由 72 人减至 62 人。

【要点 7】 将机能配置变更为流水作业配置。

将物流库房内预装、预处理的物料从"机能配置"转换为"流水配置",如图 4-16 所示。

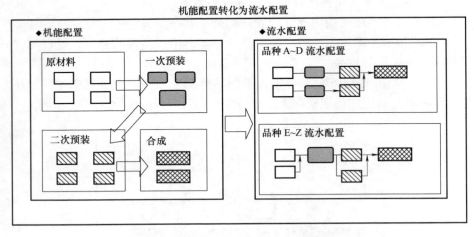

图 4-16 机能配置向流水配置变更

【要点 8】 机械化。

根据不同的搬运量和搬送条件导入有效的搬送机器(搬运、装卸机器)。这时的切入点为:

1)为了减少一天的搬运次数,选用一次可以搬运货物量多的机器。

2)根据搬运条件,使用少量多频度用机器。

3)可否导入 AGV(无人运送车)等。

物流库房常用机械设备如图 4-17 所示。

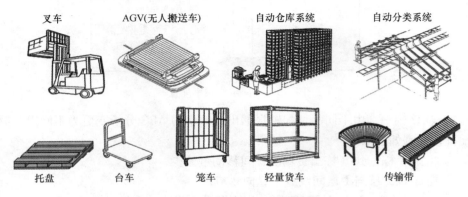

图 4-17 物流库房常用机械设备

【要点9】 减少重复多次往返。

减少区域内移动（搬运、步行）的着眼点之一是研究同一地区的多次往返。

以物流中心单列分拣改善成双列交互分拣为例：

1）将小配件用的平架（固定架）排一列：

① 由逐面分拣移动改为在架子间通道的两侧交互分拣，减少移动。

② 消除反向回去的移动。

2）对平均一天出货批次少，且相同品种当日向多处发货的情况，采用集中配货，然后分给不同发货方。称作"集约分拣方式"。

在这种情况下，必须考虑集约整理分类后的区分工时、空间以及与出货时间的权衡。如图4-18所示。

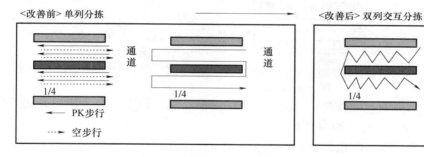

图4-18　减少重复多次往返

【要点10】 按不同出货频率配置货物。

各种物料的使用频率不一样，配货、上线的频率也不一样。因此要根据物料的使用频率进行配置。

1）为了减少高使用频率物料每次的移动时间，要尽可能将其设置在离入出库近的地方，如图4-19所示。

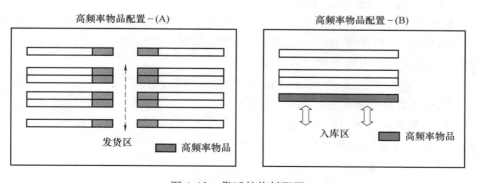

图4-19　靠近的物料配置

2）针对这种配置，每隔一段时间要进行频率分析或配置的更新。

【要点11】 缩短移动距离。

人员的移动，特别是搬运人物的移动，是物流库房浪费的一大特点。

移动（搬运、步行）最多是发生在零件、产品存放场所的拣货、分类等作业环节。在零部件和产品保管场的拣货工作需要多频率移动（搬运、步行）。以拣货工作中通过缩短距离来减少作业移动时间为例（见图4-20和图4-21）。

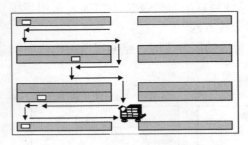

图4-20 靠墙边设置架子的存放布局

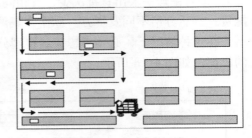

图4-21 设定周边通道的存放布局

1）货架靠墙，没有设计通道，只好在返回之后，到下一个货架。为此，在货架靠墙处设计通道，减少移动。

2）简化架子的配置，减少U型和S型货架。

3）为了避免对面来车，将货架间的通道设置为单行。

【要点12】 入出库、生产信息共享（信息共有化和活用）。

1）采购、加工品的入出库信息和公司内部生产状况的及时公示是物流业务快速化的前提。

2）公开信息、瞬时反映信息，就能事前确保空间和需要人员以及准备好物流用的机器。

【要点13】 信息的快速处理。

在出库准备阶段，将业务分成直接操作的业务和计划分配的业务，后者有时更影响时间。这时就要考虑如何提高间接物流事务工作的效率，提高信息的传递速度。针对这种情况可采用如下对策：

1）对特殊物品，减少信息指示间隔时间，以期达到：

① 可以提前处理现场的物流。

② 均衡不同时间的物流作业。

2）同时考虑可以合并发送的计划指令。

【要点14】 缩短检收、产品检查时间。

入库品的检收和出库品的检查是需要时间和人力的物流工作。因此，可采用如下对策：

1）用 EDI（电子信息交换）缩短确认时间和事务处理时间。
2）手持终端品的条形码扫描和个数输入。
3）用电脑检索画面和注册。
4）区分紧急品的优先业务体制。

【要点 15】 提前准备工作。

物流工作在一天之内波动很大，高峰时，是容易出现问题的时间段。因此要考虑充分利用波动的低谷时间，事先做好必要的准备工作。

例如将送到同一工位的多个零件事先准备在一起；需要包装和预装的工作利用低谷时间处理。

【要点 16】 消除临时空间。

1）临时安置地通常发生在下面几种情况下：
① 由细小作业构成的多个环节的物流工作。
② 各个环节工作能力的不均衡。
③ 场内流程没有同期化。
④ 批量等的不同。
⑤ 加工设备和搬送机因故障停止运转。
⑥ 各种发票、商标没有在同一时间流转。
⑦ 繁杂的指令、计划变更、紧急品的插入。
2）明确需要临时空间的原因，逐步改善。

【要点 17】 减少库存量。

有效利用有限的物流库房空间是提高效率的有效手段。有效利用物流空间不单纯是库房的工作，需要采购、供应商、生产乃至销售共同携手合作。

1）减少预测生产，增加订单生产机制。
2）多频度小批量生产。
3）扩大共通零部件组装的比率。
4）缩短生产的准备时间。

【要点 18】 提高高峰期对应能力。

1）提高高峰期的生产、物流对应能力是减少库存的有效手段之一。
2）因季节性和当月不同日出库形式而造成出库波动大的情况，要是此时的生产加工对应能力足够的话，就不需要过多的库存准备。

【要点 19】 集中储存体制。

1）同类的零件分散在不同的库房，即使在同一库房，也是分散在各个区域，造成不必要的浪费。这些应尽量考虑集中放置，集中管理。
2）可以参照图 4-22 的集中方式。

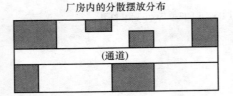 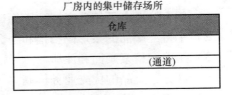

图 4-22　集中的物料配置

【要点 20】　提高单位面积的库存利用率。

1）即使是同样的项目数、同一库存量，根据其保管方式及保管品配置类型，单位面积的库存利用率也是不一样的。

2）这些必须与出入货业务效率一起进行综合考虑，常规方法有以下几点：

① 需要储存的季节性产品、向全国销售的剩余的新产品、大批的进口品等大量产品，应尽量放到里面，堆高放置。（提高平面效率）

② 停用、不常用、保管品等库存回转率低的产品、进行汇集、隔离、叠高堆积保管。

③ 不能用托盘直接堆积的多品种物品，可以在托盘间放上托盘支架。

④ 使用存放小物品、散件品的平架（搁板式货架）、确定符合保管品尺寸的货架段数（减少段内的空间率）。

⑤ 改善货架间的通道宽度，通过研究台车尺寸及单向通行制等减少可作业宽度。

高保管效率的保管设备如图 4-23 所示。

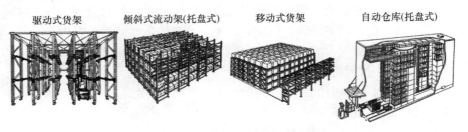

图 4-23　高保管效率的保管设备

很多事情看似简单，但是就是这些简单的事情，却遍布物流库房，造成工作上的不便和物流库房工作的浪费。所以，这些事情是物流库房基本却又重要的事情，是管理改善的重点。

以上二十个物流库房作业的改善重点，也是管理重点。围绕这二十个改善重点，结合实际，灵活应用，不断改善，不断优化，目的是：持续提高物流库房作业效率。

4.1.5 物流库房问题分析改善案例

入库分类作业程序改善

1. 案例背景

装配厂家 A 产品有约 500 种零件,都是由 X 供应商用纸箱包装,发到 Y 物流中心,物流中心检查后,放入存放场所储存。

即使是同一品种零件,也都是用货箱散装进货,因此,要对每个品种进行分类,确认进货产品数量,全部到齐后,放入存放场所储存。这样的工作需要对工作的熟练,对产品结构的了解,但费时,费力,容易出错。

2. 改善的目的

改善工作方法,简化流程,掌握不同产品分类的作业方法,使新职工也能保质保量进行物品区分和入库。

3. 问题调查

1)通过作业工序分析和作业时间观察了解问题点。X 供应商进货的产品数量 1 天平均 320 个,品种约 80 种,经熟练工检查、分类、入库,需要作业时间约 2~3h。如图 4-24 所示。

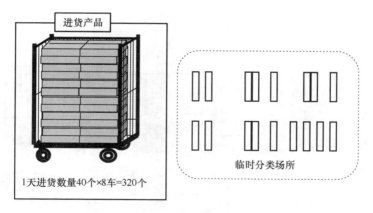

图 4-24 零件进货情况

进货产品的反复作业内容包括:

步骤 1. 扫描零件条形码编号。

步骤 2. 确认附近是否有同样的零件,扫描条形码。

步骤 3. 扫描时,确认位置编号。

步骤 4. 扫描后,根据作业人员的记忆,把零件向相应编号的临时分类场所搬运。

步骤 5. 在临时放置场所相应都编好位置,确认是否有相同的零件,如果有,就一同放置,如果没有,再另外确定该零件的放置场所。

注意:步骤4和步骤5需要熟练工人。

2)供应商进货信息问题。由于不能预先从X供应商得知进货产品的信息(包括产品编号、出货数量),因而不能事先准备。

4. 改善要点

1)物流信息改善。通过网络计划每天的进货量和进货时间,同时和供应商共享信息。

根据进货产品信息,提前决定哪个分类场所准备设置临时存放点。而且要提前确定货品是要放在托盘上还是放在货车上。到货后,扫描进货产品,按照读取产品的顺序临时编号、搬运、堆放。并根据事先确定的位置(托盘或货车)放置,扫描的信息直接进入库房系统。操作人员只需把托盘或货车按托盘或货车上的临时放置地址号码,送到对应的临时放置场所。

2)按进货顺序储存。与分类改善并行,托盘或货车也根据事先的信息进行排序,并确定装载的货物数量,同时设定可视化标签,当托盘或货车零件到达规定数量时,作业人员就可随时将其搬运到临时放置场所。

这样,X供应商早上进货的产品,中午前就能完成入库,可满足当天的生产。如图4-25所示。

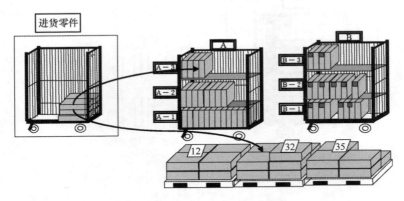

图4-25 进货零件的分类和排序

5. 实施上的注意点

1)本产品的零件,大都是形状相同的零件,对其进行分类时,可以使用专用的货车推车,以实现目视确认管理。但对于不同形状的零件,有必要预先确定放置的货车推车,以便区分。

2)货车推车直接可以搬运,托盘需叉车来进行搬运,所以要实现计划叉车的使用时间段。

3)零件进货系统采用简单的电脑系统,降低了WMS(仓储管理系统)的投入费用。

6. 改善效果

1）改善后，分类作业任何人都能简单完成。

2）改善前：分类作业熟练工人需 2~3h 完成，改善后：新职工也只要花费 1~2h 就能做到，降低工时约 40%。

3）分类作业空间约节省 50%，达到了物流空间优化的目的。

4）入库存储时间缩短约 2h。

4.1.6　物流库房作业分析和改善落地总结

物流库房的作业往往容易被忽略，因此现实中物流库房的浪费比比皆是，所以更要充分考虑库房作业的科学化、高效化和标准化。

为此，本节首先介绍了物流库房分析的七个工具。分析是日常管理工作中的一个重点。看物流现场，就是要进行分析。采用这七个工具，就是为了科学、高效、定量地对物流现场的工作进行分析，寻找问题、课题和改善方向。

物流库房也是一个持续改善的现场，这些改善与生产现场的改善有所不同，有一些物流库房自身的特点。本节给出了现场改善的二十个要点。是实际物流库房改善工作中总结出来的。只有通过持续分析，持续改善，才能保证物流库房精益管理的真正落地。

以上介绍的是物流库房管理的最基本改善，也是最实际的改善，借此可再次理解精益是什么，精益物流库房改善是什么，再次理解如何进行浪费的定量化和如何应用改善技术。

物流库房的改善，学习是重要的，但是实践更重要。物流库房改善的理论、研究是必要的，但是结合实际的改善更重要。

4.2　库房物料作业 PTS 法的改善应用

4.2.1　PTS 方法应用的核心

PTS（既定时间标准设定法，Predetermined Time Standards），广义上讲是制定标准的一个方法，是 IE 体系中的一个组成部分。

人的工作是由一些最基本的动作组成的，例如伸手、旋转、按动、转身、行走。PTS 就是把人体的这些最基本的动作时间标准化，制成标准系列，这就是既定时间。当采用这种标准设定的工作时间时，就称之为既定时间标准设定法。

PTS 法主要研究的是动作。一般把 PTS 用于生产系统新工作的标准时间设定。在设计新的工作时，通过一系列的标准动作组合，形成了标准作业方法和标准作业时间，就可以事先设计出新的工作的作业标准。

但在实际工作中，大都遇到的是对现有工作的改善。在这些工作改善中，直接对动作进行分析改善，或只做动作改善的情况并不是很多。笔者曾在一些工作现场把 PTS 方法和 IE 的一些工具结合在一起进行改善，取得了一些成绩，得到了客户的认可，因此深感这是一种比较好的方法。

下面对 PTS 法 + IE 改善工具的手法在实际中的应用加以介绍。

4.2.2　PTS 法 + IE 改善工具的手法

1. 手法的基本构成

PTS 法有各种方法，这里以比较常用的 MOD⊖（模特法 Modular Arrangement of Predetermined Time Standard），作为标准。

应用 MOD + IE 改善工具的应用模式如下：

1）流程分析（流程分解）。
2）动作观测（现场观测或录像拍摄）。
3）动作分解（MOD 法的要素分解）。
4）动作改善（MOD 动作观测，对动作组合单元进行动作观测和改善）。
5）形成标准作业组合表及标准作业指导书。

2. 手法的具体应用

（1）流程分析（流程分解）　完成一项操作，必须按照一定的操作程序来进行，在用 MOD 法前，首先对其操作过程进行准确、细致的描述，包括操作者的活动范围、路线、使用身体部位及所用工具，以及操作程序与步骤等。这是 MOD 法应用前的基础工作。

这里应用 IE 的流程分析工具，例如库房物流的工作可以分成五项：

○作业：打包、拣货、上架、扫描等

◇检查：数量、质量

⇒搬运：搬运、步行

D 等待

▽储存

前四项是人的工作，主要考虑人的工作效率。第五项储存是物品停放的状态，要考虑储存的平面和空间利用率。

MOD 法主要应用在对前四项人的工作分析和改善。利用以上描述的常规的物流工作，物流流程分析（流程分解）如图 4-26 所示。

工作名称：是具体工作的内容。

⊖　本章谈的是 PTS 法的应用，有关 MOD 法的基础知识，请读者参考具体的书籍。——作者注

工作名称		时间/min	数量/个	距离/m	拣货上架分类
1	储存		1000		▽
2	拣货	10	100		○
3	搬运	5	100	20	⇒
4	等待	30	100		D
5	检查	5	100		◇
6	等待	30	100		D
7	包装	20	4		○
8	等待	30	4		D
9	搬运	5	4	15	⇒
10	等待	30	4		D
11	装货	10	4		○

图 4-26 物流流程分析

时间：该工作内容从开始到结束一个循环的工作时间。

数量：一个工作时间内同时处理的物件数量。

距离：搬运的实际距离。

图 4-26 中第 2 项的拣货、第 7 项的包装、第 11 项的装货主要是人通过动作完成的工作，是 MOD 法首先要研究的对象。

采用 MOD 法进行工作分析，需明确操作者的活动范围、路线、使用身体部位及所用工具，以及操作程序与步骤等一系列动作。

（2）动作观测（现场观测或录像拍摄） 动作观测是一项非常细致的工作。在实际应用中，首先必须进行细致的观察和记录，然后按照动作经济原则对每一动作要素进行认真分析，最后达到取消、合并或简化的目的。常用的动作观测方法有两种：

1) 动作目视分析：主要凭借分析人员的观察，用动作要素符号进行记录和分析。其做法和测时观测类似，要求将操作者的左、右手和目视动作都正确无误地记录下来，然后对记录资料做详尽的分析。分析每一个动作要素取消、合并或简化的可能性，同时用动作经济原则来加以衡量，最后提出切实可行的改进操作方法的意见。由于每一个动作所用的时间都很短，所以目视分析一般只适用于比较简单的操作活动。

2) 动作摄影分析：采用摄像的方法进行动作观测，它不仅可以记录人的全部操作活动（连最细微处都不会放过），而且事后可根据分析的需要，反复再现。因此，动作摄影是一种非常有效的研究方法。

这里采用摄影分析方法。边进行现场观测，边拍作业录像，注意事项如下：

① 拍摄全过程：从作业开始一直拍到作业结束。例如，从拣货开始一直拍到结束。

② 如果是重复作业，就连续拍多次重复的作业。

③ 以人的动作为拍摄对象。

（3）动作分解（MOD法的要素分解） 一项操作（工作内容）可以是简单的，也可以是复杂的；可以在同一工位完成，也可以在不同工位完成。为了便于测时，应将一项复杂的操作过程进行适当的分解。

如果在不同工位完成，则首先应按工位分解；如果在同一工位完成，应将其分解为若干个动作组合。

这样做的目的是为了便于处理和计算。通常要求分解后的动作组合单元应有明显易辨认的起点和终点，两组单元之间有明确的分界点。每组动作组合单元能分解的基本动作数量应比较平衡。

每个工作内容都是由一系列动作所组成的，对动作进行分解，有时也称作要素分解。例如：对以上作业的工作部分（图4-26中第2项的拣货、第7项的包装、第11项的装货）采用MOD法进行动作分解：如图4-27灰色部分所示。

	工作名称	时间/min	数量/个	距离/m	拣货上架分类
1	储存		1000		▽
2	拣货	10	100		○
3	搬运	5	100	20	⇒
4	等待	30	100		D
5	检查	5			◇
6	等待	30	100		D
7	包装	20	4		○
8	等待	30	4		D
9	搬运	5	4	15	⇒
10	等待	30	4		D
11	装货	10	4		○

图4-27 物流流程分析中的工作部分

1）第2项的拣货。

右手：走两步→伸出手臂→用手抓住货物→拖出货物→退两步→弯腰→放入箱内→直起

左手：走两步→伸出手臂→用手控制货物→控制货物→退两步→弯腰→放入箱内→直起

2）第7项的包装。

右手：取胶带→封竖向→抱起箱子→旋转90°→放下→取胶带→封横向1→封横向2→放回胶带

左手：按住箱子→持续按住箱子→抱起箱子→旋转90°→放下→按住箱子→持续按住箱子→持续按住箱子→返回

3）第11项的装货。

右手：走四步→弯腰→用手抓住货物→拖抱起货物→退走五步→放到车里→推入

左手：走四步→弯腰→用手抓住货物→拖抱起货物→退走五步→放到车里→推入

这一步主要是应用MOD法的21种基本动作，将每一动作组合单元进一步分解为MOD法规定的基本动作，并按MOD法做出动作的分析式，完成这一步工作。

（4）动作改善（MOD动作观测，对动作组合单元进行动作观测和改善）对动作的顺序和方法进行分析，改善原则是：

1）ECRS的分析改善。

2）动作经济性的分析改善。

① 同时动作。用不同的身体部位同时进行相同或不同的两个以上的动作，称为同时动作。一般以双手同时动作为多见。在操作中希望采用同时动作，因为这样可以提高工作效率。完成双手同时的动作不是在任何情况下都能进行的，只有当两只手的终结动作都不需要注意力的时候，或者当一只手的终结动作需要注意力，而另只手的终结动作不需要注意力的时候，才可进行双手同时动作。

② 时限动作。两手同时动作时，时间值大的动作称为时限动作。在计算时间时，并不是将两手动作的时间值进行累加，而是以时限动作的时间值作为分析的时间。

例如对以下的动作进行分析，寻找改善点：

① 拣货：

右手：走两步→伸出手臂→用手抓住货物→拖出货物→退两步→弯腰→放入箱内→直起

左手：走两步→伸出手臂→用手控制货物→控制货物→退两步→弯腰→放入箱内→直起

② 分析和改善：动作从走两步开始，主要是走到货物旁边，如果货物就放在旁边的话，就可以省略走两步；退两步、弯腰的动作主要是因为货物在比较低的位置，需要弯腰进行处理。可以把货物放置在不要弯腰的高度，就可以省略这些动作，同时也可减小劳动强度。

通过以上的分析改善结果如下：

右手：走两步→伸出手臂→用手抓住货物→拖出货物→退两步→弯腰→放入箱内→直起

左手：走两步→伸出手臂→用手控制货物→控制货物→退两步→弯腰→放入箱内→直起

③ 包装：

右手：取胶带→封竖向→抱起箱子→旋转90°→放下→取胶带→封横向1→封横向2→放回胶带

左手：按住箱子→按住箱子→旋转90°→放下→按住箱子→按住箱子→按住箱子→返回

为了包装箱子的另一个面，所以抱起箱子旋转，放下后再取胶带。如果把箱子放到一个平面旋转台上，就可以省略抱起、旋转、放下的动作。改善结果如下：

右手：取胶带→封竖向→抱起箱子→旋转90°→放下→取胶带→封横向1→封横向2→放回胶带

左手：按住箱子→按住箱子→旋转90°→放下→按住箱子→按住箱子→按住箱子→返回

④ 装货：

右手：走四步→弯腰→用手抓住货物→拖抱起货物→退走五步→放到车里→推入

左手：走四步→弯腰→用手抓住货物→拖抱起货物→退走五步→放到车里→推入

与拣货一样，把货物放到不要弯腰的高度，就可以省略弯腰的动作。改善结果如下：

右手：走四步→弯腰→用手抓住货物→拖抱起货物→退走五步→放到车里→推入

左手：走四步→弯腰→用手抓住货物→拖抱起货物→退走五步→放到车里→推入

（5）形成标准作业组合表及标准作业指导书

1）关田法 MOD 标准模式。通过以上改善，消除了不必要的动作，形成了一个比较高效的工作方法，这时形成 MOD 法的标准作业指导书，其中包括动作顺序，动作内容和动作时间。

下面介绍 MOD 法的应用。要根据实际工作步骤和内容，把以上动作按 MOD 法进行分析和分解，并设定每个环节的时间。表 4-2 为 MOD 法标准作业组合表及标准作业指导书样式。

表 4-2　MOD 法标准作业组合表及标准作业指导书样式

MOD 法标准作业指导书			作业内容：			
	左手动作		模特数	右手动作		
序号	动作描述	MOD 表达式		MOD 表达式	动作描述	序号
1						1
2						2
3						3
4						4
5						5
6						6
7						7
8						8
MOD 取值标准		标准动作照片		标准动作照片	MOD 取值标准	
1						1
2						2
3						3
4						4

2）关田法 MOD 标准模式的应用。下面介绍拣货、包装、装货三项工作的具体应用。

① 拣货。MOD 法标准作业指导书见表 4-3。

右手：伸出手臂→用手抓住货物→拖出货物→放入箱内

左手：伸出手臂→用手抓住货物→拖出货物→放入箱内

表4-3 MOD法标准作业指导书：拣货

MOD法标准作业指导书			作业内容：拣货			
左手动作			模特数	右手动作		
序号	动作描述	MOD表达式		MOD表达式	动作描述	序号
1	伸出手臂	M4	4	M4	伸出手臂	1
2	用手抓住货物	G3	3	G3	用手抓住货物	2
3	拖出货物	M4L1	5	M4L1	拖出货物	3
4	放入箱内	M4L1P2	7	M4L1P2	放入箱内	4
		合计	19			
MOD取值标准			标准动作照片	标准动作照片	MOD取值标准	
1	伸出手臂	M4			伸出手臂	1
2	用手抓住货物	G3			用手抓住货物	2
3	拖出货物	M4L1			拖出货物	3
4	放入箱内				放入箱内	4
	抬起货物	M4L1			抬起货物	
	放进箱内	M4L1			放进箱内	
	箱内定位	P2			箱内定位	

在应用这个模式时分两种情况：

a. 动作已经是MOD法的基本动作，这时就可以直接采用MOD法的基本时间。例如：放入箱内的动作，就要按MOD法进行分解：抬起，对应MOD法的M4，重量，对应MOD法的L1，放进，对应MOD法的M4，定位，对应MOD法的P2，用手抓住货物，对应MOD法的G3。

b. 动作为需要按MOD法进行分解的动作，这时就需要先进行分解，然后再确定时间。例如：伸出手臂动作，对应MOD法的M4；用手抓住货物，对应MOD法的G3；同时配上标准的动作照片。这样就形成了MOD标准。以下包装和装货的动作标准也是同样。

② 包装。MOD法标准作业指导书见表4-4。

左手：按住箱子→持续按住箱子→旋转90°→按住箱子→持续按住箱子→持续按住箱子→返回

右手：取胶带→封竖向→旋转 90°→取胶带→封横向 1→封横向 2→放回胶带

表 4-4 MOD 法标准作业指导书：包装

MOD 法标准作业指导书			作业内容:包装			
	左手动作		模特数	右手动作		
序号	动作描述	MOD 表达式		MOD 表达式	动作描述	序号
1	按住箱子	G1	7	取胶带	M4G3	1
2	按住箱子	G0	11	封竖向	M4G1M4M2	2
3	旋转 90°	M5	14	旋转 90°	M4M4G1M5	3
4	按住箱子	G0	7	取胶带	M4G3	4
5	按住箱子	G0	11	封横向 1	M4G1M4M2	5
6	按住箱子	G0	11	封横向 2	M4G1M4M2	6
7	返回	G0	4	放回胶带	M4P0	7
	合计		65			
	MOD 取值标准	标准动作照片		标准动作照片	MOD 取值标准	
1					取胶带	1
2				M4	伸手	
3				G3	抓胶带	
4					封竖向	2
				M4	移动胶带	
				G1	搭到箱子上	
				M4	拉胶带	
				M2	剪断	
					旋转 90°	3
				M4	放回胶带	
				M4	伸手	
				G1	抓住箱子	
				M5	旋转 90°	
					取胶带	4
				M4	伸手	
				G3	抓胶带	
					封横向 1	5
				M4	移动胶带	
				G1	搭到箱子上	

（续）

MOD 取值标准	标准动作照片	标准动作照片	MOD 取值标准		
			M4	拉胶带	
			M2	剪断	
				封横向 2	6
			M4	移动胶带	
			G1	搭到箱子上	
			M4	拉胶带	
			M2	剪断	
				返回胶带	7
			M4	移动胶带	
			P0	放置胶带	

③ 装货。MOD 法标准作业指导书见表 4-5。

右手：走四步→用手抓住货物→拖抱起货物→退走五步→放到车里→推入

左手：走四步→用手抓住货物→拖抱起货物→退走五步→放到车里→推入

以上是应用 MOD 法 + IE 改善工具在实际物流工作中的操作步骤和改善方法。其中的模式是 MOD + IE 改善工具（流程分析、动作的经济性、ECRS）。下面通过具体案例进行分析。

4.2.3 关田法 MOD 标准的改善案例分析 1

1. 案例概要

本案例为服装库房作业的 MOD 应用案例。

服装操作年均 600 万件左右，其中进库扫描量占总量的 45%～50%，工作量大，强度高。

服装扫描由劳务公司派遣人员操作，操作人员不固定，流动性大。

改善目的：通过 MOD 分析，改善、提高工作效率，形成标准操作流程，并将其作为培训标准。

2. 项目实施计划（见表 4-6）

3. 流程分析改善

（1）作业的组成 共有 5 个环节，由 A、B 二人进行操作。

1）扫描箱号：由操作工 B 扫描纸箱编号。

表 4-5　MOD 法标准作业指导书：装货

MOD 法标准作业指导书			作业内容：装货			
左手动作			模特数	右手动作		
序号	动作描述	MOD 表达式		MOD 表达式	动作描述	序号
1	走四步	W5W5W5W5	20	W5W5W5W5	走四步	1
2	用手抓住货物	M4G3	7	M4G3	用手抓住货物	2
3	拖抱起货物	M4L1	5	M4L1	拖抱起货物	3
4	退五步	W5W5W5W5W5A4L1	30	W5W5W5W5W5A4L1	退五步	4
5	放到车里	M4P0L1	5	M4P0L1	放到车里	5
6	推入	M4P1L1	6	M4P1L1	推入	6
7						7
8						8
MOD 取值标准			标准动作照片	标准动作照片	MOD 取值标准	
1	走四步	W20				1
2	用手抓住货物					2
3	伸手	M4				3
4	抓住货物	G3				4
	拖抱起货物					
	抱起	M4				
	重量	L1				
	退五步	W25				
	退五步	W25				
	转身	A4				
	重量	L1				
	放到车里					
	放下	M4				
	定位	P0				
	重量	L1				
	推入					
	推入	M4				
	定位	P1				
	重量	L1				

表 4-6 项目实施计划

工作内容	（预期）成果	责任人	12-Nov	12-Dec	13-Jan	13-Feb
现场调研	选定试点环节	＊＊、＊＊				
MOD 基础培训	作业标准化和 MOD	＊＊				
MOD 案例培训	标准化和案例分解	＊＊				
录像拍摄	拍摄标准化前录像	＊＊				
录像分析、反馈	咨询老师对录像进行分析,提供改善建议	＊＊				
标准化改善	制定、落实改善措施	项目组				
标准化实施情况确认	确认标准化改善情况	项目组、＊＊、＊＊				
MOD 技术培训	基本掌握 MOD 分析方法	＊＊				
现场作业要素表组合	将标准化后的作业用《作业组合表》描述	项目组、＊＊、＊＊				
现场作业 MOD 法分析研究	针对《作业组合表》进行分析、优化	项目组、＊＊、＊＊				
新现场作业组合表的制定	制定新的《作业组合表》	项目组、＊＊、＊＊				
新现场作业组合表的培训	对员工进行标准化作业培训	项目组				
新现场作业组合表的试行	员工按新的《作业组合表》进行操作	项目组				

2）开箱：由操作工 A 搬箱至工作台，拿刀划开胶带，打开纸箱。

3）倒出衣服：操作工 A 与 B 协同将纸箱中的服装倒放在工作台上。

4）扫描衣服：操作工 B 拿电子扫描器扫描衣服。

5）装箱：操作工 A 把扫描完的衣服放入纸箱封箱，最后并放置在托盘上。

（2）作业录像分析

1）两名操作人员共同操作扫描 70 件衣服，总共用时 150s，对他们的整体作业时间进行分析，见表 4-7。

表 4-7 整体作业时间分析

操作工	动作描述	用时/s	动作描述	用时/s	动作描述	用时/s	总工时/s
B（负责扫描）	扫描箱号	3	倒出衣服	13	扫描衣服	104	120
A（负责装箱）	开箱	14	倒出衣服	13	装箱	123	150

分析：操作工 B 的工序简单，有 30s 的等待时间，而操作工 A 从头至尾都在操作，没有停顿，还要 2 次搬运箱子。

改善措施：采取岗位轮换制，操作工 B 结束动作后，回到开箱位置，开始新一轮的操作。这样既可减少等待时间，也可通过岗位轮换消减疲劳。

2）开箱：拿刀划开胶带。

分析：拿刀开箱过程存在非必要移动，动作不自然，过于复杂，见表4-8。

表4-8 拿刀划开胶带

动作描述	划第一刀	移动	划第二刀	换手	移动	划第三刀
时间/s	3	1	1	1	1	1
累积/s	3	4	5	6	7	8

改善措施：通过调整划刀顺序及换手操作，减少非必要移动，定位开箱位置，使操作规范化，如图4-28所示。

图4-28 拿刀划开胶带

3）倒出衣服：将纸箱移动到合适位置，倒出衣服。

分析：倒出衣服时有大量时间的用于抓取和整理，动作过于复杂见表4-9。

表4-9 倒出衣服

动作描述	托住箱子	翻转箱子	移动纸箱	倒出衣服
时间/s	1	3	5	2
累积/s	1	4	9	11

改善措施：通过侧翻纸箱缓慢倒出衣服使其整齐排列并且保持标签位置朝上，改变原有操作流程，简化和消除整理衣服的过程，如图4-29所示。

图4-29 倒出衣服

4）流程改善汇总，见表4-10和图4-30、图4-31。

表4-10 流程改善汇总

扫描，开箱			
	件数	时间/s	件/s
流程改善前	70	92	1.31
流程改善后	60	71	1.18
倒出衣服			
	件数	时间/s	件/s
流程改善前	60	20	0.33
流程改善后	70	10	0.14

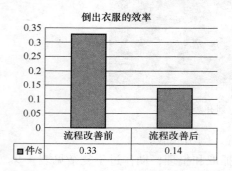

图4-30 倒出衣服的效率改善

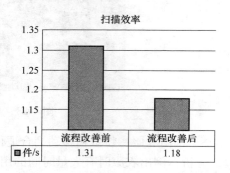

图4-31 扫描效率改善

由于倒出衣服效率的提高，减少了扫描过程中整理衣服的动作，使得扫描的效率提高了9.9%。

4. MOD法分析改善

（1）操作工A的作业分析和改善

1）操作工A的MOD作业分析，见表4-11。

表4-11 操作工A的MOD作业分析

操作工A	序号	左手动作		模特数（取左、右手大的值）	右手动作	
		动作描述	MOD表达式		MOD表达式	动作描述
开箱	1	搬箱子	B17M2G1L2M4W5P0	31	B17M2G1L2M4W5P0	搬箱子
		控制箱子	G0P0	11	M4G1M4P2	伸手拿刀
		控制箱子	G0P0	18	M4M3M3M2M3M3	划开胶带
		控制箱子	G0P0	4	M4P0	放下刀

(续)

操作工 A	序号	左手动作		模特数（取左、右手大的值）	右手动作		
		动作描述	MOD 表达式		MOD 表达式	动作描述	
倒出衣服	2	移动纸箱	M5W5W5	15	M5W5W5	移动纸箱	
		控制箱子	G0P0	27	M4G1M4M4G1M4M4G1M4	打开箱盖	
		伸手	M4	4	M4	伸手	
		托住箱底	G1	1	G1	控制纸箱	
		搬动纸箱	L2	2			
		翻动纸箱	M4	4			
		倒出衣服	M4L1W10E2R2G1M5P2	27	M4L1W10E2R2	倒出衣服	
装箱	3	整理衣服	M4G1M4M4E2M5B17P2	39	M4G1M4M4E2M5B17P2	整理衣服	
		与扫描人员核对数量	M3D3	6	M3D3	与扫描人员核对数量	
		控制箱盖	G0P0	36	M4G1M4M4G1M4 M4G1M4M4G1M4	盖上箱盖	
		控制箱盖	G0P0	59	M4G1M4P2M3M3M5 P2M3M3M4M4P2 M3M3M4M4M5P0	封箱	
		搬箱移动	B17M2G1L2M4W5P0	32	B17M3G1L2M4W5P0	搬箱移动	
	合计			316			

2）操作工 A 的 MOD 作业改善，见表 4-12。

表 4-12　操作工 A 的 MOD 作业改善

操作工 A	序号	左手动作		模特数	右手动作		分析和改善
		动作描述	MOD 表达式		MOD 表达式	动作描述	
开箱	1	搬箱子	B17M2G1L2M4W5P0	31	B17M2G1L2M4W5P0	搬箱子	缩短工作台和箱子的距离，消除移动 W5
		控制箱子	G0P0	11	M4G1M4P2	伸手拿刀	
		控制箱子	G0P0	18	M4M3M3M2M3M3	划开胶带	
		控制箱子	G0P0	4	M4P0	放下刀	
倒出衣服	2	移动纸箱	M5W5W5	15	M5W5W5	移动纸箱	
		控制箱子	G0P0	27	M4G1M4M4G1M4M4G1M4	打开箱盖	
		伸手	M4	4	M4	伸手	
		托住箱底	G1	1	G1	控制纸箱	
		搬动纸箱	L2	2			
		翻动纸箱	M4	4			
		倒出衣服	M4L1W10E2R2G1M5P2	27	M4L1W10E2R2	倒出衣服	

（续）

操作工 A	序号	左手动作		模特数	右手动作		分析和改善
		动作描述	MOD 表达式		MOD 表达式	动作描述	
装箱	3	整理衣服	M4G1M4M4E2M5B17P2	39	M4G1M4M4E2M5B17P2	整理衣服	动作再设计：通过增加扫描人员口头报数的动作，消除装箱人员在装箱完成后与扫描人员的核对动作 缩短工作台和箱子的距离，消除移动W5
		与扫描人员核对数量	M3D3	6	M3D3	与扫描人员核对数量	
		控制箱盖	G0P0	36	M4G1M4M4G1M4M4G1M4M4G1M4	盖上箱盖	
		控制箱盖	G0P0	59	M4G1M4P2M3M3M5P2M3M3M4M4P2M3M3M4M4M5P0	封箱	
		搬箱移动	B17M2G1L2M4W5P0	32	B17M3G1L2M4W5P0	搬箱移动	
		合计		316			

3）操作工 A 的 MOD 作业改善后新标准，见表 4-13。

表 4-13 操作工 A 的 MOD 作业改善后新标准

操作工 A	序号	左手动作		模特数	右手动作	
		动作描述	MOD 表达式		MOD 表达式	动作描述
开箱	1	搬箱子	B17M2G1L2M4P0	26	B17M2G1L2M4P0	搬箱子
	2	控制箱子	G0P0	8	M2G1M3P2	伸手拿刀
	3	控制箱子	G0P0	14	M3M4M4M3	划开胶带
		划开胶带	M3M3M3	9	G0P0	控制箱子
	4	控制箱子	G0P0	2	M2P0	放下刀
倒出衣服	5	移动纸箱	M2G0M4L2W5W5	18	M2G0M4L2W5W5	移动纸箱
	6	打开箱盖	M2G1M3M2G1M3	12	M2G1M3M2G1M3	打开箱盖
	7	翻转箱子	M3G1M4L2M3	14	M3G1M4L2M4	翻转箱子
	8	倒出衣服	M3L1W5W5E2G1W5W5P2	24	M3L1M3W5W5E2G1M4P0	倒出衣服
	9	移动定位	W5W5W5W4	20	W5W5W5W5	移动定位
		等待	—			等待
装箱封箱	10	整理放置衣服 11 次	M4G1M4M4E2M5B17P2	34/次，共374	M4G1M4M4E2B17P2	整理放置衣服 11 次(5件一放)
	11	放置最后一件	M5G1M5P0	11	—	
	12	盖上箱盖	M2G1M2M3M2M3G1M3M2G1M2	22	M2G1M2M3M2M3G1M2	盖上箱盖
	13	控制箱盖	G0P0	11	M4G1M4P2	拿封箱机
	14	封箱	G0P0	46	M3M2M4M4M3M2M4 M4M4M3M2M4M4P0	封箱
	15	搬运箱子	M4W5L2P2	28	M4B17W5L2P0	搬运箱子
		合计		673		

(2) 操作工 B 的 MOD 作业分析和改善

1) 操作工 B 的 MOD 作业分析，见表 4-14。

表 4-14 操作工 B 的 MOD 作业分析

操作工 B	序号	左手动作		模特数	右手动作	
		动作描述	MOD 表达式		MOD 表达式	动作描述
扫描箱号	1	伸手	M3	14	M4G1M3E2M1M3P0	扫描箱号
扫描衣服	2	抓住衣服	G1	9	M4G1M4	拿枪
	3	控制物品	P0	3		
	4	抓住衣服	G1	2	E2	对准条形码
	5	抓住衣服	G1	2	M2	点击扫描
	6	翻衣服	M2	2	M2	翻衣服
	7	移动	M2	2	M2	移动
		3~7 动作重复 69 次		759		动作 3~7 重复 69 次
	8	推动衣服	M4M4P0	8	M4M4P0	推动衣服
		动作 8 重复 9 次		72		动作 8 重复 9 次
	9	无动作		4	M4P0	放枪
	10	核对数据	E2R2	4	E2R2	核对数据
		合计		881		

2) 操作工 B 的 MOD 作业改善。在分析整套扫描动作时，发现 MOD 值与实际操作时间值有些不一致的地方，因此通过对 MOD 法的进一步学习以及回放录像观察动作，发现其中扫描动作存在左右手同时作业的现象，按照 MOD 法的原理，有同时作业时取大值，同时对整套扫描动作进行了再设计及再优化。

3) 操作工 B 的 MOD 作业改善后新标准，见表 4-15。

表 4-15 操作工 B 的 MOD 作业改善后新标准

操作工 B	序号	左手动作		模特数	右手动作	
		动作描述	MOD 表达式		MOD 表达式	动作描述
扫描箱号	1	控制	—	14	M4G1M3E2M1M3P0	扫描箱号
扫描衣服	2	控制	—	9	M4G1M4	拿枪
	3	伸手抓取衣服	M3	3	M2	扫描枪移动定位
		控制	—	1	M1	点击扫描
		翻转衣服	M3	3	M1	口头报数
		控制	—	385		55 次扫描
		移动衣服	M3	3	—	—
		控制	—	4	M4P0	放枪
	4	核对数据	9s		9s	核对数据
		合计		422MOD +9s		76

（3）总体改善效果　见表4-16和图4-32。

表4-16　总体改善效果

	件数	时间/s	效率/(件/s)	效率提高
流程改善前	60	158	2.63	
流程改善后	70	150	2.14	18.63%
MOD改善	56	114	2.04	23.63%

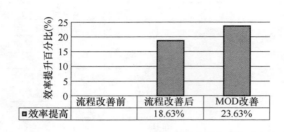
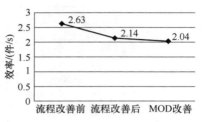

图4-32　改善效果图

MOD改善在流程改善的基础上效率再次提高了5%。

组织现场操作人员观看改善前后录像，比较改善前后的流程及动作变化，了解其中的不合理动作、需优化动作等，通过前后对比，让操作人员更直观地了解了MOD法在工作中运用的重要性，及在今后的实际操作中如何运用MOD法，并按照新的流程实际操作。

通过对服装进库扫描MOD法的学习和试点操作后，学会及掌握了MOD法的基本实际运用。针对服装扫描操作，设计开发了新的流水线操作台。后续我们将在现行操作基础上配合新的流水线操作台进一步完善扫描操作流程再设计及MOD再改善。图4-33和图4-34所示为作业改善照片。

图4-33　MOD的作业改善照片1　　　图4-34　MOD的作业改善照片2

5. 案例分析 1 小结

本案例是 MOD 方法应用的全过程。

在实际改善的过程中,通过 IE 改善工具的应用,可以初步消除基本的浪费,然后再应用 MOD 法,从 MOD 的细节上看每一个基本动作,仍然可以发现一些浪费的工作,对此进行深层次的改善,以取得更好的改善效果。这里也是应用的 MOD + IE 改善工具(流程分析、动作的经济性、ECRS)改善模式。

MOD + IE 改善工具模式也可根据不同的情况组合不同的 IE 其他改善工具,取得更多的改善效果,下面通过另外一个案例,做进一步的分析。

4.2.4 电器件库房应用改善案例分析 2

1. 案例概要

随着库房业务量的逐渐增加,A 货品出货工作形成了能力瓶颈。为此 A 货品的贴标签、上架这两个重要环节效率急待提升。

目的一:通过 MOD 法 + IE 改善工具的模式,将流程改善、动作观测结合起来以提高工作效率。

目的二:拟定标准的操作流程,作为对新老员工的技能培训资料及标准作业指导书。

2. 库房作业内容

1)贴标签作业。

① 贴标签约 7900 次/天,重复作业量大。

② 占据 A 货品出库工作量的 17.7%。

2)上架作业。

① 上架 7900 次/天,重复作业量大。

② 占据 A 货品出库工作量的 31.9%。

下面针对这两项作业内容,利用 MOD + IE 改善工具的方法进行分析改善。

3. 贴标签作业改善

(1)贴标签作业流程分析效率改善

分析:因为标签打印是随机的,所以所有货架的货物都要平铺在操作台面上,根据打印的标签,寻找对应的货物,贴上标签。这一工作造成空间、查找动作、二次移动货物等浪费。

改善:改善标签的打印顺序,按照每个货架的顺序来贴标签,节省操作台面空间,减少了移动和查找动作。表 4-17 为贴标签分货效率改善表。

表 4-17 贴标签分货效率改善表

	贴标签/s	提高效率
改善前	4.67	34.26%
改善后	3.07	

（2）贴标签作业 MOD 分析改善　贴标签作业分成三个部分：开箱作业，取出物品作业，贴标签作业。

1）开箱作业现状 MOD 分析和改善（右手作业，左手控制箱子），改善前后对比见表 4-18。

表 4-18 开箱作业改善前后对比

改善前

	包装盒贴标签作业组合表		
	右手		MOD 数
	动作描述	MOD 表达式	
	伸手拿刀	M4G1M4P2	11
	伸手	M4	
	抓刀	G1	
	移动刀具	M4	
	定位	P2	
	划开胶带	M3M2M4M2M3	14
开箱作业	划第一刀	M3	
	移动	M2	
	划第二刀	M4	
	移动	M2	
	划第三刀	M3	
	放回作业刀	M4G1P2	7
	移动刀	M4	
	对准	G1	
	插入	P2	
	合计		32

改善→

改善后

	包装盒贴标签作业组合表		
	右手		MOD 数
	动作描述	MOD 表达式	
	伸手拿刀	M4G1M4P2	11
	伸手	M4	
	抓刀	G1	
	移动刀具	M4	
	定位	P2	
	划开胶带	M2M2M4M2M2	12
开箱作业	划第一刀	M2	
	移动	M2	
	划第二刀	M4	
	移动	M2	
	划第三刀	M2	
	放回作业刀	M4G1P2	7
	移动刀	M4	
	对准	G1	
	插入	P2	
	合计		30

开箱作业需要划开纸箱胶带，一共划三刀。划开的长度有些没有必要，对此进行改善，制定标准划开长度为 6cm 左右，第一刀 MOD 数由 M3 变为 M2，第三刀 MOD 数由 M3 变为 M2。总体用时 32s 变为 30s。

2）取出物品作业（两手同时动作），物品取出现状 MOD 分析见表 4-19 改善前，MOD 数共 82。

表 4-19 取出物品作业改善前后

改善前

	包装盒贴标签作业组合表		
	右手		
	动作描述	MOD 表达式	MOD 数
物品取出	打开箱盖	M4G1M4M4G1 M4M4G1M4	27
	伸手 M4		
	抓住箱盖 G1		
	拉开眼前箱盖 M4		
	移动 M4		
	抓住箱盖 G1		
	拉开左右箱盖 M4		
	移动至前箱盖 M4		
	抓住箱盖 G1		
	拉开身面箱盖 M4		
	翻动纸箱	M4G1M4M5M2 P2M4M4	26
	伸手到纸箱 M4		
	控制纸箱 G1		
	翻转纸箱 M4		
	拖动纸箱 M5		
	靠到桌边 M2		
	定位桌边 P2		
	翻转纸箱 M4		
	把手拿出 M4		
	取出物品	M4G1M5M5	15
	手移动到纸箱两边 M4		
	控制纸箱 G1		
	提起纸箱 M5		
	放下纸箱 M5		
	移动物品	M5G1M4M4	14
	伸手到物品 M5		
	控制物品 G1		
	移动物品 M4		
	移动物品 M4		
	合计		82

改善后

	包装盒贴标签作业组合表		
	右手		
	动作描述	MOD 表达式	MOD 数
物品取出	打开箱盖	M4G1M3M3G1 M3M4G1M4	24
	伸手 M4		
	抓住箱盖 G1		
	拉开眼前箱盖 M3		
	移动 M3		
	抓住箱盖 G1		
	拉开左右箱盖 M3		
	移动至前箱盖 M4		
	抓住箱盖 G1		
	拉开前面箱盖 M4		
	翻动纸箱	M4G1M4M5M4	18
	移动到纸箱两边 M4		
	控制纸箱 G1		
	提起整箱货物 M4		
	翻转纸箱 M5		
	放下纸箱 M4		
	取出物品	M4G1M5M5	15
	移动到纸箱两边 M4		
	控制纸箱 G1		
	提起纸箱 M5		
	放下纸箱 M5		
	移动物品	M5G1M4M4	14
	伸手到物品 M5		
	控制物品 G1		
	移动物品 M4		
	移动物品 M4		
	合计		71

分析改善：

① 动作优化：保证操作的方法标准化和状态标准化，拉开眼前箱盖（打开箱盖）（见图 4-35），拉到直立状态即可，MOD 值由 M4 变为 M3。

图 4-35 打开眼前箱盖

拉开左右箱盖，（打开箱盖），拉到水平状态即可，MOD 值由 M4 变为 M3，如图 4-36 所示。

图 4-36　打开左右箱盖

② 动作重新设计：翻动纸箱。

③ 现状：伸手到纸箱→控制纸箱→翻转纸箱→拖动纸箱→靠到桌边→定位桌边→翻转纸箱→把手拿出，MOD 表达式为 M4G1M4M5M2P2M4M4，合计 26MOD。

④ 重新设计：伸手到纸箱两边→控制纸箱→提起整箱货物→翻转纸箱→放下纸箱，MOD 表达式为 M4G1M4M5M4＝18MOD。

最终改善结果 MOD 数由 82 降低至 71。

3）贴标签作业（两手同时动作，见图 4-37），贴标签现状 MOD 数见表 4-20 改善前。

表 4-20　贴标签作业改善前后

改善前						改善后			
包装盒贴标签作业组合表						包装盒贴标签作业组合表			
	右手			MOD 数			右手		MOD 数
	动作描述		MOD 表达式				动作描述	MOD 表达式	
	取标签		M3G1M3P0	7			取标签	M3G1M3P0	7
	伸手	M3					伸手	M3	
	拿住标签	G1					拿住标签	G1	
	回到身前	M3					回到身前	M3	
	持标签	P0					持标签	P0	
	贴标签		M3P2	5			贴标签	M3P2	5
	移动标签	M3			改善→		移动标签	M3	
贴标签	贴标签	P2				贴标签	贴标签	P2	
	移动物品		M3G1M3P2(M3M5)	9			移动物品	M2G1M3P2(M3M5)	8
	伸手	M3					伸手	M2	
	抓住物品	G1					抓住物品	G1	
	移动物品	M3					移动物品	M3	
	放置物品	P2					放置物品	P2	
	移动至货物底部	M3	备注：大批量、一摞货物的附加动作				移动至货物底部	M3	备注：大批量、一摞货物的附加动作
	推动货物	M5					推动货物	M5	
	28 次循环操作						28 次循环操作		
	合计			588			合计		560

动作优化：使操作的方法标准化和状态标准化。伸手到物品（移动物品），MOD 值由 M3 变为 M2。

4）贴标签作业总体改善成果汇总见表 4-21。

表 4-21　贴标签作业总体改善成果汇总

作业名称	MOD 分析改善成果对照			
	物品贴标签作业组合改善前		物品贴标签作业组合改善后	
	MOD 值	时间/s	MOD 值	时间/s
开箱作业	32	4.128	30	3.87
取物品作业	82	10.578	71	9.159
贴标签作业	588	75.852	560	72.24
合计	702	90.558	661	85.269
提升效率	5.84%			

4. 上架作业改善

作业内容：取货物，拿到货架边，把货物放到货架上。

（1）上架作业流程分析改善

分析：人员手持货物上架，搬运的货物数量少，容易掉落等。

改善：推动台车上架，每次搬运的货物数量大幅度增加，减少了搬运总次数，增加了搬运数量，不易掉落等，提高了上架的效率。

（2）上架作业 MOD 法的分析改善

在流程改善后，由手工搬运变成小车搬运，增加了一次搬运的数量，提高了作业效率，根据改善后的作业，对摆货和上架进行 MOD 法的分析如下：

1）摆货作业 MOD 法的分析改善。

① MOD 法的分析，见表 4-22 改善前。

② 摆货作业 MOD 法的改善。

问题点：叠放货物动作：在作业台上把货物叠放到一定高度，然后拿到小车上。如果在贴标签的作业后，就直接按一定标准高度进行叠放的话，就可以取消现在的叠放作业。可以消除伸手到货物处（M5）、抓取货物（G1）、提起货物（M2）、放置货物（P2）的全部动作，减少 10MOD。如果每次一个小车上放十叠货品，就可以减少 100MOD。

根据这一改善思路，重新设计了作业内容和顺序。改善后的标准作业 MOD 分析见表 4-22。这是一个 ECRS 中 E（取消，Eliminate）的应用典型案例。改善动作，减少 MOD 时间是非常重要的，但是如果能够直接就取消这个工作，也能达到作业目的，那就是最大的改善。

表 4-22　摆货作业 MOD 法的改善前后

改善前

摆货作业组合表			
	右手		MOD 值
	动作描述	MOD 表达式	
摆货	推车	M3G1M4W5	13
	伸手	M3	
	抓住车把手	G1	
	推动台车	M4	
	走1步	W5	
	取货物	M5G1M3	9
	伸手到货物处	M5	
	抓取货物	G1	
	提起货物	M3	
	摆货	M5P2	7
	移动货物	M5	
	放置货物	P2	
	3次取货、摆货	M5G1M2P2M3G1 M2P2M3G1M2P2	26
	叠放货物		
	伸手到货物处	M5	
	抓取货物	G1	
	提起货物	M2	
	放置货物	P2	
	伸手到货物处	M3	
	抓取货物	G1	
	提起货物	M2	
	放置货物	P2	
	伸手到货物处	M3	
	抓取货物	G1	
	提起货物	M2	
	放置货物	P2	

备注：此动作为：摆货人员会将每个货物叠放起来再摆货到台车上，以增加台车的载货量

改善→

改善后

摆货作业组合表			
	右手		MOD 值
	动作描述	MOD 表达式	
摆货	推车	M3G1M4W5	13
	伸手	M3	
	抓住车把手	G1	
	推动台车	M4	
	走1步	W5	
	取货物	M5G1M3	9
	伸手到货物处	M5	
	抓取货物	G1	
	提起货物	M3	
	摆货	M5P2	7
	移动货物	M5	
	放置货物	P2	
	6次取货、摆货		
	推台车	W5M3G1A4W5	18
	退1步	W5	
	伸手	M3	
	抓住车把手	G1	
	推动台车	A4	
	走动1步	W5	

2）上架作业的 MOD 改善。

① 台车上架作业 MOD 分析，见表 4-23。

表 4-23　台车上架作业 MOD 分析

台车上架	推台车至货架位置		M3G1E2D3A4N＊W5	MOD 值
	伸手	M3		
	抓住车把手	G1		
	推动台车	A4		
	走动 N 步至货架	N＊W5		
	取货物		M4G1M3	8
	伸手到货物处	M4		
	抓取货物	G1		
	提起货物	M3		
	上架		E2D3M5R2P2M4	18
	观察货物标签	E2		
	判断货物位置	D3		
	移动手臂	M5		
	矫正位置	R2		
	放置货物	P2		
	回到台车前	M4		
	40 次取货、上架循环操作			1040
	推台车至操作台面		M2G1A4N＊W5	
	伸手	M2		
	抓住车把手	G1		
	推动台车	A4		
	走动 N 步	N＊W5		
			合计	

② 上架作业 MOD 分析改善：上架作业的 MOD 分析主要是减少走路的距离，即 W5（步行）和次数。关键是上架路径的改善。

改善前的上架路线是 21A1→21A2→21A3→21B1→21B2→21B3→21C1→21C2→21C3，共走动 9 个循环。改善后的上架路线是 21A1，21B1，21C1→21A2，21B2，21C2→21A3，21B3，21C3，共走动 3 个循环，如图 4-38 所示。

③ 上架作业改善成果如图 4-39 所示。

3）总体成果汇总，如图 4-40 所示。

5. 电器件库房应用改善案例分析 2 小结

本改善内容针对贴标签作业和上架作业，是比较有代表性的作业内容，应用 MOD＋IE 工具的方法进行分析改善。

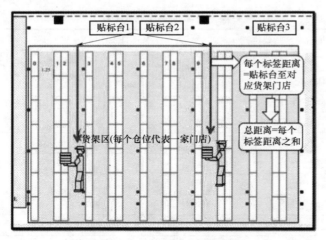

图 4-37　库房料架平面布局图

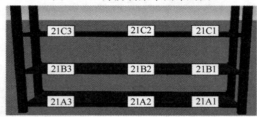

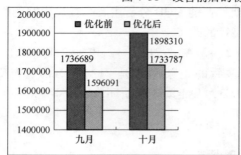

图 4-38　改善前后的物品摆放顺序图

标签距离统计表/m		
改善前后	九月	十月
货位优化前	1736689.2	1898310.2
货位优化后	1596091.4	1733787.5
提升比例	8.10%	8.67%

数据统计为九月、十月数据平均提升8.3%。

图 4-39　上架作业：货位优化移动距离改善成果

第4章 JIT库房管理和改善落地

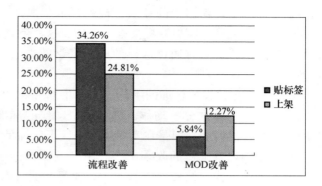

改善汇总表		
作业	流程改善	MOD改善
贴标签	34.26%	5.84%
上架	24.81%	12.27%

图 4-40 总体成果汇总

两个作业内容都首先对流程进行了初步改善，然后进行 MOD 的分析和改善，再进行标准化。

贴标签作业分成三个部分：开箱作业、取物品作业、贴标签作业。在 MOD 的分析中，利用 IE 的 ECRS 方法，对动作进行了优化改善和标准化。

上架作业分成两个部分：摆货作业和上架作业。在上架作业中，特别采用了上架顺序的改善，大幅度消除了走动的浪费，是一大特点。

4.2.5 PTS 方法物流作业改善落地汇总

PTS 法是很好的方法，在实际工作中，会遇到大量与动作有关的改善，许多浪费最终也是反映在动作上。如果按常规的改善方法，是不会关注到如此程度的动作细节的，所以也不会改善到这种程度。这样就会影响实际的改善效果。

PTS 法是一个放大镜，把工作放大了，这时我们就会看到平时看不到的事项，有合理的，也有不合理的。通过这个"放大镜"，我们就能更好地去伪存真，更好地消除一些我们平时看不到、感觉不到的浪费。

PTS 法是精益思维方法，通过 PTS 法的应用，我们能够学会、掌握精益的思维方式。丰田生产方式改善，是从拧干的毛巾里拧出水。拧干的毛巾如何拧出水呢？实际上是我们主观认为拧干了，而事实并不是这样。在工作中有时就会遇到这种情况：认为已经改善到位了，已经没有什么可以改善的了，但是换一个视角，换一个思维方式，有时又会发现浪费，发现可以改善的问题点，这就是精益思维。改善是无止境的，关键是我们如何发现问题，如何考虑持续改善。

PTS 法看起来比较繁琐，但实际上它已经为我们做了大量的工作，准备了大量现成的资料，我们拿起来用就可以了。在这个意义上，是非常实用的方法，是动作改善的法宝。

PTS 法应为用而学。PTS 法确实有各种各样的说明和对应的场合，真正都学会确实需要花费很多功夫。但是如果花费了很多工夫却不去用，那就仍然只是停留在知识的水平。根据我的经验，首先要框架式地理解 PTS 法的基本内容，在碰到问题时，就像查字典一样去查，去用，这样就是用起来学的概念。这样的学是非常有效的，也只有通过这样的用起来学的方法，才能真正掌握、真正取得效果。

PTS 法不单是设计标准的手法。很多书籍介绍的 PTS 法是设计标准的方法。可以通过 PTS 的标准分解动作，设定各个动作的标准时间，再加上一定的余量时间，就是标准时间。但是在实际工作中，不单纯是设计标准时间，更多的是可以将其应用到现有工作的改善中去。用 PTS 法的一些动作分解方法，分解实际工作中的动作，找出浪费，进行改善，重新设计工作标准，这是 PTS 应用的大部分意义。

PTS 法不是单干户。直接应用 PTS 法，进行精细动作的改善，这样的改善并不是很多。大部分的改善都是应用经典的 IE 改善方法，结合 PTS 法的动作改善，从流程上、方法上、配合上加以改善。这是实际工作中经常遇到的改善内容。所以在实际工作中，PTS 法 + IE 改善工具的手法是笔者大力推荐的方法。

本章里谈及的方法以及案例分析，都是基于以上观点。在实际工作中应用 PTS 法 + IE 改善工具进行改善，既容易理解，也能取得很好的改善效果。

各位如果感兴趣，也可这样去尝试一下。

4.2.6 PTS 方法的基础（参考）

1. 主要的 PTS 法

1926 年：MTA（连续的动作观测，Motion Time Analysis）

1948 年：MTM（动作的分类化，Methods-Time Measurement）

1934 年：WF（简易法，且高精度化，Work Factor）

1966 年：MOD（模特法，Modular Arrangement of Predetermined Time Standard）

1967 年：MOST（梅纳德操作排序技术，Maynard Operation Sequence Technique）

2. MOD 法

1966 年，澳大利亚的海特博士（G. C. HEYDE）在长期研究经典 IE 的基础上创立模特排时法（即模特法，简称 MOD 法）。

MOD 法的基本原理基于人机工程学的试验，归纳如下：

1）所有人力操作时的动作，均包括一些基本动作。通过大量的试验研究，MOD 法把生产实际中操作的动作归纳为 21 种基本动作。

2）不同的人做同一动作（在条件相同时）所需的时间值基本相等。

3）使用身体不同部位动作时，其动作所用的时间值互成比例（如 MOD 法中，手的动作是手指动作的 2 倍，小臂的动作是手指动作的 3 倍），因此可以根据手指一次动作时间单位的量值，直接计算其他不同身体部位动作的时间值。

该方法应用得比较广泛，大学工业工程的课程里也多有介绍。

MOD 法的 21 种动作都以手指动一次（移动约 2.5cm）的时间消耗值为基准进行试验、比较，以此来确定各动作的时间值。

MOD 法的时间单位：MOD 法根据人的动作（动作的精益性），选择以一个正常人的级次最低、速度最快、能量消耗最少的一次手指动作的时间消耗值，作为它的时间单位，即 1MOD＝0.129s。

在实际使用中，还需要根据实际情况决定 MOD 的单位时间值的大小。如：

1MOD＝0.129s　　正常值，能量消耗最小动作时间。

1MOD＝0.1s　　　高效值，熟练工人的高水平动作时间值。

1MOD＝0.145s　　包括消除疲劳时间的 10.75% 在内的动作和时间。

1MOD＝0.12s　　　快速值，比正常值快 7% 左右。

3. MOST 法

M：Maynard（美国的 H. B. Maynard 公司）

O：Operation（作业）

S：Sequence（顺序）

T：Technique（技术）

MOST 法是一个拥有知识产权保护的标准作业时间测量和设定的系统方法。随着精益生产在全世界的风靡与推广，MOST 系统在工作流设计中显得尤为突出。许多世界著名跨国企业都在使用 MOST，如：英特尔、戴尔、捷普、伟创力、爱默生、诺基亚、日立、丰田、雅马哈、索尼、飞利浦、DHL、TNT 等。作为生产线设计、方法研究以及世界上最为有效的改善工具，MOST 法越来越受到众多企业的肯定和青睐。

（1）MOST 的特点

1）适用范围广。

2）方法敏感。

3）不需要速度辅正作业。

4）生产前可设定标准时间。

5）适用速度快。

6）正确性高。

7）容易掌握。

（2）MOST 法的概念

1）MOST 法的成效水平：是 100% 的成效作业时间，不含有余富时间。

2）基本的 MOST 法时序模式：MOST 法由图 4-41 所示的 3 种基本工作模式构成。

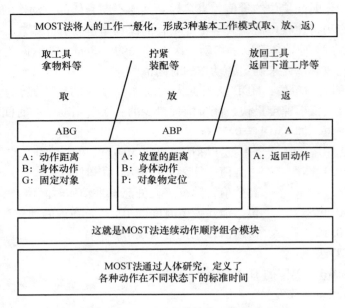

图 4-41　MOST 法的基本工作模式

3）MOST 法的单位：TMU。

1TMU = 0.00001h = 0.0006min = 0.036s

1h = 100000TMU

1min = 1667TMU

1s = 27.8TMU

4）MOST 法的分类：MOST 法可以使用于大小不同的工作对象，小到手表，大到造船都可使用。一共分成三个系列：MINI-MOST，BASIC-MOST，MAXI-MOST，如图 4-42 所示。

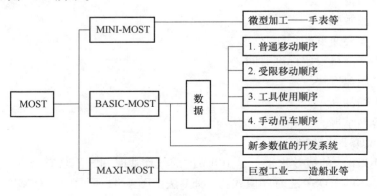

图 4-42　MOST 法分类

这种方法在广州本田汽车就被积极应用于标准时间的制定和改善。笔者在2001年就曾经经历了广州本田汽车 MOST 法的学习和导入指导。2012年，德国大众在江苏扬州建立了当时的大众全球标杆工厂，笔者对其技术人员进行了 MOST 法的导入培训教育。

4. PTS 法的实践

PTS 法发展了几十年，已经有很多类型。每种类型都有自己的特点，可以根据实际的工作和需要，选择合适的 PTS 手法。

虽然 PTS 法看起来十分复杂，但是在实际应用中，不一定要全部掌握，可以根据自己的需求，边学边做。只有通过实际应用才能真正理解掌握。

笔者非常推荐各位读者能积极尝试这种方法。

第 5 章

JIT采购管理和改善落地

5.1 JIT 采购管理和改善

5.1.1 JIT 采购管理的基础

1. JIT 采购管理的原点

采购是制造的上游，采购的 QCD 直接影响了制造的 QCD。有些制造环节的质量问题，往往源于零部件的问题。JIT 的制造体系就是要追求零不良的上线零件质量。所以，零部件的质量问题也是 JIT 生产的一个重要环节。

JIT 生产需要零件的准时上线。这不但是对库房上线的要求，更是采购环节的要素。供应商的开发，供应商的管理等都是 JIT 生产上游重要的环节。

同时，为了制造出适应市场需求的产品，也需要采购环节的强力保障。根据市场需求，开发新材料、新供应商、新物流方式。

所以，从采购和制造的关联上，JIT 的采购需要从三个方面进行不断的持续改善和创新：

1）产品创新：包括新材料、新供应商、新物流的开发。
2）流程创新：包括采购成本的优化，供应商组合的优化。
3）思维创新：包括信息共享、网络采购、全球采购。

具体见表 5-1。

2. 采购管理的三要素

采购管理是 JIT 生产的上游保证管理。采购的对象是供应商。如何选择、开发上游，引进制造，最终形成产品，是十分重要的。供应商开发、信息管理和供应商管理。构成了采购的三要素，如图 5-1 所示。

如何充分考虑这三要素，如何做好制造最上游的工作，是采购环节持续考虑和改善的课题。

表 5-1 采购与制造的关联

制造环节课题	采购环节
产品创新 加强优势经营（以客户为中心） • 加强商品规划及开发能力 • 制定自制外包战略	**产品创新** 促进购买 • 开发具有技术力及竞争力的供应商 • 制定自制外包战略
流程创新 市场的正确及迅速的反应 • 大幅降低流程成本 • 供应商组合	**流程创新** 低成本购买及业务的效率化 • 对应网络时代的公开购买变革 • 以买家企业为主导的采购物流组合
思维创新 基于信息共享的机能革新 • 以顾客为本位的考量 • 共享具有价值的信息 • 提高目标及评价的透明度	**思维创新** 培育具有战略构思的购买工程师 • 顾客导向购买 • 采购市场、规格、供应商、价格（材料费、加工及运费等）信息的共享 • QCD 目标及评价的共享

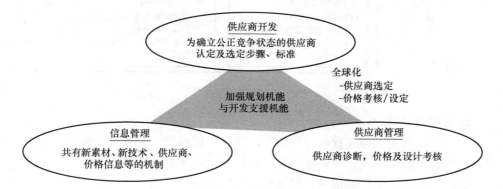

图 5-1 采购三要素

供应商的开发和管理要根据市场的要求和制造的需求，从不同角度，合理、高效地进行，要根据需要采购物品的不同而有所区别。

从标准化程度上考虑，有些采购品是相对比较标准，同时又是需求比较稳定的；从供应商的组合上考虑，有时需要单一供应商，有些又需要复合供应商。

这样可以从标准化程度和供应商组合这两个维度上，分成四个领域来考虑供应商的开发和组合：

1）市场成本追求型：一般用于标准化比较高的采购品，可从市场上选择多家供应商，在保证质量的基础上，追求成本的最优化。

2）稳定供给追求型：一般用于标准化比较高，但是技术要求也很高的采购品，所以就需要稳定的供应商配合，这时就要考虑一些特定的供应商，在考虑质量、价格的基础上，主要考虑稳定、持续、供给。

3）机能成本追求型：一般用于非标的采购件，其网络采购等比较困难，同时还要充分考虑成本。这时就需要开发复合供应商，共同比价，进行供应商的横向管理。

4）技术合作追求型：一般用于非标件、重要件，或者成本高昂件。需要和特定的供应商共同开发，共享开发成果。这时就需要对供应商的各方面能力进行科学的判断和优化。供应商组合如图 5-2 所示。

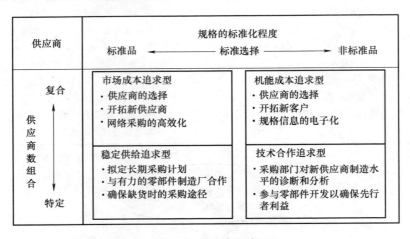

图 5-2　供应商组合

3. 采购和成本

一个产品从成本构成看可以分成三个部分：材料费、劳务费、经费。这三个成本就构成了制造成本，即制造成本 = 材料费 + 劳务费 + 经费。

虽然是由这三个内容构成，但是构成比例却不同。制造业常规的成本构成如图 5-3 所示。

从图 5-3 可以看出，材料费用约占 60%~70%。有些产品的材料费比例甚至还要高。这里谈的材料费是广义的材料费，也包括外协加工等的费用。

材料费的确定就基本决定了产品的制造费用，也决定了产品的销售价格。

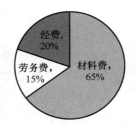

图 5-3　制造业常规的成本构成

材料费就是采购费用。所以说，采购管理、采购改善在消除浪费、降低成本、扩大市场方面扮演着非常重要的角色。

4. 采购管理框架

采购管理框架主要包括：

1）采购体制：包括采购规划、采购组织、采购流程、网络采购、采购技术、采购信息等。

2）采购成本战略：包括内外制作、采购策略、采购规格制订、采购方法等。具体如图 5-4 所示。

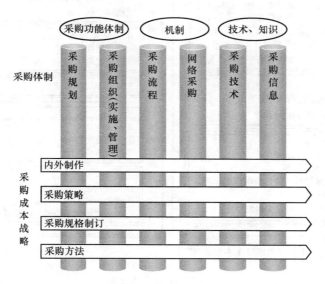

图 5-4　采购管理框架

采购体制和采购成本战略两方面都十分重要，但是即使有再好的采购体制，如果采购成本战略实施不到位，也仍然无法达到既定的采购效果。

5.1.2　采购体制

采购体制包括：采购功能体制，采购流程体制和采购人才体制。

1. 采购功能体制

1）采购的规划与开发功能：包括各种信息的掌握，内外制造的判断，供应商的选择等。

2）采购的实施功能：包括供应商的交涉、价格设定、采购计划制定等。

3）采购的管理与改善功能：包括整体采购过程的 QCD 管理功能等。

要将相关部门和外部协同起来，才能真正体现采购这一环节的功能，才能实现精益采购的功能。具体如图 5-5 所示。

具备这些功能，同时有效的运作，才是精益采购管理的核心所在。

2. 采购流程体制

体制的有效运作需要标准流程，采购流程体制如图 5-6 所示。

在采购流程的各个阶段，针对供应商的重要评价标准如图 5-7 所示。

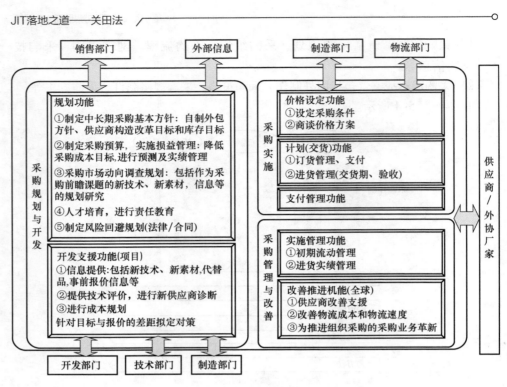

图 5-5 采购功能体制

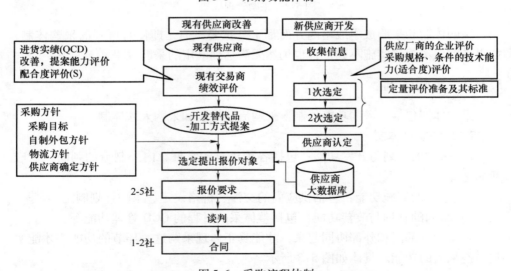

图 5-6 采购流程体制

上述介绍的采购流程体制内容是供大家参考的,具体要根据自身企业和产品的特点,制定自己企业的标准和流程。

这些标准和流程的实施主体是采购工程师,其能力和技术决定了标准和流程

```
              企业评价                    技术力(是否适合)评价              进货实绩评价

     M:1)经营理念，方针           V:产量的应对能力             Q:不良率
        2)公司规模，主要顾客        Q:质量管理能力              C:1)降低成本率
        3)市场占有率，ROE          C:成本管理能力                 2)VE提案件数(金额)
        4)环境方针                D:1)计划管理能力             D:1)交货期遵守率
     Ce:认证(ISO 9001,IATF           2)交货周期                    2)交货期对应能力
        16949,其他)                T:1)研发及提案能力           S:1)洽询对应
                                     2)要素技术                    2)提供市场及业界信息
                                  S:服务,配合度                    3)提供新素材及新技术信息

              1次选定                    2次选定
         新开发供应商                                              现有供应商
```

图 5-7　评价供应商的标准

的实施效果。

3. 采购人才体制

采购工程师的能力和技术有三个要素：

1）目标：根据自身的实际工作经验和负责的工作内容，制订切实可行的目标。

2）OJT（在职培训，On the Job Training）：采购工程师的能力和技术是通过日常工作、学习掌握的。所以主要以 OJT 的方式进行学习、提高，并适当结合脱产培训学习。

3）评价：对能力、技术的评价体系和标准。

这三个要素的相互关系如图 5-8 所示。

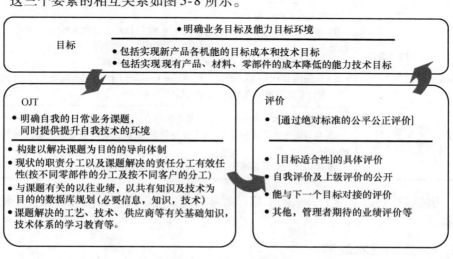

图 5-8　采购工程师的能力和技术有三个要素

采购工程师的能力见表5-2。

表5-2 采购工程师的能力

能力项目		主要内容
采购规划能力	采购政策制定能力	针对新产品、现有产品及持续品 ① 能将目标成本及降低成本目标分解到商品各机能，同时能够对于目标成本和实际采购成本的差距设定改善课题和对策 ② 能针对基于短期及长期目标制定相应改革方案，包括采购领域、自制外包及采购市场等 ③ 能把握包含竞争对手企业及其他行业在内的先进采购动态以设定本公司的相关课题并拟定措施方向
	信息分析能力（购买信息）	④ 能有效应用信息来源，并根据采购领域的未来课题及来自设计部门的要求筛选候补的采购厂商 ⑤ 能将采购品的要求性能、限制条件等定量化，从采购市场及候补的采购厂商处收集代替品信息并对开发做出提案等 ⑥ 能对新候补的采购厂商进行现场诊断，根据量产阶段的设定品质能力、成本能力及供应能力评价来选择最合适的采购厂商
采购执行能力	核查能力（定价）	⑦ 能对具有成本竞争力的采购总成本（产品成本、物流费及业务费用）进行事前报价，并对来自候补采购厂商的报价进行核查 ⑧ 能通过现场核查，设定量产阶段具有竞争力的价格 ⑨ 能设定符合公司生产方式的最合适的订购方式及包装形态（包装方法）
	交涉能力	⑩ 能充分理解采购地区的相关法规、风俗及习惯，并照此来进行交涉 ⑪ 能达成对公司有利的共识，并将之纳入合同中（交易的基本合同、品质保证协定等） ⑫ 能拟定并实施有理论及有根基的逻辑性交涉方案
采购管理改善能力	改善构思能力	针对现有采购厂商 ⑬ 能描绘出符合各公司实力的QCD改善后目标，并确定改善方向（拟定改善构思方案） ⑭ 能使用TP手法，为实现QCD目标，进行目标分解 ⑮ 能使用IE/QC/VE（价值工程，Value Engineer）手法，把握现场实况，并能参考企业信息等拟定实现QCD目标的措施
	指导供应商能力	⑯ 能引导采购厂商高层及执行要员参与为达成目标的改善活动 ⑰ 在解决采购厂商的品质、成本及交货方面，能进行与企业相关部门相配合的指导 ⑱ 能将改善步骤标准化，并将之落实以推进持续改善

为能够达到以上能力，采购工程师要掌握IE、QC技术，同时有比较广泛的人脉。

5.1.3 采购成本战略

有些企业在采购方面有很多规定和标准，且非常系统，但是在实施方面却得不到落实和应用。采购部门根据经验和关系进行采购，使很多规定和标准变成形式上的东西。所以采购成本战略就是采购实施的实务过程管理，是十分重要的。

采购成本战略由四个部分组成：

1）内外制作：对物品内部制作和外部采购的区分与优化。

2）采购策略：包括采购方的选择和确定，价格设定和构成策略的研究和改善。

3）采购规格：应充分利用 VE/VA（价值分析，Value Analysis）技术，积极参与供应商的改善研究和实施。

4）采购方法：研究核查供应商的价格成本及其管理方式，研究采购方式。

通过这四个方面的有机组成，形成成本最优的采购组合。

1. 内外制作

产品所需要的全部生产过程有些是采购品，有些是自制品。二者如何区分，是否有必要这样区分，区分的标准是什么，这都是采购实施中的重要课题。

那么哪些物品需要采购呢？简单地说，自己做不了的，所以采购；自己虽然可以做，但是买得便宜，所以采购；自己虽然可以做，但生产能力不够，所以采购。

这些理由只是简单的判断。从企业经营、产品经营、精益采购的角度，内制品和采购品的区分是非常重要的。

从精益采购的角度，内外制作可以分成四个层次来考虑。具体如图 5-9 所示。

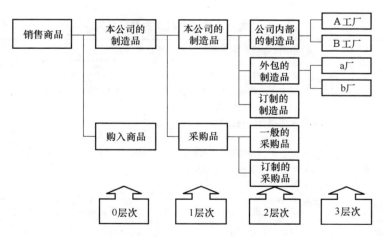

图 5-9　内外制作

1）0 层次和 1 层次属于企业的经营决策。

① 0 层次，决定本企业产品的具体规格等。

② 1 层次，决定自己企业制造的部分。

2）2 层次和 3 层次，落实到采购层次的决定。

① 2 层次，决定采购还是外协加工。
② 3 层次，决定供应商。
具体见表 5-3。

表 5-3　内外制作精益层次和采购层次

经营战略层次	0 层次： 决定本企业商品的具体规格等	明确所销售商品的形象，通过技术、核算、营业等方面来判断产品是由企业自身开发、制造还是由 OEM 实现
	1 层次： 决定本企业的制造对象	哪些功能在企业内实施，哪些功能由外部引入呢？与开发、设计部门共同做出计划及判断 在将完成品的一些功能加以分解的阶段中对自制外包做出判断，并对分解功能的自制外包做出判断
采购战略层次	2 层次： 决定直接采购 决定外协加工	针对本公司的制造功能，判断哪些部分应外包，哪些应定制；确定是通过一般购买还是向外购买
	3 层次： 决定供应商	综合判断 QCD，并确定应从何处进行采购

企业内部制作还是外协加工应首先从质量、成本、数量的基本方面进行判断，再进一步从交期、技术以及其他方面进行判断。各层次的判断准则见表 5-4。

表 5-4　内外制作各个层次的判断准则

质　　量	首先根据质量来决定是内部制作还是外协加工
自制要因	1）客户指定的自制的物品 2）因为规格特别，必须由本公司专用设备制造的物品 3）有必要保密的物品 4）内部拥有的特殊专利
外包要因	1）订单中，客户指定的向外订购的物品 2）本公司没有所需的技术、设备 3）外协企业拥有特殊工作许可
成本	从成本角度进行比较，同时考虑外协制作及管理成本。应综合判定
数量及生产能力	考虑数量与成本的关系。少量、多品种的外协加工，大量、单一品种的内部制作
交期	根据生产周期，确定外协制作还是内部制作
技术	考察企业内部是否需要特殊技术和培养有关人才；外协企业是否能够应对今后的发展市场
其他	考虑大的经济环境、变动因素、技术革新、外协对应等影响

2. 采购策略（见图 5-10）

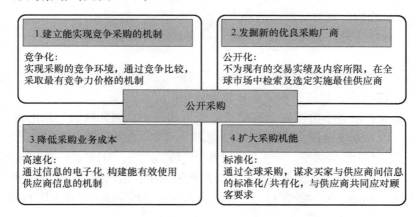

图 5-10 采购策略

根据以上策略，对供应商进行发掘与选定，其流程、课题及措施如图 5-11 所示。

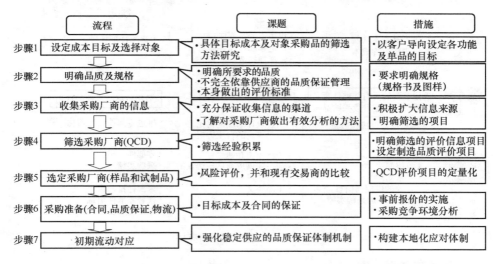

图 5-11 供应商发掘与选定的基本流程、课题及措施

其中步骤 4 和步骤 5 需要明确的筛选和确定标准，同时要对供应商进行实地考察和分析，最终确定签约的供应商。

最后，要综合考虑外协厂家和本企业的物流，有时本企业的物流成本和所需时间远远大于外协生产成本和相应时间。所以，外协加工委托要综合考虑物流成本和效果，具体要考虑以下事项：

1）以从采购、进货到回收的整体流程为对象，考虑物品费用、采购物流成本、速度的优化。

2）为保证物流效率和质量，综合考虑物品的包装、交货批量和形式。

3）考虑外协厂家对应需求的能力。

4）综合考虑外协费用、物流成本、库存规划等。

3. 采购规格

采购产品的规格根据其 QCD 的要求不同而有所区别。事先要经过充分讨论，从而形成标准规格，包括技术规格和管理规格。

在产品生产的各个阶段也会有规格的变更和修正。例如从新产品的试制到量产，各个阶段均处于设计、审核、修正的多次循环中，最终不得以形成产品的规格。根据产品在各个阶段的需求，考虑和设定各个阶段的规格，对供应商进行发掘管理。

技术规格也要分成两类来考虑。一类是比较通用、常用的规格，另一类是特殊规格。应针对不同规格考虑选用多个供应商还是某一个供应商。具体如图 5-12 所示。

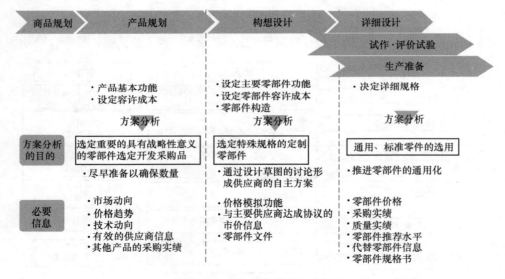

图 5-12　采购规格管理和应用

4. 采购方法

采购分战略性采购、核定和竞争性采购。

（1）战略性采购　主要针对新产品和新材料。

每年企业都会根据市场需求和研究成果等开发新的产品。这些新产品可能有新的功能出现，也有可能是在原有功能基础上的升级优化。每年也要从采购角度同步考虑这些产品零部件的开发和供应商的开发。

产品的新功能以及原有功能的升级优化可能会改变供应商的生产过程，这一改变可能是重新审定成本的机会。

所以，将对新产品、新材料的采购称之为战略性采购。

战略性采购可以从两个维度进行考虑:

1) 规划采购:在产品规划阶段参与采购。在对市场充分调研、掌握动态信息的基础上,参与产品的规划设计和供应商的供货方案。

2) 开发采购:根据生产需求开发新的供应商。

(2) 核定和竞争性采购 核定和竞争性采购主要针对现有产品所需零件的采购,包括现有供应商和新供应商。

核定和竞争性采购可以从三个维度进行考虑:

1) 核定采购:对供应商进行实地诊断、分析,定量浪费,核定实际成本。

2) 竞争采购:由多个厂家对同一零件进行报价,并审核。

3) 计划采购:事先确定好战略合作采购价格,然后按约定定期递减采购成本。

采购方式和管理见表5-5。

表5-5 采购方式和管理

采购分类		基本思路	主要措施
战略性采购	规划采购	根据新素材、新技术及采购厂商信息,反映出机能及性能等顾客需要,并与商品规划、商品开发部门共同合作,从商品规划开始进行提案,策划具有竞争力产品	• 发掘共同开发对象 • 探索新素材及新技术
	开发采购	通过收集、利用采购厂商的新素材、新技术信息,并用VE、IE、QC技术,从开发阶段开始,与开发部门共同合作以设定最低的目标成本	• 发掘供应商 • VE提案 • 零部件、材料的标准化及共享化
核定及竞争性采购	核定采购	有效利用成本表,并进行现场考核,详细核定原材料等的目标采购价格,并加以比较	• 零部件及资材的标准化及共享化 • VE提案要求 • 现场考核及支持
	竞争采购	包括新采购厂商在内,从多个厂家取得报价,以获得较低的价格	• 转订 • 改变采购途径 • 改变采购单位
	计划采购	根据洽谈前的计划价格,依订货程序进行采购。根据双方约定定期降低采购价格	• 洽谈

根据购买零件的要求不同,采用不同的采购方式。其中核定采购是非常重要的采购方法。从采购的角度,希望不但能够具有明确的目标价格和谈判能力,更需要对供应商的实际能力和管理进行核定,有时需要和工艺改善一起,解决供应商在设计、生产、管理等方面的问题,共同实现价格的最优化。这就需要采购人

员具有高度的核查、核定能力。对供应商的成本核定主要从两个方面着手：

1）成本数据方面。针对供应商的采购、制造、物流等管理数据和文件，核算实际成本。

2）现场生产方面。在供应商生产现场，对生产过程的QCD审核，发现浪费，核算成本。

以上两方面要共同进行，应和供应商共同设定合理的目标采购价格。同时协助供应商进行一定的优化、消除浪费。除以上核定外，还要通过价格比较、成本比较的方法进行核定。核定采购方法见表5-6。

表5-6 核定采购方法

分类	核定方法	核定重点	改善方向
通过核定设定目标价格	成本数据核定 ● 利用原材料，加工及装配时间等的成本数据，核定实际成本价格，推定目标采购价格	材料费：材料使用量、成品率 零部件费：代替品、标准品 加工费：加工时间、切换次数 装配费：耗损（等待、步行、熟练） 捆包费：捆包状态、耗损 运费：费用率	● 对现有交易厂商的改善要求及洽谈 ● VE提案要求
	现场核定 ● 直接访问采购厂商，对采购厂商生产现场的QCD竞争力水平和浪费进行诊断	材料费：采购方式、核定方式 零部件费：类似品的使用状况 加工费：多台等待状况、切换时间 装配费：装配程序、同期水平 捆包费：捆包材料、包装方法 运费：装载率、回程的利用	● 对交易厂商的改善要求及洽谈 ● 对现有交易厂商的改善指导
通过比较设定目标价格	价格比较 ● 对同一交易商的过往购入单价进行比较 ● 对同类品的购入单价进行比较 ● 对价格变动要因进行比较	● 与以往价格的差异 ● 与相似品价格的差异	● 依最低值排列 ● 改变交易厂商
	成本比较 ● 根据成本明细报价，对竞争厂商间各费用项目的最低成本进行比较	材料费：采购状态、流通途径 零部件费：单价 加工费：工序数及设备能力 装配费：标准时间、人员构成 捆包费：捆包规格、捆包材质 运费：发送方法、合同形态	● 改变交易厂商 ● 直接交易

成本核定方面，主要对成本的三要素进行核定，包括材料费、劳务费、经费。

在现场，上述三要素的核定主要从包装费、加工费、材料费来进行。具体如图5-13所示，成本核查细节见表5-7。

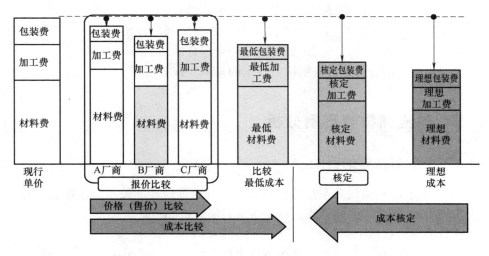

图5-13 价格比较,核定关系

表5-7 成本核查细节

成本项目			序号	定义·计算式	
采购成本	制造成本	材料费	主材料费	支付材料	A	实质使用量×成品率×单价	成本分析的重点对象
				自购材料	B	实质使用量×成品率×单价	
			购入零部件		C	实质使用量×单价	
			辅材		D	涂料、黏结剂、捆包材料等	
					E	A+B+C+D	
		加工费	直接费	直接劳务费	F	(∑标准作业工数/效率/劳动生产率)×劳务收费	
				设备加工费	G	[加工时间+(切换时间/批数)]/设备运转率×设备收费	
				组装费	H	(∑标准作业工数/能率/劳动生产率)×劳务收费	
				总组装费	I	(∑总组装标准工数/能率/劳动生产率)×劳务收费	
			间接费		J	间接劳务费、修理费、电费、煤气费、自来水费、燃料费、保险费等	
					K	F+G+H+I+J	
		捆包	捆包作业费		L	(∑标准作业工数/能率/劳动生产率)×劳务收费	
					L		
					M	E+K+L	
	销售管理费利润	销售费			N	售货员工资津贴、旅费、交通费、通信费、消耗品费、广告宣传费、接待交际费等	
		管理费			O	董事工资津贴、办公室人员工资津贴、折损费、租税等	
					P	N+O 或附加价值×(销售管理费率+利润率)	
					Q	M+P	
	运费				R		
					S	Q+R	
附加价值					T	M−E	
附加价值率					U	T/S×100%	

核定采购是采购的重要部分，很多企业因为没有核定能力所以无法进行核定采购。采购的核定，需要由采购部门作为总体核定部门，协同企业的技术、质量、生产、工艺等专家，共同进行，它是一个综合性的工作。

下面通过案例分析，讨论供应商核定的具体实施方法和步骤。

5.2 供应商核查案例分析

5.2.1 供应商核查的目的

JIT采购和供应商的关系是共赢关系。只有通过这样的关系，才能从真正意义上实现JIT。而供应商的核查，就是实现共赢的核心步骤。

核查的目的有两个：

1) 共同对供应商的生产等系统进行全面的诊断，明确革新、改善课题。
2) 锻炼采购工程师的供应商管理的实战能力，积累实战经验。

第一个目的是十分明显的，企业和供应商共同面对客户，共同面对市场，共同进行改善。

第二个目的也是十分重要的。采购工程师的供应商管理不单纯是价格交期和交付质量的管理，更重要的是对供应商的生产系统全过程的管理。当然，采购工程师不可能全部精通供应商的整个生产系统的各个部分，也不可能只是通过采购工程师来进行核查。但是采购工程师要有这种协调能力，组织各种专家和有特长的管理人员直接参与供应商的核查。

下面根据以上两个目的，通过一个具体核查案例进行详细剖析。

5.2.2 供应商核查案例分析

1. 企业概要

某中日合资的生产型供应商企业，已经成立十年以上，为满足不断变化的市场需求，需进一步扩大产量，降低成本，提升质量。为此，合作双方共同组成了核查项目组，明确课题，研究对策。

2. 核查总体计划

案例中的核查是一个综合性的核查，主要从三个方面进行：

1) 基础管理体制核查。对企业QCD的管理和技术进行初步的核查、打分。
2) 生产领域核查。这个是核查的重点，围绕品质核查、交期核查、原价核查、安全现场、库存管理五个方面进行。分析现行生产体系中的QCD问题，以成本为核心，提出改善方案。

3）开发技术核查。主要从产品开发能力和实施效果方面进行核查，提出进一步提高的方向和内容。

供应商核查总体方案如图 5-14 所示。

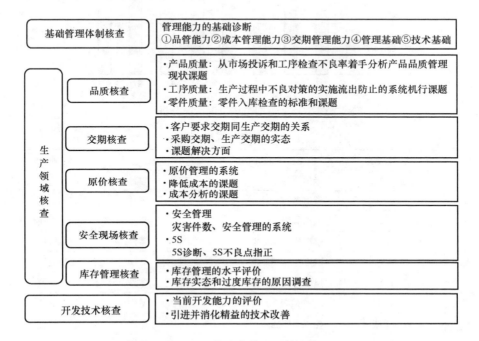

图 5-14　供应商核查总体方案

根据以上内容和方案，分别进行有关内容的核查和分析。本节以生产领域核查为主要内容进行介绍。

3. 品质核查

（1）品质核查的三个视点

1）产品质量核查：主要根据市场投诉状况来分析。应核查生产工序内的检查实施情况、产品入库检查的实际数据情况等。

2）工序质量核查：应核查生产过程中不良对策的实施，是否明确和遵守品质标准，以及核查应对异常情况。

3）零件质量核查：应核查零件入库检查的标准等。

（2）产品质量核查

1）近期的市场投诉数据情况分析如图 5-15 所示。

市场投诉总体呈上升趋势。虽然供应商采取了一些措施，可是没有实际效果。为此，对某个月度的投诉数据进行详细分析。

① 月度有 13 件投诉，见表 5-8。

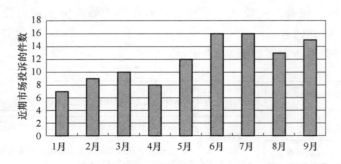

图 5-15　近期市场投诉情况分析

表 5-8　月度投诉分析表

序号	产品	投诉内容	原因	处理方法
1	A 1.2	触屏故障	零件	交换
2	E06	管道破损	零件	交换
3	A 1.2	风扇破损	零件	交换
4	D-0.3 Ⅲ	温度传感器故障	零件	交换
5	A 1.2	温度传感器故障	零件	交换
6	D-1.2	温度传感器故障	零件	交换
7	A 1.2 双	9050 故障	零件	交换
8	瓶运送线	控制程序故障	生产	修理
9	A 4.8	尺寸错误	生产	交换
10	B-0.8 Ⅲ	排气孔锈蚀	生产	修理
11	F-1.2	CPU 问题	生产	交换
12	C226	电动机烧损	生产	交换
13	A 0.4	管路锈蚀	生产	交换

② 产品投诉分析。由零件问题造成的投诉有 7 件，由生产失误造成的投诉有 6 件，其中，A 系列：6 件，D 系列：2 件，B 系列、C 系列、E 系列、F 系列、瓶运送线各 1 件。可以看出 A 系列投诉最多。

由零件不良造成的产品不良占一半以上，位居第 1 位。分析结果是由于零件的使用环境和厂家设定的产品使用条件不同，例如：触摸屏的环境温度比试验温度高，降压管的压力比试验压力高。

由于生产失误引起的不良占第 2 位，分析主要原因是作业标准书不完备和作业员的疏忽。

课题总结：

a. 试验条件不够严谨。应当充分考虑客户的使用环境，并进行最终试验。

b. 需完备工序管理，重新梳理各作业标准，要求各作业员了解标准，并贯彻执行。

2) 成品检查核查。按工序的一次性合格率和最终产品的优秀率来判定。成品检查结果见表 5-9。

表 5-9　成品检查结果

成品一次性合格率

季度	检查数量	合格数	一次性合格率
1～3 月	42	39	92.9%
4～6 月	65	60	92.3%
7～9 月	68	63	92.6%

成品最终检查优秀率

季度	检查数量	优秀数量	优秀率
1～3 月	52	40	76.9%
4～6 月	99	76	76.8%
7～9 月	96	75	78.1%

① 成品检查内容现状和问题。

a. 成品性能检查项目共 42 项，包括耐压试验（电器）、试运行、密封试验、3M（脉动式）试验等。

b. 月平均生产 50 台，一次合格率为 92% 左右。

c. 修理后在最终入库阶段将产品分为优秀品和一般品，优秀品仅占 70%，一般品占 30%，属于刚刚合格。根据分析，仍然有不同程度的问题。

② 成品性能检查的课题。

a. 当前最重要的是提高一次合格率。通过几个工程和检查，在最终阶段还有将近 8% 的不合格品。通过实施 3N 管理，彻底消除了工序内质量问题。

b. 要根除投诉就必须提高产品优秀率，也就是说要求交货的产品都是优秀品。基于公司内部的管理指标如果将现在的优秀品向客户公开容易引起误解，因此应当对所有的产品都依照优秀品的要求进行最终检查。

（3）工序质量核查　对近期生产流程中各个工序内的一次性合格率数据进行了分析，具体见表 5-10。

表 5-10　近期工序内一次性合格率

工序	期间	检查数	一次合格数	一次合格率
材料剪切	1～3 月	441	441	100.00%
	4～6 月	774	754	97.42%
	7～9 月	754	745	98.81%
材料弯曲	1～3 月	146	139	95.21%
	4～6 月	161	156	96.89%
	7～9 月	11	10	90.91%

（续）

工 序	期 间	检 查 数	一次合格数	一次合格率
孔位定位	1～3月	111	106	95.50%
	4～6月	95	94	98.95%
	7～9月	46	44	95.65%
水压试验	1～3月	66	64	96.97%
	4～6月	74	71	95.95%
	7～9月	101	97	96.04%
门调整	1～3月	28	26	92.86%
	4～6月	69	64	92.75%
	7～9月	77	71	92.21%
装配	1～3月	36	33	91.67%
	4～6月	72	67	93.06%
	7～9月	69	64	92.75%
印字	1～3月	72	69	95.83%
	4～6月	71	69	97.18%
	7～9月	122	112	91.80%

1）现状分析。

① 合格率最低的工序是材料弯曲（钢体折弯）工序，合格率为90.91%。

② 其次是印字工序，合格率为91.8%，以及装配工序，合格率为91.67%。

③ 合格率最高的工序为材料剪切工序，合格率为97.42%～100%。

④ 其他工序的合格率多数在95%左右。

2）问题与课题。

① 工序标准和标准执行课题。对合格率最低的材料弯曲（钢体折弯）工序进行了观察，并发现以下现象：

a. 钢体折弯的角度没有标准，由作业人员随经验决定。

b. 检查工具有但却不用。

② 印字工序合格率很不稳定，波动很大，主要是设备的精度问题，应当进行原因追踪，并加以改善。

③ 在整体过程中，质量意识有待提高，各个工序管理要将不良为零作为目标。

（4）入库检查核查　对近期的入库检查内容进行分析，见表5-11。

1）现状分析。

① 采购部品中合格率最低的是电器管路，表5-11中4～6月的数字显示其合格率是74%。

表 5-11　近期的入库检查内容分析

零件	期间	检查数	不合格数	合格率
电器管路	1～3月	21	1	95.24%
电器管路	4～6月	50	13	74.00%
电器管路	7～9月	13	0	100.00%
真空泵	1～3月	28	1	96.43%
真空泵	4～6月	21	1	95.24%
真空泵	7～9月	18	0	100.00%
压力表	1～3月	50	3	94.00%
压力表	4～6月	94	8	91.49%
压力表	7～9月	155	9	94.19%
加热管	1～3月	31	5	83.87%
加热管	4～6月	5	0	100.00%
加热管	7～9月	5	0	100.00%
电动球体管路	1～3月	25	1	96.00%
电动球体管路	4～6月	16	0	100.00%
电动球体管路	7～9月	12	0	100.00%

② 其次是加热管，1～3月的数字显示其合格率是83.87%，4月～9月的合格率为100%。

2）问题与课题。

① 经常收到关于阀门和计量表不良的投诉，对于此类部品应当实施全数检查和改善。

② 由于厂方的检查标准同客户的使用环境不同，因此要求销售部门认真了解客户的使用环境，并对现有的检查方法加以改善。

③ 加热管不良。已经对供应商进行了指导，并提出了改善要求，以杜绝这类不良。现有质量问题加热管全部更换。

（5）品质核查问题的改善方案

对品质、市场投诉、成品最终性能检查、工序内不良状况、零件入库检查几个方面进行了核查，最终根据核查中发现的问题，提出了方向性的改善方案。

改善方案主要从两个方面进行考虑：

① 防止流出：从零件入库、生产，到最后交货，在此过程中应考虑如何发现问题、解决问题、防止问题的流出。

② 工序过程质量：在生产过程中，如何从质量控制标准、人员培训、问题解决方面进行改善，以防止质量问题的发生。质量问题对策如图 5-16 所示。

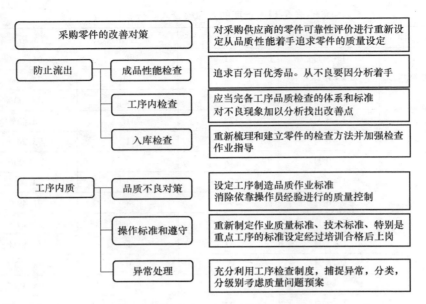

图 5-16 质量问题对策

根据对策，请供应商考虑改善的具体内容和计划，同时对于一些具体原因，还需要进行更进一步的详细分析。

4. 交期的核查

（1）交期的核查要点

1）交货周期和生产周期的现状和课题。核查当前的生产状况是否能够满足交货要求，分析现有生产能力。

2）采购周期和生产周期的现状和课题。掌握当前原材料的采购周期，以及各工序的生产周期。找出瓶颈工序。

3）生产现场在制品管理的现状和课题。

4）课题解决方案。

（2）交货周期和生产周期的现状和课题

① 现状订单和交期（1~8月的实绩）。

② 在有中间在制库存的情况下，生产周期是 50 天。

③ 在没有中间在制库存的情况下，生产周期是 90 天。

④ 特殊订货产品的生产周期是 120 天。

现状订单分布如图 5-17 所示。

1~8月的订单共 551 单，其中 83% 的合同交期是在 50 天以下，其中按时交货订单是 102 单，按期交付率只有 18.5%。生产周期的状况如图 5-18 所示。

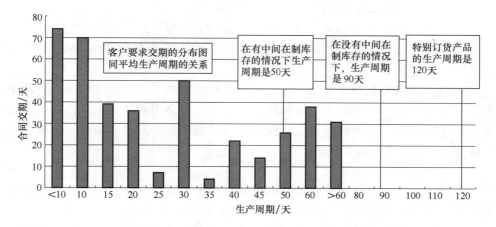

图 5-17 现状订单分布

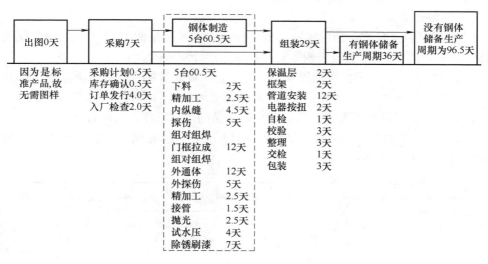

图 5-18 生产周期的状况

1）生产周期。
① 钢体制作工艺复杂，生产周期长。
② 组装工序是瓶颈。
2）课题。
① 设定合适的钢体储备。
② 组装工序的瓶颈改善。
③ 考虑组装同钢体制作同步。
(3) 采购周期和生产周期的现状和课题核查　采购分为三种采购类型，周

边采购、国内采购和海外采购，其现状和课题如下：

1）周边采购。主要以本地区零件供应商的采购为主，采购周期为3天。

① 现状：低额消耗品约占总采购量的15%，占总金额的20%。采购方针：定量库存补充方式。

② 课题：数据把握不准确，经常会出现断货或来不及进货的情况，反映了库存管理和采购管理的课题。BOM精度不准，有时会出现缺失采购的现象。需要及时更新BOM，正确把握数量。根据经验设定库存补充点不科学，应根据平均月使用量设定适当的补充量。

2）国内采购。

① 现状：从全国各地采购零件、原材料，约占总采购量的75%，占总金额的65%。采购周期为7天。采购方针：根据生产计划下单采购。

② 课题：解决供应商遵守交期的问题；供应商的生产能力改善指导课题；提高销售预测精度，提高采购计划精度。

3）海外采购。

① 现状：从日本、德国采购部分零件，占总采购量的10%，占采购金额的15%，采购周期为60天。采购方针：根据生产计划采购。

② 课题：在60天的采购周期中，经常会出现缺货的现象，急需改进，部分零件可以考虑国产化；60天中有30天是海运时间，特殊情况海运时间可达90天，因此部分零件可以考虑空运。需提高产品的预测精度，提前订货。

4）生产现场在制品管理的现状和课题，核查现场在制品在各个工序间的数量，具体如图5-19所示。

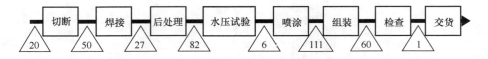

图5-19　工序在制品核查

由图5-19可知，最多有111台在制品停留在喷涂和组装工序之间。对各个工序间的在制停留原因进行进一步的核查，见表5-12。

表5-12　各工序问题汇总

工序名	生产中/台	展览品在制品/台	销售预测精度问题/台	返工,材料不齐不良问题/台	合计/台
切断等待	20	0	0	0	20
焊接等待	47	1	0	2	50
后处理等待	23	1	3	0	27

（续）

工序名	生产中/台	展览品在制品/台	销售预测精度问题/台	返工,材料不齐不良问题/台	合计/台
水压试验等待	47	33	1	1	82
喷涂等待	6	0	0	0	6
组装等待	67	29	3	12	111
检查等待	13	0	47	0	60
交货等待	1	0	0	0	1
合计/台	224	64	54	15	357

一共有357台的在制品在生产环节，相对核查中确认的成品库存的170台，生产在制的数量确实十分巨大。再进一步分析，发现在357台中，有133台是有某种问题的在制品，合格品只有224台。

（4）交期课题解决方案　生产管理

1）中间在制方案。

① 根据生产信息确定各类零件的基准库存和采购计划；根据生产能力，分析确定正确的中间在制，解决部分生产能力问题。

② 生产瓶颈工序设备、工艺、作业标准的改善。

③ 设定降低生产周期的中间目标和理想目标。

④ 工序平衡的分析和改善。

2）库存管理方案。

① 取消一年一次的共同盘点，根据各种生产情况制定年度、月度及临时盘点计划。

② 梳理 BOM 文件，提高 BOM 精度。

③ 生产信息、库存信息、采购信息三方信息定期会议执行。

④ 现场管理。

a. 现场人员严格按生产计划和作业标准进行生产。现状是不按生产命令擅自行动（不根据零件号擅自使用其他类似的零件）。

b. 实施现场物料的四定一可改善。

c. 物料单据的标准化。出库票据（材料仓库、产品仓库）、入库票据（产品仓库）、返品票据的开出都靠担当人自己决定，有晚开出的情况使得财务数据同现状不一致。例如：产品已经交货但产品入库票据还没开出的情况（核查时有10起以上）

5. 原价核查

（1）原价管理的三个支柱核查

1）原价规划：设计且标准化成本。

2）原价保证：实施过程中如何保证实现设计的原价。

3）原价改善：根据现场管理，发现问题，找到改善的可能性，进行改善。

对原价管理三大支柱进行核查的结果见表 5-13。

表 5-13　原价管理三大支柱核查

原价管理运营的三大支柱	评价	供应商核查问题和改善
① 原价规划 在设计阶段决定目标成本 ● 原价资料⇒新产品开发、设备投资、人员计划的基础数据	×	在设计阶段没有决定原价机制 改善方向： 在设计阶段根据市场需求和设计的可能性估算原价，并设定标准原价
② 原价保证 通过标准原价管理、预算管理进行原价维持管理 ● 设定原价基准、将实际发生的价格同原价进行比较和差异分析 ● 原因分析⇒以求提高制造效率 ● 原价资料⇒为营销目标和生产预算所用	×	● 没有实施原价差异分析 ● 没有实施预算管理 改善方向：定量化现状，分析浪费
③ 原价改善 设定更理想的原价标准，并以此为目标加以改善 ● 采购更便宜的材料⇒降低材料费 ● 改变制造方法⇒降低工时 ● 减少不良⇒提高材料的使用率和价值作业率 ● 优化人员⇒降低劳务费	▲	没有使用 IE 技术分析各种浪费 ● 曾有过尝试降低采购成本的活动，但是效果不明显 ● 曾有过尝试降低劳务成本的活动，但是效果不明显 改善方向：建立降低成本的管理体系 ① 设定成本目标（不同产品） ② 设定目标产品和具体改善对象 ③ 具体展开 ④ 改善管理⇒成绩和进度管理 ⑤ 提高改善技术的水平

日常工作中的原价管理是现场管理人员的工作。对这一点，供应商的认识不足，对现场的原价管理问题比较多。同时原价的基础是标准工时，应在此基础上，进一步对实际的标准工时进行核查。

（2）标准工时运作状况核查

1）评价标准工时的目的：核查实际工时，检验当前工时设定的恰当性。并且通过作业分析区分主体作业时间和非主体作业时间；通过把握实际状况，设定合理工时，以提高生产效率。

2）方法。

① 选定目标产品、目标工序，将一天的实际生产数乘上标准工时，同实际出勤时间比较。

② 选定目标产品的作业员进行作业分析，把握实际作业时间。

本次目标产品和目标工序是：A 产品的焊接工序，其作业成本见表 5-14。

表 5-14 焊接工序作业成本

作业内容	标准		
	标准时间/s	支付/元	费率/(元/h)
钢体和环定位	0.48	2.4	5
地板焊接	5.6	28	5
外钢体和门焊接	1.8	9	5
钢体连接焊接	2	10	5
合　计	9.88	49.4	5

在此基础上，对实际作业内容进行抽样分析，确认实际有效时间的比例。

作业时间　08：00～09：50　作业
　　　　　09：50～10：00　休息
　　　　　10：00～11：30　作业
　　　　　11：30～12：30　午休
　　　　　12：30～14：50　作业
　　　　　14：50～15：00　休息
　　　　　15：00～17：00　作业

作业抽样分析：A 产品焊接工序其中作业分析时间：3h；作业员：1 人。
工作抽样分析表见表 5-15。

表 5-15 工作抽样分析表

时间	焊接	清扫	准备	不在岗位	等待	饮水	其他
10：30		○					
10：40				○			
10：45	○			○			
10：50	○						
10：56							
11：04						○	
11：19					○		
11：26						○	

（续）

时间	焊接	清扫	准备	不在岗位	等待	饮水	其他
11:30					○		
13:00			○				
13:08					○		
13:24		○					
13:31	○						
13:53	○						
14:02	○						
14:09			○				
14:14				○			
14:23		○					
14:33	○						
14:37	○						
14:48	○						
14:50							○
合计	8	3	2	3	4	1	1
占比	36.4%	13.6%	9.1%	13.6%	18.2%	4.55%	4.55%

根据抽样分析进行汇总，如图 5-20 所示。

3) 标准工时核查：通过作业分析我们发现主体作业时间占 36.4%，辅助作业时间占 22.7%，产生附加价值的时间占 59.1%，其他时间占 40.9%。加上 5% 的宽裕率，可见约有 40% 的改善余地。特别是不在岗位时间占 13.6%、等待时间占 18.2%，所占比例太大。

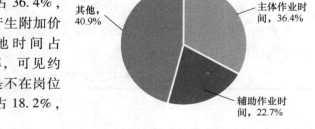

图 5-20　工作抽样分析

4) 问题和课题：虽然工厂方面强调标准工时就是实际工时，但是通过作业分析我们发现 8h 的作业时间中 36.4% 是真正的焊接时间，整体作业效率很低。

因此通过作业分析可以正确掌握主体作业时间，改善标准作业时间，并提高从业员的作业效率。员工也可以因此增加件数，提高产出量，增加收入。通过改善活动可以提高生产效率。

(3) 代表产品成本分析　取生产中比较有代表性的产品进行产品成本分析，

看成本整体的构成和比例，见表5-16。

表5-16 代表产品成本分析

生产单号	数量	材料费	劳务费	能源费	场内运送费	其他制造费用	合计	一台制造原价
3204	2	92206元	4928元	1920元	256元	4352元	103662元	51831元
3223	3	153307元	7392元	2880元	384元	6528元	170491元	56430元
4069	5	186313元	17440元	4640元	640元	15360元	224393元	44879元
累计	10	431826元	29760元	9440元	1280元	26240元	498546元	
1台平均		43183元	2976元	944元	128元	2624元	49855元	49815元
占比		86.62%	5.97%	1.89%	0.26%	5.26%	100%	

可以看出材料费占比86.62%，非常多。这就更需要采购部门积极进行采购优化，生产部门也要积极考虑提高材料的利用率。

（4）采购管理状况的核查 对采购管理的实际情况进行核查，分析采购管理的问题点，见表5-17。

表5-17 采购管理核查

核查项目	必要资料	评价	备注
采购计划、采购预测	采购计划	▲	根据生产计划制定采购计划。没有采购预测
采购物品的规格文件、图样等必要文件	图样、规格文件	○	具备图样、规格文件，但须缩短数据更新周期
供应商选定是否依照规定评价	供应商评价表、询价表	▲	有评价表等文件，但是评价过于宽松
采购合同、下单票据等文件保管管理状况	采购合同、下单票据	×	没有明确的标识和分类，没有放置在正确的保管位置
入库检查是否按照品质核查测定规则执行	入库检查指导书	▲	基本上都有入库检查，但是还是会发生零件不良而造成生产停滞的现象
外协加工时是否根据外协管理规定对外包企业进行评估	外协评价表、原价计算表	×	有外协评价表，但是评价内容不全面原价计算的数据有问题
是否有完备的品质、交期记录以提供供应商评价用	年末供应商品质、交期的总结和年末评价文件	×	有品质记录但没有交期记录

（续）

核查项目	必要资料	评价	备注
采购员知识、能力教育	教育计划	×	没有采购员培训活动
持续降低采购成本活动	改善前后的数据	×	没有降低成本的活动,没有明确的目标

注：〇—最好；▲—较好；×—不好。

（5）降低成本的可行性提案和对策 降低成本从占总成本86.62%的材料、购入部件入手。

在材料费用改善的同时，在劳务费、外协加工费、经费三方面也进行分析改善，其中，劳务费的改善主要从标准工时的设定着手；外协加工费的改善主要从内制化和外制化的重新评估着手，提高内制化比例，降低成本；经费的改善内容比较多，主要从大的费用方面进行浪费改善。具体如图5-21所示。

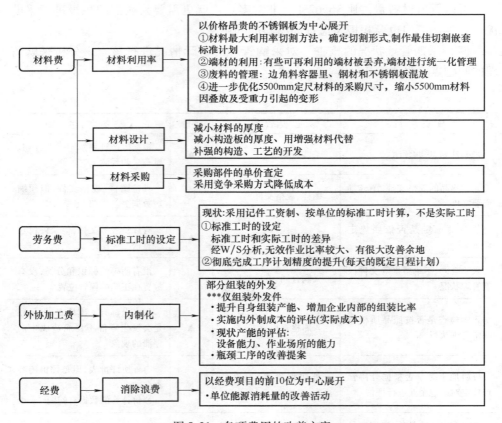

图5-21 各项费用的改善方案

6. 基础管理体制诊断

以上主要对生产领域进行了核查，包括品质核查、交期核查、原价核查。综合打分评价如图 5-22 所示。

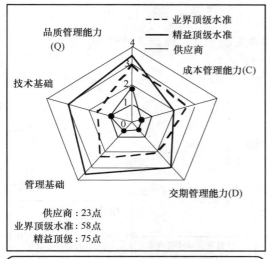

	评价项目	评价POINT	项目序号
质量能力(Q)	质量应对能力	1	
	标准作业的确定情况	2	
	质量标准类别的整理情况	2	
	最合适检查方式的体制	2	
	质量管理的机制与保证体系	2	
	平均	1.8	
成本能力(C)	价格应对能力	1	
	产品设计及生产技术的应用能力	1	
	有效生产指标的设定	1	
	生产性的持续绩效管理	0	
	成本管理的机制	0	
	平均	0.6	
交货能力(D)	交货的应对能力	1	
	工序的同期化及整流化	1	
	最合适的库存及半成品管理	1	
	生产计划的周期及准确度	0	
	工序管理的机制	0	
	平均	0.6	
管理基础	4S+训练	0	
	安全、作业环境	1	
	改善提案、小集团活动	0	
	人才教育、教育培训	1	
	方针与目标	1	
	平均	0.6	
技术基础	固有技术能力	1	
	设备保全	1	
	自动化、省力化	1	
	生产信息系统	1	
	研制和启动新产品	1	
	平均	1	

注：0：完全没有。
1：形式上有存在。
2：有系统但是执行上有问题。

图 5-22 综合打分评价

上述综合打分评价为 23 分，说明还有很多需改善的问题和课题。为此提出了整体改善计划。

7. 整体改善计划

步骤一：现状库存管理的定量化

1）整理现在的库存状况，把握各品种状况和问题点。

2）整理在制品，确定问题点。

3）洞悉市场状况，明确、预测问题点。

4）确定生产计划的问题点。

步骤二：库存管理改善

1）适当库存的设定改善。

2）在制品持有方法的探讨。

3）设定库存削减目标。

4）完善仓库管理制度。

5）可视化（标示、揭示的实施）。

步骤三：降低材料成本
1）材料利用率的改善
2）从设计入手，设计改善
3）生产周期时间缩短目标，改善
4）采购零件的单价核定，采取竞争采购方式，以期降低成本。

步骤四：QCD竞争力的确立
1）工场革新管理体制。
2）降低成本的目标展开。
3）L/T缩短的目标展开。
4）各人业绩的目标和人事制度挂钩

总体改善方案如图5-23所示。

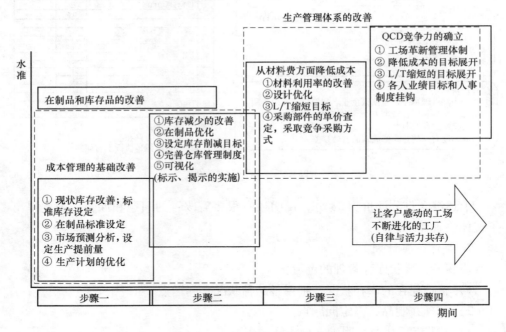

图5-23　总体改善方案

8. 供应商核查案例分析总结

采购既是生产技术，也是管理技术。生产技术要求通晓生产工艺、设备、材料、质量控制等；管理技术要求掌握必要的IE技术，能够发现问题，分析问题，提出解决方案。

当然，这些内容很难全部精通，但是，采购工程师要有自己的特点，首先要具备一定的 IE 技术，这样就可以科学地、有重点地分析问题，同时能够对一些问题的解决和实施提出专业的指导。

有关生产的专业内容，例如设计、工艺等，可以请企业专业人员进行分析和指导。

在供应商核查案例分析中，主要介绍了生产领域的品质核查、交期核查、原价核查三个内容。仔细看这些内容，会发现它们是管理技术的核查，就是 IE 技术。

所以，采购工程师也应该是 IE 工程师。这样在采购体制中就需要培养和提高采购工程师专业素养的内容和方法。

5.3 丰田汽车的 JIT 采购管理经验谈

5.3.1 丰田汽车的生产和采购

丰田汽车采用零不良管理。零不良是精益生产的追求，实际工作中，如何及时发现不良，及时事先预防不良，是追求零不良的关键所在。这些工作应该在源头进行，这个源头就是供应商的生产现场。

丰田汽车对于采购来料一般是不做 IQC 的，全部 100% 进厂，100% 上线。为此，丰田的采购工程师就在供应商现场，主要是在生产最后环节的生产现场，与供应商共同保证质量。保证生产质量毫无疑问是供应商生产厂家的职责。丰田的采购工程师在生产的最后一道环节，主要是控制和预防不良的发生，防止不良的流出。

另外，丰田在开发和管理供应商时，也是共同发现问题、共同分析问题、共同解决问题。我曾经在丰田的 SUV 供应商做过指导。那里全过程的零部件都是无检查进入生产线的。其中一个重要的原因就是对于材料的质量要求：前道的质量控制标准高于后道的质量标准。例如设计部门给出的质量标准，通过采购部拿到供应商的生产部门，供应商的生产部门安排的质量控制标准就一定要高于设计部门给出的标准。同样，当这个供应商需要一些外协加工时，外协加工的企业也一定会拿出更高的质量标准进行生产和送货。这样，就不可能出现质量问题，上线的零件就能够保证 100% 的合格。这也就需要采购工程师和供应商的人员一同在生产环节发现问题、解决问题、预防问题，如此才能做到这一点。

丰田汽车每年也会投入一定的资金帮助供应商进行改善。我指导了几百家中国企业，其中上海通用就是这种模式，每年从资金和技术上和供应商共同进行改善。我就曾经和上海通用汽车的采购工程师一起，利用上海通用的资金为其供应商进行过拉动生产的改善指导。同时，参加了三次由上海通用汽车发起的供应商日本丰田考察。

以丰田汽车的生产方式为代表的精益生产方式，不单纯是生产的环节，也包括销售，更包括采购。所以丰田生产方式的核心是生产、销售和采购。

5.3.2 丰田汽车和零件供应商的关系

丰田汽车和供应商的关系不是买卖关系，是共赢的伙伴关系。

从产品的开发阶段，供应商就已经参与进来，共同设计产品、选择材料、制定工艺。当然，这样也就同时设定了成本和利润，做到了利润共享、风险共享。

对于合作零件公司，丰田的基本理念是"共存共荣"，具体的方针总结为图5-24所示的两点：

A:多家公司订货	→竞争
B:持续交易（订货）	→协调
长期安定的交易	

图5-24　丰田"共存共荣"的具体方针

1. 丰田汽车"共存共荣"的传统

丰田汽车与零件供应商"共存共荣"的源头可以追溯到第一代社长丰田喜一郎时代。

丰田喜一郎社长主张："任何零件只要缺少一个就造不出汽车。而且即使所有零件备齐了，只要其中一个发生性能、质量问题，就会损害到车的价值"，"要把零件供应商看作自己的手足""零件供应商的工厂是丰田的分工厂"。

这样的想法在1939年制定的《采购规定》中，就有如下的明示："本公司的零件供应商工厂与丰田汽车的分工厂同等，所以应该共同努力促进分工厂的发展。"

这样的想法从那之后一直坚持下来。正如喜一郎社长所说"汽车由许多零件组成，任何一个零件都很重要，都要依仗外部的合作工厂"。

丰田喜一郎社长从开始就有使用"日本国产零件"这样强烈的想法，由当地的中小企业作为主要的订货方。从一开始就指导工厂之间的相互钻研。

丰田汽车的合作供应商在1939年组织了协丰会，在其会则的开头有丰田与供应商企划"共存共荣"的同时，"积极进行相互钻研"的明文规定。丰田喜一郎的这一想法一直持续到现在。现在丰田汽车的零件供应商几乎都是协丰会的成员。

2. 丰田汽车采购的"持续交易"与"多家公司订货"

"持续交易"反映了丰田汽车与供应商建立了长期、稳定的采购关系，并且是长期持续采购的关系。

"多家公司订货"原则表明同一零件或类似零件必须向两家以上企业采购。所谓两家包含丰田汽车的自制厂家。这是防止万一发生问题或者缺货，在风险最小化的同时，促进零件公司间进行相互竞争，旨在相互提高水平。

"持续交易"与"多家公司订货"是一对的。多家公司订购是针对同一型号、同一零件来进行的。但对于数量有限的零部件，考虑模具费用等问题，也可以单独向一家公司订货。一般情况下，同时向两家或者更多的供应商订货，形成可以随时调整供应商订货数量和周期的体制。也称之为重叠供应体制。

协丰会的会员企业，当然是首先优先丰田汽车的采购，但是单纯给丰田汽车一家供货的供应商非常少，他们同时也会向丰田汽车以外的汽车制造商供货。丰田汽车也是非常支持的，这样可以互相学习、互相促进。

3. 协丰会成员的构成

丰田汽车与协丰会的会员企业有三种资本关系。

1) 属于丰田汽车集团的供应商。资本、人员都与丰田汽车本身有着非常密切的关系。
2) 丰田汽车的出资公司。供应商的一部分资金来源于丰田汽车的投资。
3) 资本上独立于丰田汽车，没有任何资本关系。

虽然后两种与第1种有所不同，但是丰田汽车还是会派一些人员去这两种企业工作，共同做好零件的生产和供应。

协丰会会员有：

1) 零件加工企业。包括原材料和零件加工企业。
2) 专业零件企业。生产模块式的产品，大都与丰田汽车没有直接的资本关系。

从丰田的角度来看，集团内部的供应商属于最基本的供应商技术体制，是采购的基本战略。丰田汽车主要着力于促进丰田集团外供应商的发展和培养。在外部供应商的培养上，丰田汽车注入了大量的人力、物力、财力。

4. 竞争与协调

丰田汽车的高层经常使用"竞争与协调"一词，这不仅是指在丰田公司内外，还是丰田汽车最根本的世界观，可以说是丰田的经营哲学。丰田喜一郎所说的"共存共荣"是通过和供应商"进行积极的相互钻研"才得以实现的；也是通过"多家公司订货"和"持续交易"来保证与供应商之间的合作关系的。

这一点，是丰田汽车自己首先遵守的条例。即使是集团内部的供应商，也没有优先权力。几十年始终如一，取得了看得到的实绩。正因如此，共存共荣这一理念赢得了供应商的信赖，构筑了至今的合作关系。

5.3.3 丰田汽车的采购系统和运用

丰田汽车的采购活动在前面所述的多家公司订货和持续交易的框架中，和供应商共同进行以下的活动。

1）如何以合理的价格做好零件采购（定价，订货）。

2）如何制作出有魅力的产品开发（面向未来）。

3）如何着手持续改善、改良、合作、促进（构建长期的合作关系。指导、鼓励、有时也制裁）。

4）如何公平评价零件公司的成果"评价"（综合评价。短期、中长期）

不仅是为了采购"便宜"的零件，还要考虑如何持续提供好的商品（质量、成本、交货期等），开发出有魅力的新产品是很重要的。为此，首先要"公平地评价"，同时为了激发更进一步的努力，有必要构建和保持公平的评价系统。在如此重复活动中，构建出供应商自身的强力竞争"体质"，另外，还要积极支持自主性的改善活动。这些内容也是丰田汽车采购部门与供应商的一个重要合作内容。

1. 零件的预算，价格确定，采购流程

1）试制：和供应商的合作首先从试制开始。从合作的供应商中选择一些供应商进行零件的试制，同时进行试制的费用报价。试制是单件生产，报价一般都会比较高。如果是供应商自行开发的零件，在设计、采购确认的基础上，要进行试制。

2）订货：如果是已经合作的供应商，订货的方针和区分已经确定，所以基本按原来的合作协议进行订货即可。订货单价基本不变。同时，对供应商进行定期的评价，这时将会根据评价的结果，向供应商订货的方针会有调整。在量产后，根据当时的情况，也会重新进行调整（数量、金额）。

3）单价确定：报价的计算方法要事先双方共同确定，同时还要进行同类零件、类似零件的比较。

4）报价的内涵（工时、材料单价、销售费用、利润、材料利用率、不良率等）：将根据不同的供应商，不同的零件进行个别确定。以保证价格对双方的合理性。

对于实际的零件进行必要的检查，并不是判定合格与否，而是和其他供应商的同类品进行比较和分析，同时考虑持续改善的内容，持续优化价格的方向。

在量产前的试制阶段，不断互相确认价格，同时丰田汽车也会对供应商的生产改善进行指导，降低制造成本，优化采购价格。

有些零件事先要设定目标采购价格，这个目标价格是需要一定的努力才能实现的。这时就需要供应商在现有的基础上进行大幅度的改善，才能实现目标采购价格。

2. 内部订货会议

（1）订货预算　根据今后的生产数量，各个供应商提交今后半年的销售额，同时包括具体增加减少的内容和金额明细。

如果因为丰田汽车的生产台数大幅度变更（特别是减少）而引起价格变动，需特别进行说明。根据零件的规格不同，考虑数量增减的因素。如果是新零件，可以考虑和现在供应零件不同的预算标准。

（2）订货会议　是丰田汽车的内部会议，主要是对供应商的评价和确定今后订货的方针。同时考虑丰田汽车自身的变化是否会对供应商产生较大的影响。这个会议是丰田汽车高层领导亲自参加的会议，也是期间丰田汽车明确供应商采购方针的会议。丰田汽车在采购环节也是考虑尽量避免比较大幅度的变化，优先考虑和供应商保持长期稳定的合作关系。同时会议上也会分析各个供应商相互之间的合作和竞争关系的平衡。

3. 采购价格的定期变更流程（半年）

（1）定期降价的确认　常规情况下，根据订货会议的方针，丰田采购的高层人员直接与供应商的高层见面，商量降价事项，并且提出今后半年的价格改善方向。

供应商将会根据丰田汽车的要求，考虑具体的改善内容。同时也会考虑订货量和原材料市场的变化因素，进行综合考虑。

（2）对丰田汽车的提案和回答　通常供应商会在综合考虑以上事项后，向丰田汽车提出合作报告。

（3）价格的变更作业　经过双方的协商，确定新价格的方针。根据这一方针，重新确定有关零件的报价和明细，重新设定价格。同时这些内容，也将会成为今后其他零件合作的参考基准。

4. 非定期价格变更

（1）模具等的折旧费　模具费用在零件成本中占有比较大的比例。在签订采购合同时，将会有一个基准数量，当采购数量超过这一基准数量时，丰田汽车和供应商之间将会共同重新考虑超过基准部分的价格设定，这个基本按照丰田汽车的要求和基准自动进行。

（2）VA/VE的改善效果　丰田汽车积极鼓励供应商的改善提案，通过这些改善获得的经济效益，大部分成为供应商的利润来源，所以供应商在这个方面积极参与并实施。

（3）材料的价格变动　在零件报价金额中，材料价格是最容易变动的，也是丰田汽车采购价格变更的一个大的基准。因此，丰田汽车一般都会根据市场，大量采购必需的原材料。如果同一种材料发生变更，将会针对所有供应商统一进行调整。原则是半年一次。

材料费以外的费用基准变更因为影响比较大，一般不特别进行说明。

5. 成本的规划（重点车型）

在新产品设计阶段，就请供应商直接介入成本规划。首先根据市场分析，从设定的销售价格开始进行价格分解,设定每个零件的目标价格;丰田汽车再根据目标价格,和供应商共同合作,从设计入手,力争达到目标价格。

(1) 竞争提案,竞争报价 从试制阶段开始即进行竞争提案、竞争报价的实施,所以相关供应商都可以参加,不管是现有的供应商还是新的供应商。共同对那些竞争提案、竞争报价进行评价和分析,决定订货的供应商,然后分段实施试制。

(2) VA/VE 的提案 根据提案进行各种改善活动,特别是重点车型、重点零件。为对应市场需求,改善活动的时间是事先设定的。同时提前同步进行车辆和零件的展销会。

上述一系列活动并不是采购部门单独进行的活动,而是技术、制造、质保等有关部门共同合作运营的活动。同时供应商也是和丰田汽车一样,销售、技术、制造、质保等各个部门成员也共同进行,直接参与,这些结果将会反映到采购供应商的确定。

丰田汽车非常注重组织作用。所以有《协丰会》的存在。《协丰会》有三个分会,分别是质量、成本、安全分会。在这个组织内共同进行意见交换和传达丰田汽车的方针。同时也会进行一些必要的培训和研究会,事例发表等活动,这些活动是十分高水准的组织活动。

对于供应商的改善活动,除供应商的自主改善以外,丰田汽车也会免费派遣丰田汽车的专业人才,亲自参加指导供应商的改善活动。同时形成供应商的改善体质。也是共存共荣的具体行动体现。

在丰田汽车的采购组织中,除直接采购业务以外,还设置有采购规划部门,这个部门就是对供应商进行检查和指导的部门。同时也是直接支持《协丰会》的部门。丰田汽车也有采购业务的内部监察功能。采购部门自行进行检查和自我革新,同时也会对供应商的设备、材料等进行指导和改善。

这一系列的采购业务系统,通过 IT 技术,形成高效的运作体系,并且和供应商通过网络共享系统。

5.3.4 丰田汽车的 JIT 采购管理经验总结

1)长期稳定的供应商合作关系,双方可以发挥更高的工作效率。
2)共存共荣是和供应商合作的基础,做到利润共享,风险共享。
3)采取竞争提案和竞争报价,形成良性的竞争环境。
4)对供应商持续改善的要求和支援。
5)丰田汽车自身发展的努力带动供应商的发展。

JIT落地的道和人

6.1 JIT 落地之道

6.1.1 JIT 落地技术之道

1. JIT 落地技术之道的框架

本书从生产计划管理、物料上线管理、物料库房管理、物料采购管理四个大的方面对 JIT 的管理改善技术进行了说明。

可以看出，正像丰田生产方式采用的是拉动式生产一样，JIT 的管理改善技术也类似于拉动式生产：从生产的原点开始，一直追溯到物料的采购环节。

这就是 JIT 落地技术之道的整体框架。

2. JIT 落地技术之道的生产管理改善落地

前文从生产计划、混流生产、看板管理、平面布局四个方面进行了介绍。

生产现场是原点，生产管理是重点，生产计划是龙头。生产的具体实施要靠计划的制订和执行。在制订计划时就要充分考虑市场的需求、生产能力和物料的供应，寻求最优化生产。其关键在于要尽量实现均衡化生产。

为此，在现今多品种、小批量、短交期的市场环境下，就要充分考虑混流生产体系。组合不同的产品、组合不同的工位，形成同期、合理的生产组织。其关键要实现浪费的最小化。

均衡化的生产计划和浪费最小的混流生产组合要靠每个生产环节、每个生产工位的落实来实现。连接每个生产环节、每个生产工位的是看板。通过看板形成连续、流动的生产流程。

看板的最大作用是生产信息的管理。JIT 的原则是在必要的时候，按必要的量，提供必要的物品。时间、数量、物品的信息在生产计划中是反映不出来的，更何况生产现场是一个动态的现场，生产的情况会随时发生变化。对这些随时发生的变化要进行动态的管理。这个对应随时变化的动态管理工具，就是看板。

根据每个生产环节的生产进度和事先确定的标准在制量,由看板提供必要的动态生产信息。生产现场的管理人员、生产人员、物流人员就是按照这个信息进行工作。

同时根据各种不同的生产情况和需求,制定个性的看板运转规则和方法。

实施看板的最终目的就是在保证连续生产的同时,最大限度地降低库存和在制品。

根据看板的信息,物料、工件流转在各个生产环节和各个生产工位,这就希望路径最短、用时最少,同时又不会产生互相干扰。这就要充分考虑生产的平面布局。

生产现场设备的安装位置、工人的操作工位、待加工和已加工的物料放置地点、不良品等的区域等,这些相互关系的分析和确定就是生产布局。合理且科学的生产布局设计可使生产物流的距离最短,所用时间最短。

以上这些就是在生产现场,有效地进行生产管理的技术之道。

3. JIT 落地技术之道的物料上线管理和改善落地

实现 JIT 的生产,就需要 JIT 的物料供应。关于这方面的内容前文介绍了物料 JIT 上线管理、在线物料管理、现场物流空间管理三大部分,并对其进行了 QCD 分析和改善,也对厂内物流进行了 QCD 诊断和分析。

保证生产线的不间断连续生产,物料的供应是关键。但是物料是一个广义的名称,在实际工作中,物料的体积、重量各有不同;在不同的单位物料时间内物料的使用数量不同;物料的包装方法和包装形式也各有不同。这样就要根据物料的情况及其在现场的使用情况,分别确定不同的物料投放方式、数量、时间、物料的装载工位器具等。在保证生产线连续生产的前提下,如何做到上线物料工作的最优化,其中有两个指标:上线物流成本和上线物流。围绕这两个指标,进行上线物料的计划、管理和实施。

生产线边物料管理和改善的重点在于:物料投放到生产现场和生产线边及其摆放位置是否合理、工人取放物料是否方便、按计划进行投料的数量和时间是否为最佳的、是否可以控制线边物料的最少化;对于动态的生产现场,生产的变化也会对物料产生直接影响,物料的投放也要根据生产的变化而进行及时的调整。

生产现场的物流场地也是生产资源的投入,这时就要考虑生产现场物流空间的高效化运作。这里引用了亩产的概念。如何在有效的物流空间内最大限度地提高物流空间的"亩产值",这就是现场物流区域管理和改善的重点。

通过对上线物流、线边物料和现场物流空间这三个方面进行诊断,及时发现 QCD 问题,并确定问题发生的原因,进行改善,从而提高厂内物流的 QCD 水平。

以上内容就是物料上线管理和改善落地的技术之道。

4. JIT 落地技术之道的库房管理和改善落地

JIT 物流的物料大部分来自于库房。库房管理要对应 JIT 物流的上线工作。这部分内容包括库房管理和改善，以及利用 PTS 法对库房人手作业进行改善。

库房的作业内容和效率不容易定量化，所以也不容易管理。前文给出了库房作业定量化的工具，通过这些工具的应用，减少无效作业，合理安排库房作业计划，提高工作效率。

库房作业标准化也是容易被忽略的事项。本书尝试用 PTS 法对库房作业从细微之处进行分析，消除浪费，使作业流程和方法标准化。

这就是库房管理和改善落地的技术之道。

5. JIT 落地技术之道的采购管理和改善落地

采购是生产流程的源头，也是 JIT 生产的源头。

采购管理的重点和要点包括从采购规划、供应商开发、价格设定、采购签约和采购实施。

本书通过一个具体案例，介绍了供应商生产环节 QCD 诊断和核查的流程及方法，非常值得采购工程师的在学习和实践过程中参考。

我们还分析和阐述了丰田汽车与供应商之间供应关系的建立，以及成本、交期等共同开发和实施的内容。

以上这些内容，就是 JIT 采购管理和改善落地的技术之道。

6. JIT 落地技术之道总结

以上这些内容，读者可以根据需要取其部分内容进行参考，也可通篇阅读，并加以参考。但是都要结合自己企业的现状进行合理的应用和改善。

JIT 落地技术之道的基础是现场的自主改善。

精益生产有很多好的方法，有众多的成功经验，但是都离不开现场的精准实施。反过来，只有形成强有力的现场自主改善文化，精益生产的方法和经验才会顺利落地。

JIT 也好，自働化也好，都不是丰田的最强项，只有现场的自主改善才是丰田汽车的最强项，才是丰田生产方式最核心的内容和思想。

现场就是战场。

有关现场的自主改善，关田法对此进行了多年的实践和探讨，形成了关田法的精益生产构成（见图 1-1）。

精益落地关田法的三个核心 JIT、自働化、自主改善的基础是现场的自主改善，它包含以消除现场浪费为重点的精益管理、以精益管理推动的现场持续改善、以现场持续改善为基础的标准化。

浪费都是发生在现场，只有关注改善现场的浪费问题，才能真正提高企业的 QCD 水准。

这些改善并不是一时一事的改善，而是持续不断的改善。表6-1所列是我所推荐的丰田汽车现场管理的七条准则。

表6-1 丰田汽车现场管理的七条准则

1. 每天是否在现场观察、管理
2. 在现场是否指导了改善
3. 是否对现场提出了注意事项
4. 现场是否全部实现定置、定量
5. 现场是否有各项规定，是否被严格遵守
6. 是否可以目视化正常和非正常的状态
7. 是否及时确认和跟踪各种指示

6.1.2 JIT的问题解决之道

在实施JIT的过程中会遇到各种各样的问题。只有不断地发现问题，解决问题，才能成功地实施JIT。

对于问题，我总结了我的问题认识之道。

（1）问题的三个部分　任何问题都可分成以下三个部分（见图6-1）。

1）现实条件下解决不了的部分。

2）创造一些条件就可以解决的部分。

3）现实条件下可以解决的部分。

任何看似不可解决的问题都可以分成这三个部分，因此都会存在现实条件下可以解决的部分，哪怕这一部分占1%，也是存在的。

所以，我们就可以考虑解决现实条件下可以解决的部分，以及解决创造一些条件可以解决的部分中的一部分问题（见图6-2中粗线围起的左上部分）。在解决问题的同时，其他条件也会产生变化的。

（2）问题解决的三个部分　在解决问题时，可以从以下三个部分来考虑：

1）不要一步到位。

2）注重可操作性。

3）注重人的主观能动性。

现实中有一个很时尚的说法：一步到位。然而一步到位可能吗？有必要吗？在考虑解决问题时，我认为在多数情况下这是不现实的，需要一步一个脚印逐步改善、逐步解决，所以我说问题解决的一步到位是浮云，要设立许多中间目标，逐步改善，逐步达标。图6-3所示为问题解决的过程。

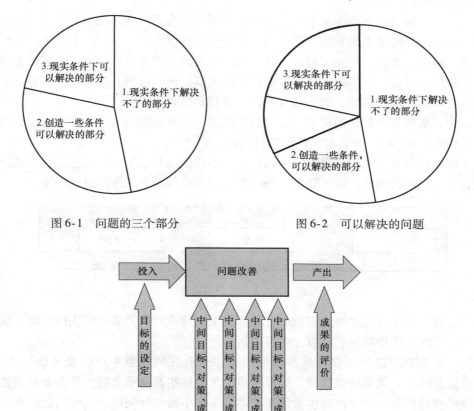

图 6-1　问题的三个部分　　　　图 6-2　可以解决的问题

图 6-3　问题解决的过程

（3）问题解决的认识　在企业，经常会成立一些项目组以解决一些课题，这是必要的。

我曾经参加一个企业的精益生产指导，该企业成立了七个精益生产项目组，每个组又包含很多方面。例如计划物流组就包括：供应商管理、生产计划、物料采购、库房管理、物料上线、生产评估五个方面。我就提出，这些工作不就是日常工作吗？

每个人的工作都会存在各种问题，因此需要不断解决这些问题。在工作中解决问题是最精益的，是精益的最高阶段。

工作和解决问题是连续的，要顺利的推进工作，就必须合理并且有效地解决各种问题。

工作＝问题解决

顺利地工作＝合理并有效地解决问题

但是，解决问题的方法不同，成果也会不同。为了得到所期待的成果，反复循环 PDCA 是最基本的方法。其中相互交流是非常重要的。因为，企业是由工作场所的员工、客户、后续工程以及相关部门组成的，单靠自己一个人完成的工作是极少的。所以，在解决问题时，必须动员大家，同心协力，发挥团队精神。上下级之间不论职位高低，都可相互探讨，找到最佳解决方案。

为了实现客户期待的成果，可以与周围的员工及相关部门进行广泛交流，以 PDCA 循环为基础，在日常工作中进行实践。

所以，与其成立项目组着手课题解决，不如做好日常工作，合理并有效地解决日常工作中的问题，这才是最好的改善。图 6-4 所示为工作推进的理论。

图 6-4　工作推进的理念

所以工作本身就是解决问题的过程。真正要特别立项去集中解决的问题，就是因为平时工作中的问题没有完全解决。

（4）问题解决的必要性和重要性　很多企业在做精益生产时经常会提到：构筑精益体制、优化精益经营、形成精益文化。这些都是重要的，是企业必须要形成的精益内容。但是同时也必须要考虑到工作中的实际问题，这些问题的真正解决才是实现以上内容的基础。

如果这家企业用七个精益项目小组进行精益文化、生产流程、标杆车间、精益质量、5S 推进等的改善活动，但是这些活动都没有直接面对生产中的问题点，如产品质量问题、人的操作效率问题、设备的开动问题，计划的达标率问题，那么这七个项目组的投入再多，现场的问题也还是得不到解决。最终这些精益都是务虚的精益，并没有落地。

所以在进行精益改善时，要考虑问题解决的必要性和重要性。如图 6-5 所示。

图 6-5　问题解决的必要性和重要性

所以，关田法认为，精益改善首先要解决必要性（当前面临的问题）的问题，进而带动企业的精益文化（革新性的问题）。精益体制的形成首先要考虑解决现场的实际问题，解决现场的痛点问题。

在这个有七个项目组的企业中，我首先只针对三个问题进行指导：计划改善、作业效率改善、现场 5S 改善，通过这三项，逐步带动其他改善。

（5）改善目标的三要素　提高生产效率、降低成本、提高素质等改善目标经常见到，这都是非常好的改善目标，但却是精益的目标。问题解决的目标要从三个方面进行考虑：

1）对象：现状中要改变什么？例如提高生产效率，是哪个生产环节、什么生产效率，主要问题点是什么。

2）什么程度：定量化和具体化所期望的状态。是目标的量化。要用数字确定目标，要反映在具体指标上，例如工期、时间、人数等。

3）何时为止：通过分阶段地设定目标，使目标变得更加明确，能够进行进度管理。体现改善的计划性，有中间目标，最后成果和进度管理。

具体如图 6-6 所示。

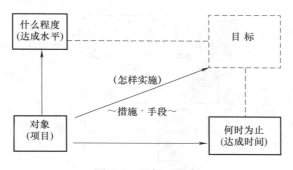

图 6-6　目标三要素

只有保证了目标对象、程度、时间三要素的正确性，才能保证问题解决的正确性。

（6）问题原因分析　只有彻底分析问题原因，才能找到真正的解决方案。在精益里，经常用到 5 个为什么就是这个道理。分析问题不要被表面的虚像所迷惑。

全面分析问题，才能综合解决问题，才能持续巩固、标准化。问题分析的要点包括：

1）涵盖性。罗列所有问题发生的可能性和原因，从中找到真因。通过原因分析，重新审视工作，对新人进行实际教育。

2）逻辑性。就是问题发生和原因的逻辑关系，且这种逻辑关系是连续的。有逻辑性的问题原因才是真正的问题发生之所在。

3）定量性。问题和原因等都能用数字描述，且可以分析出各种原因的重要程度，有利于改善方案的重点实施，如图 6-7 所示。

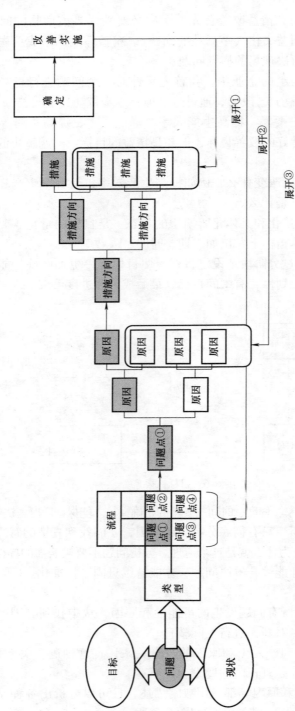

图 6-7 问题原因分析

对准问题的真因，是高效解决问题的关键。

（7）改善实施管理　一旦开始实施改善，将是一个持续的过程。这个过程是实现预定改善目标的必经过程。对过程实施管理，就是保证成果的必要方法，如图 6-8 所示。

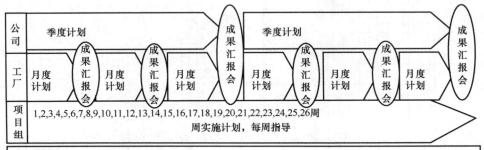

图 6-8　改善实施管理

其中，周计划和实施是核心内容，也是关田法改善实施的重要工具。周计划是整个改善实施计划分解到每周的计划，如图 6-9 所示。

周计划要明确每周的改善内容，同时进行每周汇总，汇总成功和失败的地方，提出下周改善注意事项。如图 6-10 所示。

改善分解的周计划是关田法改善实施管理的重器。

以上这些内容构成了关田法的 JIT 问题解决之道，是工作的经验总结，更是精益改善实施的方法论。

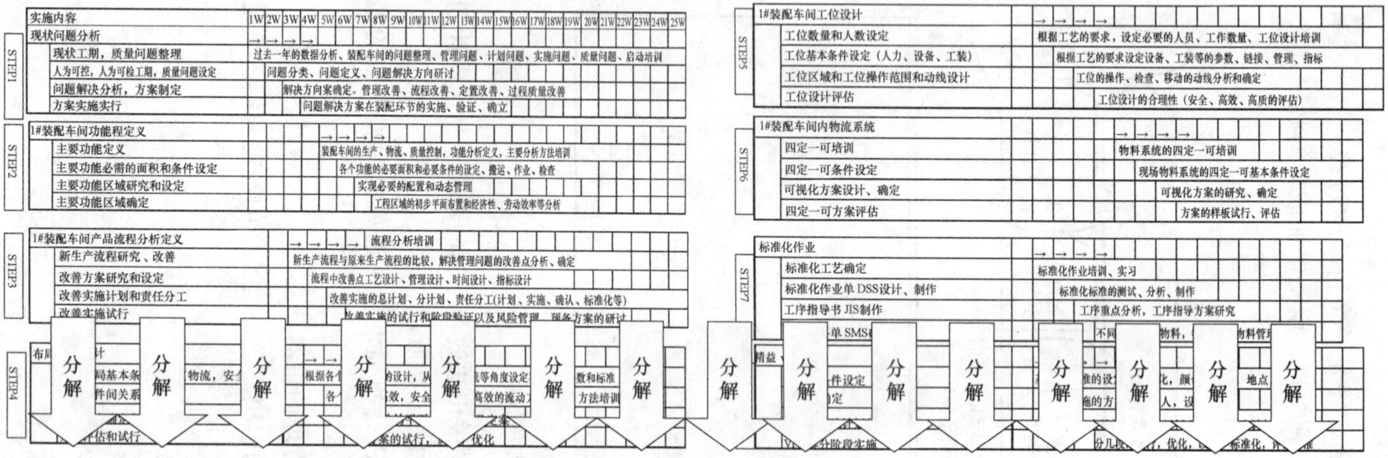

精益生产推进周计划

日期：20**-6-19~20**-6-30		6月19日	6月20日	6月21日	6月22日	6月23日	6月24日	6月25日	6月26日	6月27日	6月28日	6月29日	责任人	时间	地点	备注
	工作内容	星期一	星期二	星期三	星期四	星期五	星期六	星期日	星期一	星期二	星期三	星期四				
1	精益小组晨会及培训	晨会+培训							晨会+培训			周会研讨	***	8:30~	精益作战室	
2	绘制车间结构图	现场测绘							现场测绘				***			
3	梳理目前各功能区域存在的问题，包括物料区、物流和作业区等	收集汇总							收集汇总				***			
4	1#装配车间主要功能基本定位3种方案设计(采用上周商讨后的区域)	方案1(平板车放置中间区域)							方案1				***			晨会进行内部研讨
		方案2(减速箱与卷筒组装区放置中间区域)							方案2				***			
		方案3							方案3				***			
5	基础设施改善建议(西侧大门配备电动机、车间地面处理工艺)	提案提交领导审批							提案提交领导审批				***			
6	车间内的物流方式(目前物流方式、后期平板车物流方式)	收集汇总							收集汇总				***			
7	完善及其规格尺寸汇总	收集汇总							收集汇总				***			
8	文件归档处理	整理归档							整理归档				***			

图6-9　实施计划的分解

精益推进周计划

日期：20**-6-19—20**-6-30

序号	工作内容	6月19日 星期一	6月20日 星期二	6月21日 星期三	6月22日 星期四	6月23日 星期五	6月24日 星期六	6月25日 星期日	6月26日 星期一	6月27日 星期二	6月28日 星期三	6月29日 星期四	责任人	第 5-6 周 时间	地点	备注
1	精益小组晨会及培训	晨会+培训							晨会+培训				***	8:30~	精益作坊室	晨会进行内部研讨
2	绘制车间结构图		现场测绘							现场测绘			***			
3	梳理目前各功能区域存在的问题：物料区、物流和作业区等			收集汇总							收集汇总		***			
4	1#装配车间主要功能基本定位3种方案设计（采用上商讨后的区域）				方案1（平板车放置中间区域）/方案2（减速筒与卷筒组装放置中间区域）/方案3					方案1/方案2/方案3			***			
5	基础设施改善建议（西侧大门配备电动机、车间地面处理工艺）					提案提交领导审批						提案提交领导审批	***			周会研讨
6	车间内的物流方式（目前物流方式、后期平板车物流方式）						收集汇总				收集汇总		***			
7	完善及其规格尺寸汇总						收集汇总				收集汇总		***			
8	文件归档处理						整理归档					整理归档				

上周工作小结

成功方面：

失败方面：

需努力方面：

分管领导审核：　　　推进组长审核：　　　顾问团队审核：　　　编制：

图6-10　精益推进周计划

6.2 JIT 落地的人

1. 组织中的人

松下幸之助：人才是企业成败的关键。

德鲁克：今后的企业发展竞争力是知识劳动的生产力。

大野耐一：丰田生产方式是思考人的生产效率，是以人的工作浪费为起点的生产方式。

本书谈到了 JIT 的生产管理、物料管理、库房管理、采购管理的改善落地，JIT 落地不单是靠这些方法、经验和道理，更主要的是靠人。只有人真正理解精益了 JIT，真正实施精益的 JIT，才会在生产中体现出 JIT 的效果。所以 JIT 改善落地，说到底，是人的改善，是具有精益 JIT 思维的人才的培养。

2. 改善最终要解决人的痛点

进行问题分析、现场改善，需要组织中的人共同配合才能实现。我总是说，最了解现场，最清楚问题的不是指导老师，而是组织中的人。但是老师具有比较科学的精益思维和高效解决问题的方法，所以，作为专业的精益生产指导老师，就是要用其精益思维和高效解决问题的方法，为组织中的人解决他们的痛点，如管理上的痛点，进而达到解决现场问题的目的。这是关键。

我曾在某个企业指导解决产品质量问题。项目组长是该企业的质量部长。

这个企业，多年来在质量部长的领导下，做了大量的质量改善工作，解决了许多产品的质量问题，有了一些成效。但是解决了一个质量问题，往往又出现了另外的质量问题，有时解决后的质量问题也是时好时坏，非常不稳定。质量部长和质量部的其他人每天都和制造部的管理干部和现场人员一起忙于解决产品的质量问题。质量部长也因为产品质量问题经常和制造部门的人员争论不休，意见得不到一致。

作为指导方的我进入企业，和质量部长也进行了沟通。对我们来解决产品质量问题，质量部长抱有怀疑的态度。

为此，我对该企业发生的质量问题和质量问题管理体系进行了综合调查、分析。采取的第一个措施是：

1）产品质量的管理不是质量部门的工作，是制造部的工作。这个企业和大多数企业一样，制造部门负责生产，主要关注数量和时间。质量部门负责质量，出现产品质量问题，责任是质量部门。这样就造成质量问题长期得不到解决。

我提出，制造部门在保证安全的前提下，制造责任有两个：制造产品和保证质量！质量是制造出来的，不是检查出来的。

质量部门的责任是：①对产品质量问题的预防；②协助制造部门分析质量问

题；③质量体系的维护。

以此为出发点，重点在制造过程发现问题、解决问题。这些以制造部为主，质量部为辅。

通过这样的改变，使制造部门高度重视制造质量，同时质量部门也积极配合制造部门分析、解决质量问题。质量有了初步提高。

质量部长真正感觉这个改善解决了他多年的痛点，质量问题的解决找到了新的方向，增强了信心，也积极参与了改善工作。为此，指导方又进一步提出了新的措施。

2）质量问题是制造过程管理问题。该企业质量问题的改善大多关注工艺、工装和不同产品的特定质量问题。这些改善大多需要一定的资金，同时还需要一段时间。但是总是从根本上解决不了质量问题。

为此，在充分调查该企业质量问题的基础上，采用3N的关田法，重点解决人为质量问题。

关田法人为质量问题主要关注两个问题：

① 人为可控质量问题：严格按标准要求进行操作，使质量问题成为可以避免的质量问题。

② 人为可检质量问题：通过对工序过程简单的目视检查，使质量问题成为可以发现的质量问题。

为此，对制造过程的每个工序进行了人为质量问题分析，对每个工序制定了3N质量指导书，开始在制造全过程实施。

制造全过程的人根据每个工序的个性3N作业指导书，对上道工序来的产品目视检查质量，对本道工序的工艺要求严格遵守，对传到下道工序之前的产品，目视检查质量。

效果非常明显，产品质量得到了大幅度提升。

质量部长学习到一个新的，且非常有效的方法，感到非常兴奋。积极参与制造过程的质量问题改善，获得了全公司的赞赏。

通过以上改善，质量部长对质量管理有了新的认识，同时又掌握了关田法的3N技术，成了公司的精益达人，得到了总经理的奖励。

这个案例，既解决质量部长的痛点，又解决了产品质量。一箭双雕！

这个质量部长成了我的朋友。

3. 发挥人的特长

我用曾经指导过的一个案例来说明。某企业为了快速响应市场的需求，要在短期内提高产能。为此，对整体生产系统进行分析，制定了在不投资的前提下，通过消除浪费，提高产能的改善方案。

在形成改善核心班子时，进行了以下工作：

该工厂的生产部长是多年管理生产部门的第一人，工作也非常有热情，多年来在消除浪费、提升效率、提升产能方面做了很多工作，取得了一定效果。但是长期在同一岗位工作，有些事情已经见怪不怪，对下一步通过提升产能的改善工作感到压力极大。为此和公司总经理商量，把生产部长调到制造部，作为制造部长领导这次提升产能的项目，这样可以发挥他的特长和经验，同时离开生产管理的第一线。

用谁来做这个生产部长呢？其中有很多人选。是用多年从事生产管理有经验的人，还是用不一定具有生产管理经验的人？最后选定了其他生产平台的质量部副部长作为这个平台的生产部长，直接领导提升产能的改善工作。因为他虽然具有一定的管理工作经验，但因没有参与过生产管理，所以不会被先决条件所束缚，同时又有一定的工作热情。

这样，由新制造部长、新生产部长、指导老师组成了本次管理提升产能的核心项目组人员。

经过四个月的现场管理改善，提升产能30%，完成了公司的任务，满足了客户需求。总结这个项目的实施过程，得到三点体会：

1）精益改善的管理干部需轮换，如此才能更有活力，更能发挥潜力。

2）精益管理干部不一定需要懂得专业技术，更重要的是需要有管理经验和工作热情。

3）精益管理人员的合理组合非常重要。

4. 责任到人

责任到人在精益改善中是十分有效的管理方法。

丰田商用车的工厂把整个车身分成了许多区域，明确了各个区域的质量要求和责任人。管理要求和责任要求十分明确，行动起来也非常有目标。

我在多年的精益改善的指导工作中，也对此深有体会。责任到人是改善的必要管理方法。例如对5S的改善工作，我在改善指导中就采取这种方法。把整个生产区域分成许多小区域，每个小区域明确了5S的责任人和5S管理要求。把现场的每一个物品（工具、器具、设备等）都与人名挂钩。如图6-11所示。按此方法执行，确实起到了一定的改善效果。

责任到人一定要具有可操作性，同时提出的要求不能过多增加责任人的工作量。

5. 人的三现主义

丰田人推崇三现主义：现场、现物、现实。在现场观察分析实际状况（产品、设备、物料，等等），了解出现的问题及原因。

大家经常说的大野圈，就是大野先生推崇的方法，在现场一直观察分析，就会得出改善的方法。大野耐一先生说：我就是彻底的现场主义！

责任区域	项目		工作内容	保养周期
责任区域： 1. 设备周围左至加工中心,右至150磨床,前包括主干道;后至连杆主排屑门 2. 区域内的地面、管道、阀门 3. 区域内的连杆输送线以及连杆运转小车、工位器具等 4. 班组内指定的门窗、连杆存放处、行走梯子等 二组160工序日常工作指导书 责任人：**	设备型号： K**** 设备编号： 0***1**	1	按要求认真做好设备点检记录,发现问题及时报修	每天
		2	设备操作面板擦干净,按钮不允许有脏物	每天
		3	设备外部、冷却水箱清扫,除去油污灰尘,不允许有黄袍	每天
		4	设备夹具、定位面、定位销、导板清扫清洁,无积屑,无锈蚀	每天
		5	液压站阀体、阀块及管路清洁,检查管路有无接头松动漏油	每天
		6	各种仪表清洁无污物	每天
		7	设备移动罩壳、工作台无切屑,积屑扫入设备主排屑槽排出	及时
	检查台	1	工装、刀具、检具、量具按规定归位摆放	每天
		2	检查台外观、台面清洁无杂物	及时
		3	抽屉内物品按要求分类摆放整齐、摆放整齐	及时
	首检台	1	首检零件清洁、摆放整齐	每周
		2	首检台保持清洁、定置摆放	及时
	环境	1	作业现场物品清洁、定置,每辆零件运转小车装载不得超过100件	每天
		2	清扫设备周围环境达到清洁要求	每天
		3	地面无铁屑、无油污、无杂物、无积水	及时
		4	零件摆放整齐、标识清楚	及时
	质量控制	1	加工前加强零件外观检查,严格执行"3N"	及时
		2	加工过程中,注意孔径变化,刀具是否异常,严格执行《控制计划》	及时
		3	认真做好SPC、TPM、强制换刀、首检、自检、送检记录	及时
		4	加工后,注意观察大、小孔是否有偏移和带刀纹现象	及时

图6-11 责任到人

我经历过许多企业，感觉到有些人对现场的重视程度确实存在问题。有些人喜欢在办公室等汇报，有些人喜欢对着电脑思考问题，有些人喜欢开会讨论问题，但是他们真正在现场的时间却非常少。其实这样很难发现问题，解决问题。特别是年轻人，更应该在现场摸爬滚打。

我也是彻底的三现主义者。这点在第一章也有描述。

在指导的实践中，我也积极鼓励周围的人重视现场。

例如我指导某个企业提高劳动生产率的项目。每天晚上，我会集中有关领导，汇总一天的改善。在会议上，我只谈一个指标：今天在现场看到各位干部的时间比例是多少。

开始当天各位领导在现场的时间比例是 20%，以后每天晚上的汇总会我都会持续谈到这个指标。大家看我每天都谈这个指标，知道了我对改善的关注在什么地方，所以开始积极去现场了。随后，领导每天在现场的时间比例在不断提升，30%，40%，50%，60%，最多有 70% 的时间在现场。非常有意思的是，随着各位领导在现场时间比例的增加，发生了两件事情。

1）现场劳动生产率的提高和领导在现场的增加同步，不断在提高。

2）每天晚上的总结会由原来的 2 个小时，自然缩短到了 15 分钟。

这就是三现主义的力量。

6. 育人落地

各个企业都有培养人的计划和预算，大多由人力资源部门管理。我认为：

1）培养人的第一责任者是就是管理者本身。

2）培养人的教材就是工作本身。

多年来，我经历了几百家企业，通过改善的实施确实使很多人更进一步认识了精益、掌握了精益、实践了精益，但这些我觉得都是从实际工作中得到的。

在第一章里我也提到了

做事育人；做正确的事，育正确的人；高效做正确的事，高效育正确的人；高效高质地做正确的事，高效高质地育正确的人。

这就是我的育人落地宗旨。丰田也非常重视 OJT 的育人，在工作中教，在工作中学。

7. JIT 落地之人

以上这些内容构成了 JIT 落地关田法的 JIT 落地之人，是我工作的经验总结，更是精益改善实施的方法论。

6.3　JIT 落地寄语

这章着重谈了我的 JIT 落地的道和人。

道是方法，是思维方式，是改善的指南。

人是核心，是方法应用的主体，是思维形成的主体，是改善落地的主体。

首先要掌握 JIT 的基本方法。有关精益 JIT 的方法，有很多书，多得你很难选择。但是，丰田公司自己出的有关改善和精益 JIT 的书却十分少。他们靠的是文化的传承。大野耐一先生为了回答世人对精益学习的热情，出版了《丰田生产方式》，这是经典中的经典。

大家都很喜欢学习，喜欢读书，这是好事。但关键是读的书要用到实际中去，要能够落地。

我觉得，IE 是每位精益人士的基础，丰田方式也好，精益生产也好，都是 IE 的成功实践结果。

作为精益 JIT 的道，精益 JIT 的方法，我建议读三本书：

1）《丰田生产方式》大野耐一，这是经典中的经典。

2）《以工业工程的视角考察丰田生产方式》新乡重夫，体现了工业工程的实践。

3）《工业工程与管理》齐二石，霍艳芳，介绍的是工业工程的管理。

大野耐一被称为"日本复活之父"和"生产管理教父"。他所创造的丰田生产方式，是对曾经统治全球工业的福特式生产方式的重大突破，在全世界产生了深远影响。《丰田生产方式》一书涵盖了准时化、自働化、看板方式、标准作业、精益化等生产管理的各种理念和实践。它堪称是丰田核心竞争力的最权威作品，也是全球生产管理的最为重要的标杆。

《以工业工程的视角考察丰田生产方式》一书的作者新乡重夫，是日本能率协会的 IE 专家，是丰田生产体系的创建人之一。以他的名字命名的新乡奖，被称为"制造业的诺贝尔奖"。他根据自己 20 年事业生涯中的系统性方法和精心笔记，著有 18 部书和无数管理文章。《以工业工程的视角考察丰田生产方式》是逻辑性非常强的一本书，是目前唯一一本直接以 IE 理论去阐述丰田生产方式的书，精益实践派不可不看，工业工程科班不可不看。

《工业工程与管理》是作者齐二石教授和他的同事们在二十几年研究积累、实践基础上形成的工业工程理论与方法的本土化著作，提出了适应中国本土化需求的工业工程理论、技术体系，及应用方式和案例，为中国经济转型发展与企业竞争中遇到的现实问题提供系统化参考和可行的解决方案。书中结合信息时代中国企业的现实特征，给出了"IE＋IT"的信息化模式。齐二石教授是中国工业工程学科和工业工程学会的主要创建者之一，是国内外知名的管理和工业工程专家。

我这里谈的读书，不单纯是读，关键是悟。这个悟非常重要。大野耐一先生的《丰田生产方式》一书看似没有很高深的理论和特殊的套路，书中大多是他所经历过的各种各样的问题和问题的解决。这本书，包括日文原版，我看了不知多少次，每次看都有新的体会，正所谓温故而知新，边看边思考，不断悟出了其中的高深和特殊。我有时说，做精益人的分水岭，就是看是否能够悟出其中的道理，并将之变成自己的东西。

新乡重夫先生也是在工作中悟出了快速换型、悟出了防错，等等。他一生写了很多书，大多都没有翻译成中文。这些书虽然年代已久，但是其中的思想、思维方式仍然是我们现在精益人的指南。他的书我也经常看，经常会有新的思考和新的思悟。

齐二石老师虽然工作在大学，但是他也深深感到工业工程需要与实践相结合才能发挥出其真正的作用。所以他在大学研究工业工程的同时，也非常注重工业工程的实践，注重工业工程在现场改善。同时提出"管理模式、管理理念、管理文化都是不能进口和复制的。就是管理方法也需要因地制宜地改造和创新。"

所以，读书不是单纯的读书，要带着问题去读，带着思考去读，悟出真正的道。

关田法的读书哲学：读出来的是"知识"，悟出来的是"智慧"。

人是悟出这个道的主体，是思维形成的主体，是改善落地的主体。

在精益的指导过程中，经常会碰到同样的课题，采用同样的方法，但是在有些企业顺利地实施了精益改善，可是在有些企业却不顺利，甚至失败。对这些事情我也是经常反思。其中有各种各样的原因，但是有一个原因是非常明确的，就是组织中的人对精益改善的认同和投入是非常重要的，也是非常关键的。所以即使同样的课题、同样的方法，但是组织中的人对精益的认同和投入的不同，将会直接影响到精益实施的效果。这并不是精益的方法有问题，主要是人的影响。这是谈组织中的人对精益实施的影响。

我汇总了在组织中精益JIT改善成功的三个诀窍：

1）环境的关键：公司一把手的高度重视、高度关注、高度支持。

2）实施的关键：从大处着眼，从小处（具体、细微）着手的管理。

3）人才的关键：管理人员对变化的心态。

同时还有指导方和领导精益改善实施的人要真正能够起到指导的作用。体现在：

1）真正的三现主义，身体力行发现现场的问题。

2）真正能够指出组织的主要痛点。

3）真正能够指出正确的解决方向。

实际上，这三点并不是指导方单枪匹马要做的事情，而是在真正尊敬组织的人和文化的基础上，和组织的人共同来做。实际上，就是要通过你的行动，使组织中的人相信你、支持你、和你共同行动。

所以，作为指导方，并不是一定要首先考虑如何解决问题、如何融入这个团队。我的经验是：指导方要先做人，后做事。指导方要不断学习，不断磨练自我。

这里都是指的人。多年来的经验告诉我，精益的关键是人的问题的解决。任何精益问题的解决，最终都会归结到人的问题的解决上来。

以上是 JIT 落地的道和人的关田寄语。

期待这本书的内容能为你的工作添砖加瓦，能为你的生活锦上添花。